赢在制度　成在队伍　胜在执行
以制度定江山　靠队伍打天下　用执行开局面

精准领导力

定制度　带队伍　抓执行

彦涛◎著

立信会计出版社
LIXIN ACCOUNTING PUBLISHING HOUSE

图书在版编目（CIP）数据

精准领导力：定制度　带队伍　抓执行/彦涛著.
--上海：立信会计出版社，2017.5
　（去梯言）
　ISBN 978-7-5429-5462-6

Ⅰ.①精… Ⅱ.①彦… Ⅲ.①领导学 Ⅳ.①C933

中国版本图书馆CIP数据核字(2017)第116131号

策划编辑　蔡伟莉
责任编辑　何颖颖
封面设计　久品轩

精准领导力：定制度　带队伍　抓执行
JINGZHUN LINGDAOLI:DING ZHIDU DAI DUIWU ZHUA ZHIXING

出版发行	立信会计出版社			
地　　址	上海市中山西路2230号	邮政编码	200235	
电　　话	（021）64411389	传　　真	（021）64411325	
网　　址	www.lixinaph.com	电子邮箱	lxaph@sh163.net	
网上书店	www.shlx.net	电　　话	（021）64411071	
经　　销	各地新华书店			
印　　刷	北京楠萍印刷有限公司			
开　　本	720毫米×1000毫米	1/16		
印　　张	15.25	插　　页	1	
字　　数	242千字			
版　　次	2017年5月第1版			
印　　次	2017年5月第1次			
书　　号	ISBN 978-7-5429-5462-6/C			
定　　价	36.00元			

如有印订差错，请与本社联系调换

PREFACE

前言

领导工作千头万绪，纷繁复杂，面对着面孔各异、性格不同的员工，面对着接踵而至的管理问题，很多领导者犯难：到底怎样做才能当好领导、搞好管理？

万变的世界，不变的法则。领导工作，归根结底，可用"定制度，带队伍，抓执行"九个字来概括。领导者抓好这三项工作，就理顺了领导工作的头绪，抓住了管理的核心。

定制度，带队伍，抓执行，是领导的三大绝学，是管理的三大法则，是每一个领导者都要学会和掌握的三大本领。

定制度

"没有规矩，不成方圆。"国不可一日无法，家不可一日无规，企业不可一日无制度。制度是任何企业得以维持和有序运转的必要条件，制度决定了一个企业发展的高度与跨度。

如果说管理是树木，那么制度就是滋养管理的土壤。只有肥沃的土壤，才会培育出茂盛的植物；只有健全的制度，才能有规范有效的管理。领导者懂得如何营造和建立一个好的制度管理模式是非常重要的。领导者要制定一个具体的可操作可执行的企业管理制度，要让每一个员工都能够非常清楚地知道所制定的制度是什么，哪些是好的，哪些是不好的，哪些是被允许的，

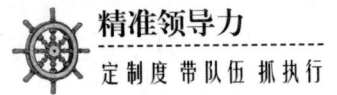

哪些是不被允许的，制度为什么要被遵守等。优秀的制度可以规范和引导员工的行为，减少企业管理漏洞，是奠定企业基业长青的基石。

带队伍

杰克·韦尔奇说："我的成功百分之十是靠我个人旺盛无比的进取心，而百分之九十，全仗着我拥有的那支强有力的队伍。"领导活动需要人来完成，领导者的愿望需要下属去实现，领导者的使命在于带领队伍去完成。

构成队伍的成员，来自五湖四海，有不同的专业背景，不同的人生经历，不同的特长，不同的优势，领导者要善于利用每个成员的聪明才智，让团队高效执行自己难以完成的任务。带队伍，不是说把一群人聚合到一起就是个好团队，"带"字至关重要。带队伍不仅要带人，还要带"心"，领导者要以自己独特的魅力影响人，以高超的用人手段用好人，以出色的沟通艺术打动人，把人心拧成一股绳，带出员工的激情和积极性，带领你的员工完成工作目标，带领你的员工成长，带领你的员工从优秀走向卓越，把人人都变成干将。

抓执行

企业的所有制度，管理的一切活动，最终都要落实到执行上。管理大师德鲁克指出："领导是一种实践，其本质不在于知，而在于行。"深刻地指出了抓执行对于管理的重要性。一个企业如果没有执行力，那么它就像是海市蜃楼，永远不可能有竞争力，更不可能实现企业的成功与辉煌。强有力的执行才是企业成功的关键。

执行是推动企业发展的力量源泉，是促进企业腾飞的助推器。没有执行，一切都是空谈。被严格执行的制度才有生命力，得到执行的管理活动才有成效。因为只有被执行的制度才有生命力，只有被执行的战略决策才能结出果实。领导者制定制度和决策，必须狠抓执行。抓执行，就要抓标准，抓流程，抓细节，抓关键，抓落实，抓结果。一句话，不折不扣地执行。

本书结合当前中国企业的管理现状，针对领导者所面临的困境，指明领导工作要着眼于"定制度，带队伍，抓执行"这三大关键环节，逐层深入地讲述了"定制度，带队伍，抓执行"的细节及方法途径。全书援引了华为、

前 言

阿里巴巴、海尔、松下、麦肯锡等中外一流企业的管理案例，马云、李嘉诚、史玉柱、张瑞敏、柳传志、韦尔奇等著名管理者与企业家的领导经验和智慧，让每一位领导者都能够活学活用，快速提高自己的管理能力，定好制度，带好队伍，抓好执行，实现卓有成效的管理。

"定制度，带队伍，抓执行"，掌握领导的三大绝活，用好管理的三大绝招，让管理举重若轻、如鱼得水，让企业基业长青、生机勃勃！

CONTENTS 目 录

定 制 度
——奠定基业长青的基石

第一章　管理打天下，制度定江山

没有制度，不成方圆 / 3
路径依赖——制度为管理指明方向 / 5
修路理论——制度为人铺路搭桥 / 6
好制度成就好员工 / 7
卓越的制度造就卓越的企业 / 8
名企制度：华为——用制度打造基业 / 9

第二章　制定一流的管理制度

制定制度的9大原则 / 12
制度要"从员工中来到员工中去" / 15
制度要防止管理层次过多 / 16
制度要杜绝"能者多劳"的现象 / 18
小制度，大成效 / 20
追求制度化和人性化的统一 / 21
让制度来促进竞争 / 22
规范制度，规范管理 / 24
名企制度：万达——搞能用的制度 / 26

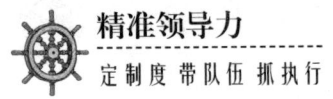

第三章 用制度管人，按制度办事

用制度管人，才能真正管好人 / 29

制度是用来遵守的 / 30

公平公正地贯彻制度 / 31

制度面前人人平等 / 33

对事要制度化，对人要人性化 / 34

按制度办事，企业生机勃勃 / 35

让制度在企业开花结果 / 37

名企制度：万通——定制度不是做"马车夫" / 39

第四章 企业重要管理制度的制定

组织制度的制定 / 42

企业定员标准的制定 / 44

岗位制度的制定 / 45

人员编制制度的制定 / 48

招聘与面试制度的制定 / 51

培训制度的制定 / 55

员工薪酬制度的制定 / 57

人事考核制度的制定 / 59

绩效考核制度的制定 / 60

奖惩制度的制定 / 61

质量制度的制定 / 63

员工守则的制定 / 64

名企制度：松下——特色鲜明的事业部制度 / 67

——把人人带成干将

第一章 领导有魅力，队伍跟着跑

魅力是带队伍的强大气场 / 75

目 录

塑造一呼百应的队伍感召力 / 76
以身作则，才有千军万马 / 78
优秀的领导，优秀的队伍 / 79
亲和力是队伍的黏合剂 / 80
气质是你带队伍的招牌 / 82
胸怀越宽大，队伍越强大 / 84
做个人人喜爱的人情味领导 / 86
名人带队伍：李嘉诚——管理要讲人情 / 88

第二章　用兵点将，把人人带成干将

让队伍中人人有施展才华的空间 / 90
用人之道在于扬长避短 / 91
将恰当的人放在最恰当的位置上 / 92
容人之短，用人之长 / 93
别把飞机引擎装在拖拉机上 / 95
用好"发动机""螺丝钉"两类员工 / 96
敢用比自己更强的人 / 98
把钱投在员工身上是最赚的 / 100
下放手中权，轻松带队伍 / 101
名人带队伍：盛田昭夫——放手让下属干 / 102

第三章　好队伍是训练出来的

赞赏！好队伍是夸出来的 / 104
奖励是队伍的发电机 / 105
按照员工个性来激励 / 107
考核三级跳，队伍出绩效 / 109
以慈母的手握利剑 / 110
恩威并用，双管齐下 / 112
有功即赏，有过即罚 / 113
必要时拿起解雇的杀威棒 / 114
剔除队伍中的"烂苹果" / 116

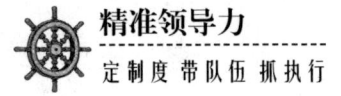

名人带队伍：麦肯锡——UP OR OUT激励法 / 118

第四章　聚拢人心，带队伍就是带人心

在队伍中架起沟通的桥梁 / 119

拆除队伍沟通中的壁垒 / 121

要"防火"，不要"救火" / 122

一冷一热，恰到好处 / 123

以理服人，人人可服 / 124

抓住关键，迎刃而解 / 125

有效沟通的三大利器 / 127

加强队伍中有效的沟通 / 128

深入基层，到处走走 / 130

和谐沟通，家和万事兴 / 132

名人带队伍：迪特尼——"员工意见沟通"系统 / 133

第五章　打造战无不胜的正能量团队

培养员工的队伍意识 / 136

做队伍的梦想设计师 / 138

不求个个拔尖，只求整体优势 / 139

1+1>2，发挥队伍协同效应 / 141

提高队伍凝聚力的6大法宝 / 142

营造气氛，提升士气 / 143

全民动员——让队伍跑起来 / 144

参与感——激发员工主人翁意识 / 146

打造一支所向披靡的狼队 / 147

将企业文化融入队伍的血液 / 149

名人带队伍：任正非——崇尚"狼性"队伍文化 / 151

抓执行
——让管理卓有成效

第一章　抓源头,别让管理输在执行上

深挖执行不力的根源 / 155
因何"上有政策,下有对策" / 157
没有执行力,哪有竞争力 / 158
强化执行,为管理开道 / 160
治标治本,狠抓执行 / 162
三分战略,七分执行 / 163
方向对了,执行就对了 / 165
文化是企业执行之魂 / 167
名企执行:联想——目标重要,执行更重要 / 168

第二章　抓责任,执行没有任何借口

将执行的意识植入员工的大脑 / 170
让员工从"要我做"到"我要做" / 171
从"有令不行"到"令行禁止" / 173
让员工明白:执行没有任何借口 / 174
告诉员工:执行一次到位 / 176
培养员工的执行责任心 / 177
执行,不仅仅是员工的事 / 179
名企执行:通用电气——赢在执行力 / 181

第三章　抓标准,执行到位不打折扣

无标准的执行就是无效的执行 / 184
强化标准,执行更完美 / 186
百分之百地执行 / 188
执行"质量第一"的标准 / 189
从产品标准化做起 / 191

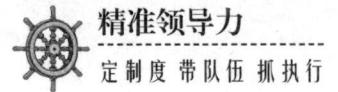

　　执行就是要"零缺陷" / 193

　　杜绝1%的执行失误 / 195

　　细节决定执行成败 / 196

　　名企执行：海尔——执行"日事日清" / 198

第四章　抓效率，速度决定执行力度

　　企业的活力决定于执行的效率 / 202

　　执行必须追求高效率 / 204

　　先执行什么，后执行什么 / 205

　　简化是高效执行的起点 / 207

　　拖延是执行的大敌 / 209

　　执行三字诀：快、准、狠 / 210

　　没有好的流程就没有执行 / 211

　　优化流程，为执行提速 / 212

　　抓住时机，高效执行 / 214

　　名企执行：阿里巴巴——立刻、马上执行 / 216

第五章　抓落实，将执行进行到底

　　执行重在落实 / 218

　　执行做到"八反对、八提倡" / 219

　　监管到位，为执行把关 / 220

　　没有监督就没有落实 / 222

　　检查是执行中不可少的一环 / 223

　　执行要用纪律说话 / 224

　　执行要以结果为导向 / 226

　　狠抓结果，让执行落地有声 / 227

　　名企执行：巨人网络——执行不打折扣 / 229

定制度

——奠定基业长青的基石

第一章
管理打天下，制度定江山

没有制度，不成方圆

中国有句俗话：没有规矩，不成方圆。规矩也就是规章制度，是员工应该遵守的，用来规范员工行为的规则、条文，它保证了良好的秩序，是各项事业成功的重要保证。

有七个人曾经住在一起，每天分一大桶粥。要命的是，粥每天都是不够的。一开始，他们抓阄决定谁来分粥，每天轮一个。于是每周下来，他们只有一天是饱的，就是自己分粥的那一天。

后来他们开始推选出一个道德高尚的人出来分粥。强权就会产生腐败，大家开始挖空心思去讨好他，贿赂他，搞得整个小团体乌烟瘴气。然后大家开始组成三人的分粥委员会及四人的评选委员会，互相攻击扯皮下来，粥吃到嘴里全是凉的。

最后想出来一个方法：轮流分粥，但分粥的人要等其他人都挑完后拿剩下的最后一碗。为了不让自己吃到最少的，每人都尽量分得平均，就算不平，也只能认了。大家快快乐乐，和和气气，日子越过越好。

同样是七个人，不同的分配制度，就会有不同的风气。我们可以对比一下分粥里的几种情况对应的现实企业之间的关系：

方法一：拟定一个人负责分粥。这很像那些国家有硬性指标的，比如财政拨款、汽车牌照等涉及有指标（名额）的事情。权力导致腐败，绝对的权力导致绝对的腐败。

方法二：大家轮流主持分粥。这就像是市场经济，每个人坐在老板的位

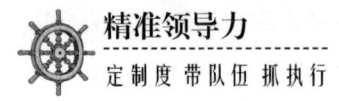

置上的时候就很少替员工考虑，而到了员工都离开他，企业破产之后，他也就没有好日子过了。因为大家都可以分"粥"，所以只要一个产品好，有市场，大家都会跟风一拥而上，无序竞争，造成产品积压，导致了资源浪费。

方法三：大家选举一个信得过的人主持分粥。这就像是搞项目招投标，或产品拍卖一样，看上去是公平的，但这位主持者的个人修为决定了公平的真实性和长久性。像我们日常生活中所碰到的公正一样，连彩票也可以造假，可见这种大家信得过的所谓的公正和公平的水平了。其实那些因贪腐而被"下马"的官员，开始的时候其实都是为老百姓做出过一些事情的，而后来是禁不住溜须拍马的人的请客送礼，慢慢失去了公正公平。成为国家和人民的罪人。

方法四：选举一个分粥委员会和一个监督委员会，形成监督和制约。现实中要做到这样还是很难的，因为要做到这样的首要条件就是要有言论自由。其实这有点像美国的两党制，在朝党是分粥委员会，在野党是监督委员会。这样做也会造成很大的浪费，大家都知道美国四年一次的竞选费用是惊人的多。而在国内要做到这样还得有段时间。

方法五：每个人轮流值日分粥，分粥的那个人要最后一个领粥，令人惊奇的是，在这种制度下，每只碗里的粥每次都是一样多，就像用科学仪器量过一样。每个主持分粥的人都认识到，如果碗里的粥分得不相同，他确定无疑将享有那份最少的。诚信的制度正是在此基础上完善出来的。虽然现在还不是很完美，但已经很有创造性了。

因为分配的方法不同，结果导致习气不同。不同的分粥方式对照使用不同制度的企业，我们可以看到一个企业如果有不好的工作习气，一定是机制问题，一定是没有完全公平、公正、公开，没有严格的奖勤罚懒。

制度建设大致包括三方面内容：一是制定公共规则；二是保证规则执行；三是坚持公平原则。一个组织或团体内部的制度建设水平和机制创新水平直接决定着组织或团体的发展水平，适当的制度会极大地强化激励的有效性。

路径依赖——制度为管理指明方向

在现代企业管理中,很多管理者都希望企业的制度能从墙上走下来,走进员工们的心里,落实到实际的工作中,从而因为选择和执行正确的路径而形成好的路径依赖。然而在现实工作中,结果往往不是那样好,员工们阳奉阴违,能少做就不多做,尽可能地不承担责任,钻制度的空子等,让管理者们很苦恼。

四川有一家著名的制药企业,曾经花了几十万元请专家、教授制定了一本非常详细的企业文化制度大全。该制度引经据典,洋洋洒洒几十万字。其中一位教授对自己的作品非常满意,在大学课堂上作为案例讲解,听课的企业家们都很羡慕,教授讲到得意之处,请这个企业的一位高管将他提练的概括企业文化的经典用一句话复述一下,在大家期待的目光中,这句不足10个字的经典之作,却没有被这位高管说完整,教授也很尴尬;课后,这位高管向同学们解释,企业并没有组织大家进行培训学习,更谈不到落实了。

一位教授在大学里为企业家讲课时举了这样一个例子:A企业,早上8:30,员工着公司统一正装,员工打卡上班;该企业全员一周一次升国旗活动,一季一次评选合理化建议活动,一年一次集体旅游,两年一次员工体检;B企业,早上9点上班,着装随意,可将工作带回去做,不计下班时间;C企业,不计上班时间,不过要与公司先预约,公司上班时间还提供点心、水果等。问A、B、C三个企业中制度管理最好的企业是哪一个。

大多数企业家都选择了A。而教授的答案是:A是中国一家曾经很著名的民营企业,但仅存活了9年;B是微软;C是谷歌。

这样的结果让企业家们很纳闷,A是制度最好的企业,为什么会很快被淘汰了?教授解释说,现在的一些民营企业,也将制度的制定细致到了规范员工的具体动作,把员工当成做事的工具,天长日久,员工形成了这一环节的路径依赖,按照工作流程做好本职工作,不求有功,但求无过,设计和创新是管理者和专家们的事。

"路径依赖"对制度变迁具有极强的制约作用,并且是影响企业经济增长和发展的关键因素。如果路径选择正确,制度变迁就会沿着预定的方向推

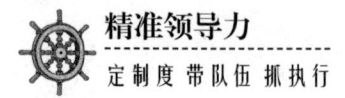

进和发展，并能极大地调动员工的积极性，充分利用现有资源来从事企业效益最大化的活动，形成良性循环局面，促进企业的经济增长和健康发展。

修路理论——制度为人铺路搭桥

著名管理咨询专家刘光起先生说："管理就是管出道理，道理就是规则规范。"这里所讲的规则规范，指的就是管理中的各项规章制度。中国传统文化中"没有规矩，不成方圆"的思想，也阐释了规章制度的基础性作用。

约翰和亨利到一家公司联系业务。这家公司的办公室在一幢豪华写字楼里，落地玻璃门窗，非常气派。可是，由于玻璃过于透明，许多来访客人因不留意，头撞在高大明亮的玻璃大门上。不到一刻钟，竟然有两位客人在同一个地方头撞玻璃。

亨利忍不住笑了，对约翰说："这些人也真是的。走起路来，这么大的玻璃居然看不见。眼睛到哪里去了？"

约翰并不赞同亨利的说法，他说："真正愚蠢的不是撞玻璃门的客人，而是设计者。如果不同的人在同一个地方犯错误，那就证明这个地方确实存在缺陷。应该考虑怎么修正缺陷，而不是嘲笑那些犯错误的人。"

亨利于是向该公司的经理提了意见，在这扇门上贴上一根横标志线。

从此再没有来访客人撞到玻璃门了。

这个故事涉及"修路原则"，即当一个人在同一个地方出现两次以上同样的差错，或者两个以上不同的人在同一个地方出现同一差错，那一定不是人有问题，而是这条让他们出差错的"路"有问题。此时，人作为问题的领导，最重要的工作不是管人——要求他不要重犯错误，而是修"路"。

管理进步最快的方法之一就是：每次完善一点点，每天进步一点点，每个人每一次都能因不断修"路"而进步一点点。这里所讲的"路"就是制度和规范，"修路"就是指制度建设。"修路"理论告诉我们，管理工作最重要的不是直接去管人，而是去制定让人各司其职的制度——修筑让人各行其道的路。

好制度成就好员工

管理者的一项重要职责就是要划定员工的工作范围，如果下属彼此之间职责不明，他们要么就会相互推诿，指望别人多干一些活，要么就会相互干扰，搞得大家都干不好工作。

管理者在工作的分配上一定要做到细致、科学，要明确每个人应该做什么，不应该做什么，有些工作是必须合作才能完成的，但在合作中也要有明晰的分工。

任何一个任务的背后都隐藏着与员工休戚相关的利益，员工们由于处于被动地位，有时候不能想到这些利害关系，主管就必须冷静地为他们分析利弊，让他们意识到做好工作的必要性，从而自觉地努力工作。

例如，麦当劳公司拥有量化性和可操作性的制度使它能够发展迅速，保持旺盛的生命力。它拥有严格的检查制度，各个营业点的检查包括12个重点，即营业额、顾客量、顾客平均消费、食品原料价格、人员工资、周转现金、其他销售及损失、收银机操作错误、作废处理、水费、电费、煤气费等。无论月报表还是周报表、日报表，每小时、每一次收银记录都以此为基础，并且所有的运营都要达到标准。

麦当劳的每个标准也做到尽可能地细化量化。如面包厚度17㎝，烤面包需要55秒、煎肉饼要1分45秒、牛肉饼47.32g、直径9.85㎝、厚6.65㎝，炸薯条超过7分钟、汉堡包超过10分钟就必须扔掉。还有员工的头发怎么梳，衣服怎样穿，帽子怎么戴，指甲剪多长等都有详细明确的规定。

这种详细的制度规定，给了员工明确的努力方向，同时公司也能够清晰地看到每个员工的工作能力和敬业等方面，所以，员工要想得到高薪，获得提升，就需要加倍努力。

可见制度对于一个企业来说，有着它非凡的重要性，导向好的制度能使一个队伍获得更大的发展和进步，导向不好的制度则会对队伍的发展起到负面影响。所以，要建立有利于队伍精神建设的良好制度，是每个管理者肩上重要的任务。

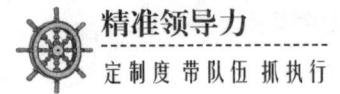

卓越的制度造就卓越的企业

如果一个企业没有制度，在某一段时间也许能混下去，甚至在某一阶段、某一件事情上还会显得很有效率，但是从长远和整体上来看显然是不行的。因为一个没有制度没有纪律的队伍事实上等于一个没有绩效没有生产力的队伍。所以，一个企业管理者懂得如何营造建立一个好的制度管理模式是非常重要的。

如何建立一个良好的管理模式呢？以下几点值得参考。

第一，应该制定一个非常具体的可操作可执行的企业管理制度。

所谓的企业管理制度其实指的就是游戏规则。我们要让每一个员工都能够非常清楚地知道所制定的制度是什么？哪些是好的？哪些是不好的？哪些是可以允许的？哪些是不被允许的？在制定这些制度之后你要清楚地告诉他们为什么制定出来这些制度。这些制度为什么要被遵守？他跟队伍协作有什么关系？他跟组织管理有什么关系？他跟业绩的达成有什么关系？要把这些原因一五一十地让员工明白。因为当员工明白为什么设定这些游戏规则和制度的时候，他们才知道为什么或者是如何去遵守这些制度和行为。

第二，要制定高标准，严格的标准。

任何一个顶尖的队伍都有一套非常严格的标准。标准应该是合理的高标准，如果你想拥有一个一流的队伍，你就必须制定严格的一流的标准，这点是非常容易理解的。有一句话讲得非常好，"严师出高徒"，在带领队伍和培训的过程中，如果你对他们的要求非常松散，同时假设你对他们的行为标准也制定得非常模糊，那么这个队伍的成员就没有依循的准则，这样就不会激发他们好的一面，反而会激发他们的惰性，我想这样对一个队伍来讲是有很大的杀伤力的。

第三，要做的就是制定一个处置方式。

什么叫作处置方式呢？如果你的制度一旦制定出来了，而你的队伍成员违反了这个制度，请问你要如何处置？有一句话讲得非常好，"国有国法，家有家规"，你所制定的制度实际上就是一种规则，就好像法律一样，当他今天触犯了这个规定以后，请问你应该如何惩罚他？你应该如何处置他？我想这些制度都应该是非常明确的。

第一章 管理打天下,制度定江山

第四,制定制度以后,就必须严格执行。

如果不严格执行,就会给人一种印象,你说的话是无所谓的。

第五,制度制定以后需要不断检查,不断监督。

就像刘邦的长乐宫朝会一样,在朝拜过程中,御史前去执行法令,凡不按仪式规定做的就被带走治罪。

人管人总是有漏洞,因为人都是有弱点有感情的,制度却能起到人所不能起到的作用。优秀的制度能减少企业的管理漏洞,成为企业经营腾飞的翅膀,奠定企业基业长青的基石。

名企制度:华为——用制度打造基业

到目前为止,在中国的企业史上,还未发现哪一家企业像华为那样的神秘。华为像幽灵一样,游荡在世人的意识世界中,而华为的低调又使世人对其的好奇心有增无减。外人最能接触到的就是华为的营销人员,而在接触的过程中,外人又深被其所了解的事实所震惊。因为华为的营销人员数量之多、素质之高、分布之广、收入之高都是中国企业史上前所未有的。华为的销售队伍数量高达6 000余人,占全部华为员工的33%。他(她)们大部分是国内名牌大学的毕业生,都是经过华为的魔鬼训练之后投入市场第一线去的,拿的薪水是诱人的,但这些人一线市场寿命一般只有3年。

"华为的产品也许不是最好的,但那又怎么样?什么是核心竞争力?选择我而没有选择你就是核心竞争力。"华为的老板任正非如是说。在华为,市场就是核心竞争力,而市场是前线冲锋陷阵的战士争夺过来的,在本土,华为用三流的技术卖出了一流的市场,并且华为铁骑已跨过亚非欧,把战火烧到了太平洋彼岸的美国。技术不是华为公司的核心竞争力,营销才是华为公司的核心竞争力,而华为营销的核心就是华为营销铁军。

华为的营销铁军是如何锻造出来的呢?

1.度化用人

在华为,经过魔鬼培训的业务人员,基本上具备了业务人员的基本素质,缺乏的就是实践经验。华为这个时候把通过培训的销售人员直接派往华

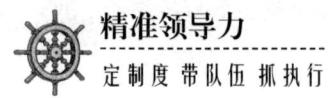

为分布在全球各地的分公司或办事处,让他们在市场一线展示自己的才华并接受实践的改造。

有人认为华为这样的行为是盲目的。因为一个刚刚毕业的大学生根本不可能在市场一线杀出一片天地。然而当旁人看到华为的市场在不断扩大,直到把战火烧到美国时,旁人才对华为的胆识产生敬意。在华为的销售人员中,业绩最好的销售人员并不是有丰富经验和经历的人,而是那些刚刚从大学毕业的雄心勃勃的新员工。华为市场一线人员的工作年限一般不会超过3年,因为3年的时间足以让销售人员了解华为产品相对于其他公司的产品的优势与劣势,一旦对这些已经了解,销售人员的士气就会大减,而任正非要保证一线人员永远充满活力。

2.完善的制度安排

国有国法,家有家规,军队有严明的纪律。华为在打造自己营销队伍的时候也逐步健全了自己的营销制度。

创业初期,华为根本没有任何销售方面的制度。华为销售人员凭借自己对销售的理解去争夺用户的订单,管理客户资源。但是随着销售队伍的扩大,销售区域的增多。华为觉得如何管理巨大的营销队伍和客户资源成了一个必须解决的问题,因为不系统的行为规范和道德准则根本不能满足公司发展的需要。这个时候华为就推出了《华为人行为准则》《华为员工职业道德规范》,对营销人员行为作出了基本的规范。

《华为人行为准则》《华为员工职业道德规范》有很大的局限性。虽然后续的人力资源管理制度、财务与资金管理制度、流程管理制度和营销管理制度的出台使得华为的营销制度日趋完善,但是所有的制度都很独立,缺乏一个统一的制度思想作为公司制度的灵魂。

1997年,公司本想对公司过去的发展做一个总结,促使了《华为公司基本法》的诞生。《华为公司基本法》共六章,一百零三条,包含了:公司的宗旨、基本经营政策、基本组织政策、基本人力资源政策、基本控制政策、接班人和基本法的修改。基本法统一了华为所有的规章制度,其出台标志着公司制度建设的进一步成熟。已经出售给美国爱默生公司的华为电器和华为与美国3COM公司合资的华为-3COM公司的公司制度都是原来华为的模式,全部由华为人打理,对方只是派驻了一名财务总监。由此可见,华为的制度建设是一流的。

华为的制度建设经历了从无到有,从局部到全局的过程。日趋完善的制度为华为打造营销队伍提供了制度保障——华为的用人制度化了。

3.严格的考核

制度完善并不能保证制度一定能够有效地执行,更不能保证一支优秀的营销队伍出现。要确保制度的有效性,考核是关键。

华为采用的是季度考核、年度总评的方式。工作业绩考核主要围绕季度工作目标与目标完成情况,根据考核标准进行等级评定,任职资格主要围绕行为标准,通过证据对申请人达标与否进行认证。日报、周报、月报、季报和与之相适应的阶段性考核,保证了主业的不断增长和员工"阶段性成就欲望不断得到满足"。因为任正非相信:如果华为有一天停止了快速增长,就会面临死亡。只要主业还充满活力,我们的队伍就有强凝聚力,员工就会拼命而乐此不疲。

完善的制度,严格的考核保证了华为制度化用人战略的实施,为华为打造营销铁军提供了制度保障。

一支军队假设没有铁的制度,这个军队将可能在瞬间分崩离析;而一个有制度的军队,即使遇到一时的困难,这个军团也可能重新组建起来,重新在战场上扬威。对于企业的营销队伍建设来说,也是如此。

第二章
制定一流的管理制度

制定制度的9大原则

有效的制度是一个队伍生存和作战的保障。没有了制度保障，这个队伍就会像一盘散沙，各自为政，失去凝聚力，更形不成战斗力。同时，有效的制度也保障自由和创造。为了更好地发展，为了大家共同的利益不受侵犯，每个企业都会制定一些规章制度，以约束员工的行为。这不是对员工自由的限制和剥夺，相反，只有在这样的制度之下，每一位员工才能获得真正属于自己的自由，才不会受到别人的侵犯，才能真正开展具有创造性的工作。企业的制度建设正是对员工利益的最大保护。

国内某著名企业集团的老总对企业的管理行为提出的"斜坡球体理论"，其中就指出"企业就像置于斜坡上的球体，要向上发展需要动力，动力来源于差距，要防止向下滑坡，需要止动力，止动力就来源于企业的基础管理制度"。

既然企业制度对于员工和企业都有重要的作用，那么，该怎样制定企业制度呢？企业制度的制定要从以下几方面出发进行综合研究。

一、要结合企业文化来制定企业制度

制度是灌输和贯彻企业文化的一个重要渠道。例如，在一个强调奉献精神的企业里，制度就应该多一些反对私利，打击损公肥私，倡导公平、奉献的内容；在一个强调沟通的企业里，制度就应该多一些反对自我封闭，打击地盘主义，倡导队伍团结精神的内容；在一个强调创新的企业里，制定的制度就应该多一些反对故步自封、经验主义，而包容某些失败，倡导学习的内容……如果一个企业在建立企业制度的时候没有考虑到企业文化,这个制度便失去了它的生命力。例如有人说,他经历过的企业都这样……其意思就是,企业制度都是大同小异,根本没有区别,虽然每个企业都有不同的文化,但是在制度上根本体现不出来。企业在强调产品差异化、品牌差异化的同时,也应该考虑到制度差异化,因为既然你想搞差异,你在运作上就必然和别人不一样,你也就需要不一样的保障了。

二、制定的制度要和企业发展的阶段性相适应

在不同的发展阶段,企业会面临不同的阶段性任务,相应地就不可避免地要应对不同的问题。制度这时的作用就是保障企业在这个阶段的运营,圆满完成阶段性任务。例如在成长阶段的企业中大多强调销售,这时的制度应该偏重销售方面,"能抓住老鼠的猫就是好猫",而其他方面应该包容;而在发展已经成熟的企业中,要更加注重整体协调,所以制度就必须考虑全局,注重综合治理。

三、企业制定的制度要和企业资源相适应

制度的功能之一就是不断促进企业资源的完善,而不是无谓地消耗资源。例如,当企业正处于人才缺乏的时候,在制度的某些方面就必须考虑到包容性,不要让制度把人罚走了、吓走了,否则谁还为企业做事呢?而在人才充沛的时期,就要考虑到对人的综合要求。

四、企业制定的制度要充分考虑到市场因素

每个企业都有不同的作业流程。制度在这里的任务就是充分保障作业流程的顺利实施,也就是手里拿着笔,眼睛要盯到市场上去,盯到一线去,这样制定出来的制度才不会成为效率的绊脚石,而且将促进效益的提升。

五、制定的企业制度要有服务员工的观念

管人是需要技巧的,例如,你本来是在管他,但是,你不能说我管你,而应该说我帮你。这样他人才会接受你的想法,乐于被你管。为此,在制定制度的时候,应该注意以下几点:首先,制定的制度本身要易于理解,简单明了,能让员工很快看明白,容易记住。所以西方人用制度管人,任何人都不能超越制度。所以,他们制定的制度非常详细。但是这种方法在中国就不适用。中国人是讲情理,如果只跟员工讲制度,他们会不愿意、不接受。因此,在中国制定制度要简化,不仅仅是易记,更重要的是留下合理权变的空

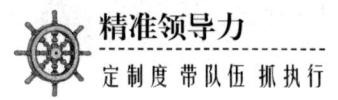

间。没有这个空间，你权变了，员工会认为制度根本没用，有了这个空间，员工会认为你讲理讲情，即便被罚了，也会信服。另外，制度写得简单，就避免因为执行层面过多而制造出不必要的麻烦，并且既浪费时间，又消耗资源。

六、群策群力，共同制定企业制度

发动所有员工对制度建设献计献策，为了制定更有效的制度，有更多的企业员工参与，才越有利于企业制度的制定。但是，如果让企业员工自己说，他可能顾虑重重，所以，我们可以采取一些策略，让他说出自己的想法，提出宝贵意见。例如，在企业制定制度前，我们可以让每个员工，包括中高层管理者写一篇文章，就是如果让他去经营一个企业，他该怎样去创建企业。并采取匿名打印投箱的征稿形式，然后再多做动员工作，让员工热情地参与进来，这样，制定制度的负责人就能从投稿中找到很多宝贵的意见和建议。

七、制度制定要有罚有奖

有些公司制定的制度满篇都是公司禁止员工做什么，做了什么要受到怎样的处罚，这样就无形之中约束了员工工作的自由度。总是束缚员工做事，不利于发挥员工的主动性和创造性。有罚就应该有奖，适当地制定一些奖励措施，有利于激发员工的积极性和工作热情。奖励或惩罚也不一定要用罚多少钱奖多少钱，可以灵活一些。例如，惩罚打扫一周的卫生，奖励一款手机等。有时候这样的措施，更能激发员工工作的积极性。

八、制定的制度要有救人的观念

当一个员工出错的时候，在惩罚他的同时，也要要求他改正错误。这样能够使他们更加深刻地认识到自己的错误，并更加坚定决心改过自新。例如一家公司的三个业务员没有完成月销售任务，按规定扣了他们工资后，又让他们看指定的有关销售技巧的图书，并且每周向经理汇报自己看图书的心得。结果，下一个月，除了一个人的量很接近任务目标外，另外两个都完成了。

九、制度要适时进行更新

制度不是死的，一成不变的制度最终肯定变为形式主义了。随着市场环境的不断变化，员工队伍、企业组织相应地也在发生着变化，企业制度要注意适时更新。当然,制度更新的频率不要太快,不能天天更新,月月更新。而是当外界发生的变化导致企业自身在组织、管理、运营层面发生改变的时候,制度就必须要变了,而且最好是变在前面,这样主动权就在企业手里了。

企业制度制定得是否合理,关系到企业发展大局。"无情的制度,有情的管理",作为员工应该自觉遵守各项规章制度,用制度制约并保护自己;作为领导应该以身作则,以自己的一言一行去教育员工。

制度要"从员工中来到员工中去"

各个企业的情况不一样,制定制度时不能按固定的模式,但整体而言,制度在内容上还是有一些共同的准则和内容可依据的。

一、企业管理制度的内容

要建立的企业管理制度主要包括以下内容:

(1)建立以参与国际竞争、占领国际市场为目标的经营战略体系。

(2)建立企业职工培训、考核、奖惩制度。

(3)建立现代企业技术改造与科研制度。

(4)建立集中管理与分散经营相结合即集分权相结合的运行机制。

(5)建立企业的民主管理制度。

(6)建立现代企业的文化生活制度,等等。

当然,为此要建立起一系列配套的营销管理、研究与开发管理、生产管理、财务管理、人力资源等具体制度。

二、制定管理制度的程序

制定管理制度的过程,是领导同员工相结合,反复进行调查研究的过程;是总结本企业的经验,总结历史的经验与学习成功企业的先进经验,探索企业管理的新方法,提高管理水平的过程;同时也是从员工中来,到员工中去,发动员工进行自我教育,参加民主管理,提高企业素质的过程。

制定规章制度应该遵循的基本程序是:

调查—分析—起草

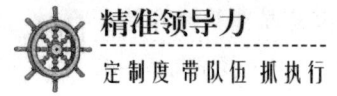

讨论—修改—会签

审定—试行—修订—全面推行

也就是说，管理制度的制定，要结合公司的具体情况，征求广大员工的意见，经过充分调查，认真研究，才能起草。草稿形成以后，要发到有关职能部门的基层单位反复讨论，斟词酌句，缜密修改，并经过有关部门会签和领导审定，然后在小范围内试行检验。对试行中暴露出的问题和破绽，要认真进行修改。重要的规章制度，还要提交总经理或者董事会通过。

只有遵循上述基本程序，制定出的管理制度才能切合实际，具有权威性和合法性，才能顺利贯彻执行。

制度要防止管理层次过多

在制定制度时，对于组织机构的设置，管理者必须本着科学的管理层次和管理幅度相结合的原则来进行设计。管理层次划分必须适当，必须以提高行政效率为准则，层次不宜过多。内部管理层次过多，易造成信息流通不畅、程序复杂甚至滋生官僚主义的弊端。

一个企业从无到有，本来就是一件十分不容易的事。通过数年的苦心经营，企业已经具备了一定的原始积累，正面临着如何做大、做强和持续经营。但不少中国企业却因无法突破发展"瓶颈"而纷纷"落马"。中国的民企大多是短命的，平均仅有3.9年的生命历程，可谓"昙花一现"。究其原因，是因为不少企业无法突破各种发展瓶颈，其中管理瓶颈是横亘在众多中小企业面前的一大障碍。对于民企来说，管理越来越成为一种持久竞争力。一个管理混乱的企业当然谈不上什么市场竞争力。严格意义上来讲，目前绝大多数的民企都面临着不同程度的管理危机。正如"蝴蝶效应"一样，管理危机很可能导致成本管理危机、组织机构的制衡危机、人才管理危机、企业文化危机、市场信用危机等种种危机。

对于广大中小企业而言，在其发展的初始阶段，如果盲目穿上"大衣服"，得了大企业病，管理体制盲目做大求全，等待它的只有失败。这一阶段最合适的就是家庭作坊式管理，尽管听起来难听，其实就是直线管理：管理层次不能超过两级、报表不能超过10份。要知道，过度管理也是会增加企业成本和降低企业活力的，创业阶段的灵感/灵活比计划/方案更为重要，创业阶段的当家人直线管理对队伍的凝聚力和战斗力也很重要。

如果把企业比作一个天平，当外部竞争对手增多、竞争压力增大时，来自市场的不确定因素骤然增多，经营风险和管理成本的一端在悄然而迅速地上升；而经营灵活性、利润和员工积极创造性一端却在下降，那么，这个企业很可能碰到了管理瓶颈。

企业发展到了管理瓶颈，最明显的表现就是组织架构重叠、管理层次繁多、人员冗余。因为我国许多中小型民企的投资者对整个企业具有绝对的控制权，组织架构设置随意性比较大，很可能出现几个人或部门都在做同样的事情，无形中造成人力资源的浪费。不少企业的组织架构是金字塔状，管理层次七八层甚至十几层的都有。中间管理层过多，会使部门之间信息沟通不畅，协调困难。不合理的组织架构设置导致机构臃肿。一般来说员工上万的大型企业才设置总经办、行政部、人力资源部等部门，但一些员工仅数百人的企业也这样设置。部门划分过细就会使部门之间业务交叉，导致权责利分配不清晰。造成机构臃肿的并发症是人员冗余，人浮于事。这样最直接的后果是人力资源成本居高不下，间接后果是政出多头，员工职责不明晰，士气低落，从而导致工作效率降低。

不仅如此，管理层次过多的企业，其经营管理必然还会有如下症状：

一是决策效率和效果低下。企业经营管理是否有效，很大程度上取决于生产经营情况和决策管理信息能否快速、准确、及时、无误地上传和下达。企业管理层级过多、链条过长，势必使上下信息沟通不畅或延误或失真，既会降低决策效率，又容易导致错误决策。

二是管理成本增加。企业经营管理不仅有人工成本，也有组织成本。管理成本投入后的产出利润大小，可以反映企业内部管理效率的高低。

三是内部监管失控。企业监督管理的有效性必须在一定的合理层级范围内才能发挥。企业管理层级过多、链条过长，行业覆盖面过宽，鞭长莫及，母企业对子企业的监管势必成为问题。有的集团公司连自己下属的子公司、孙公司、重孙公司具体有多少家都搞不清楚，监督和管理只能流于形式。

四是竞争和适应能力下降。由于机构臃肿、决策低效，因而反应迟钝、

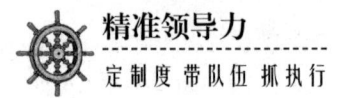

行动缓慢，往往难以适应快速多变的外部经营环境。加上涉猎行业过多，经营范围过于分散，往往不能把有限的资源和精力集中在自己擅长的领域，造成主业过多，主辅不分。

五是由于管理层级过多，管理链条过长，造成相关控制人员也随之增多，从而形成了各种各样难以控制的资产流失渠道。

传统管理模式的企业强调分工，组织结构也是传统的高尖式组织结构，也就是金字塔式、自上而下、递阶控制的管理组织形式。随着时代和经济的发展，这种管理层次过多的组织结构，由于存在对外界环境变化响应迟缓和压抑组织成员全面发展等弊端，越来越无法适应新经济时代企业管理的需要。

陷入此种管理瓶颈的中小企业，可以根据杰克·韦尔奇的"无边界组织"的理念，注意加强科学的组织设计，减少不必要的管理层级。"无边界组织"的概念，寻求的是减少管理链条，对控制跨度不加以限制，取消各种不必要的职能部门。面对庞大的公司机构，通过"无边界组织"减少公司内部的资源浪费和政令不通，消除公司的内部管理障碍，为企业管理营造更畅通高效的条件。

因此，科学的企业管理意味着首先要有一个科学的组织设计。组织设计是为组织目标的实现服务的，是以自己的生产特点、人员实际能力作为基本的考虑依据。科学的组织设计可以使组织形式与企业的运作需要达到最佳的契合，可以通过科学的、合理的组织设置减少不必要的管理层次，避免人力资源的浪费和提高管理工作效率，从而为企业获得最佳效益奠定基础。

制度要杜绝"能者多劳"的现象

在非洲大草原上，三只瘦弱的鬣狗正与一只高大的斑马进行一场生死搏斗。

乍一看来，三只弱小的鬣狗很难是大斑马的对手。但实际情况是，一只鬣狗咬住斑马的尾巴，任凭斑马的尾巴如何甩动，也死死咬住不放；一只鬣狗咬住斑马的耳朵，任凭斑马如何摇头，也绝不松口；一只稍显强壮的鬣狗

第二章 制定一流的管理制度

咬住斑马的一条腿,任凭斑马如何踢弹,一点也不敢懈怠。

不一会儿,在三只髭狗的齐心攻击下,"庞然大物"斑马终于体力不支瘫倒在地,成为三只髭狗的盘中餐。

在组织内部,管理者一个很重要的职能就是科学分工,根据实际动态对人员进行最佳配置。只有每个员工都明确自己的岗位职责,各司其职,才不会产生推诿、扯皮等不良现象。

惯性指的是企业具有保持自身发展范式稳定的内在要求,是企业自身所具有的一种性质,表明企业对变革具有一定的抵制作用,变革的发生有惰性特征。由于它的存在,企业的发展遵循这样一种规律,即在感受不到压力、威胁、危机或挫折等"外部力量"时,将保持原有的发展路径与运行模式不变。

戴尔从小就思考:为什么不尽可能省掉一些看起来天经地义的中间环节,直接一步到位呢?这并不是痴人说梦,凭借着这个念头加上自身的奋斗,戴尔在仅仅18岁时就创造了神话般的电脑直销奇迹,并创立了一种划时代的经营模式!

其实,在我们身边,有很多管理环节——它们只是由于惯性作祟才持续存在,并非不可缺少。如果细细推敲,省掉一些环节,机关、企业照旧运转得有条不紊。

一位年轻有为的炮兵军官上任伊始,到下属部队视察操练情况。他在几个部队发现了相同的情况:在操练中,总有一名士兵自始至终站在大炮的炮管下面,纹丝不动。军官不解,究其原因,回答:操练条例就是这样要求的。军官回去后反复查阅军事文献,终于发现,长期以来,炮兵的操练条例仍因循非机械化时代的规则。站在炮管下士兵的任务是负责拉住马的缰绳(在那个时代,大炮是由马车运载到前线的),便于在大炮发射后调整由于后坐力产生的距离偏差,减少再次瞄准所需要的时间。现在大炮的自动化和机械化程度很高,已经不再需要这样一个角色了,但操练条例没有及时地调整,因此出现了"不拉马的士兵"。军官的发现使他获得了国防部的嘉奖。

当一个组织所处的外部环境发生较大变化时,就会导致工作流程和方法随之而变,岗位设置与工作思路就应该跟上,否则"不拉马的士兵"就会层出不穷,从而使组织走向瘫痪。

有一户人家,全家人都非常懒惰。爸爸叫妈妈做家务,妈妈不想做就叫

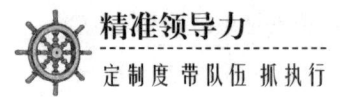

大姐做,大姐不想做就叫妹妹做,妹妹也不想做就叫小狗做。

有一天,家里来了一个客人,发现小狗在做家务。客人很惊讶,问小狗:"你会做家务呀?"小狗就说:"他们都不做,就叫我做!"客人更加惊讶:"你会说话呀?"小狗说:"嘘!小声点儿!让他们知道我会说话,又该叫我去接电话了!"

管理者必须能将所管员工的本职工作、责任及考核范围界定清楚。"能者多劳"的本质就是懒人对能人的剥削。

小制度,大成效

社会经济需要管理,企业公司需要治理,"大事务"的管理和治理需要"大制度","小事务"的管理和治理需要"小制度"。前者譬如计划经济制度或市场经济制度,后者譬如福利奖惩制度或独立核算制度。暂且撇开技术创新的意义不谈。不言而喻,管理效率的高低、治理效能的优劣,取决于制度的有效性如何,而制度的有效性并非取决于制度的大小,有时,小制度同样能有大成效。

一个企业、一个部门可能有成千上万个职工,主管不可能认识每一个职工,也不可能亲自来激励、监督每一个员工,那么,主管凭什么来管理成千上万的员工,让所有的员工围绕企业的战略共同努力呢?唯一的答案就是制度!好的企业一定有一个好的制度,管理最终要靠制度来保障!

其实在管理的过程中,并非是说要建立多么高深多么严谨的制度条文,有时候即使是一项小制度,也能发挥很大的效益。

无论是什么单位,国企也好,外企也罢,总有着这样那样的制度、规章来规定着员工的行为。许多公司的小制度却能在人力资源管理上面发挥不小的作用。

小刘喜欢现在的工作多半是因为公司的福利待遇好。这也是她所在的公司最拿得出来值得一说的"光荣"制度。公司的医疗和社保都比较好,无论是什么病,小到拔鱼刺,大到生小孩的医疗费用都可以全部报销。有的时候仅仅因为这一点,就会让人觉得很安心,生命和生活都有最基本的保障。除

第二章 制定一流的管理制度

此之外，公司经常会组织员工进行各类培训。每个员工的培训课程各不相同，根据员工的职能特点，公司人力资源部门进行"个性化"的课程安排。比如在1年中，员工必须完成语言培训、销售计划培训、成本控制培训、财务培训、财务预算培训等。对于公司的管理人员来说，一些管理类的培训就占了他们年度培训的主导，而对于销售助理等非管理人员来说，公司则更注重对他们在基础财务知识、语言、销售计划制作等方面的培训。员工在公司工作的同时，也接受了良好的职业方面的专业训练，对于日后的个人发展也更有利。

这样一个在细微的地方都能够照顾到员工的利益，无论多小的制度都不会忽视的公司是没有理由不具有向心力的。往往一个公司或一个企业，制定并执行一些小制度，尽管制度小但作用不会小，无论在公司的任何一个发展阶段，小制度的作用都同样不能忽视，小制度也能有大成效。

追求制度化和人性化的统一

体现理性精神和文化精神，是人性化制度模式的主要指导思想。制度化管理是以理性分析研究制定的管理规章和制度，同时，制度的模式也是企业文化的写照。

玫琳凯·艾施是美国一位著名的运用"人性化"制度模式取得成功的女企业家。她原在一家公司干了25年的直销工作，1963年退休后不甘寂寞自己开了一家玫琳凯化妆品公司，开业时只有9名成员，工作面积只有160平方米。她由于痛恨过去曾在公司所受到的不公平待遇，在她当上经理后，全部反其道而行之：力求公正、平等待人，从下属的角度来考虑问题，也要求雇员从顾客的角度考虑问题。为了在管理制度上真正体现这种人人平等的思想，玫琳凯·艾施对每一个新雇来的员工，做的第一件事就是发给一块刻有该公司"金科玉律"铭文的大理石。上面写着"你愿意别人怎样对待你，你也要怎样对待别人"。在她的管理制度模式里，充分体现了人的自主性和能动性，每个人都可以有发展的机会，而不用去费力地爬传统公司的金字塔，甚至每一个员工就像独立的零售商一样直接和顾客交易，自己订目标、销售

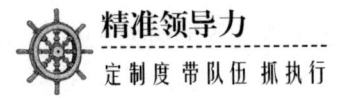

计划和报酬。她的管理方式是坦诚的关心、信任,并深信每个人都有机会获得成功。因此,经过20年的努力,玫琳凯化妆品公司已拥有20万名员工,年销售额3亿多美元。

制度化和人性化是辩证的对立统一,注重制度化管理而忽视人性化管理,在管理过程中制度将得不到很好的落实;反之人性化管理将得不到很好的体现;但关键的是如何维系人性化的管理,人性化管理一定是在制度的前提下才可以谈,人性化管理绝不是不要制度。人性化没有制度化的约束也就无从存在,所以,所谓的人性化管理,必须依托于一定的实体、手段和方法,都必须在制度的前提下谈论。

人性化管理应该是这样的管理,在流程上,首先用人性化的思维来制定管理制度,而在严格执行单位制度时,可以有一些人性化的手段。人性化管理首先是制度的人性化,管理者在制定制度的时候一定要考虑到制度是否能够有效地执行,如果制度完全没有人性,肯定是没有办法执行的。比如,制定制度应教育从严,处罚从轻,处罚不是目的,只是一种手段。

人性化管理这个概念也只能在制度制定之前使用,一旦制度制定了,那就得按制度来办,制度是铁打的,法不容情。但在制度化的管理中,可以有一些人性化的手段,这叫作人性化的管理,制度一旦制定就必须执行,否则会纪律涣散。严格地执行制度与人性化管理并不冲突。在企业管理工作中,制度化要切忌成为官僚化,人性化要切忌成为人情化,才能保证企业向着健康的方向发展。

让制度来促进竞争

有这样一个故事。

猪圈里有两头猪,一头大猪,一头小猪。猪圈的一边有个踏板,另一边是投食口。猪每踩一下踏板,在踏板的另一端投食口就会落下少量的食物。如果一只猪去踩踏板,另一只猪就有机会抢先吃到另一边落下的食物。当小猪踩动踏板时,大猪会在小猪跑到食槽之前刚好吃光所有的食物;若是大猪踩动了踏板,则还有机会在小猪吃完落下的食物之前跑到食槽,吃到另一半食物。

结果，小猪将选择"坐享其成"策略，也就是舒舒服服地等在食槽边，而大猪则为剩下的那一点儿食物不知疲倦地奔忙于踏板和食槽之间。

这是什么原因呢？因为，小猪踩踏板将一无所获，不踩踏板反而能吃上食物。对小猪而言，无论大猪是否踩动踏板，自己不主动踩踏板是最好的选择。反观大猪，明知小猪是不会去踩动踏板的，自己亲自去踩踏板总比不踩强，所以只好亲力亲为了。

其实"小猪躺着大猪跑"的现象是因为故事中的游戏规则导致的。规则中的核心问题是"每次落下的食物数量和踏板与投食口之间的距离"。如果改变一下核心问题，猪圈里就可能发生另外的现象了。

第一种方案：减少投食量。把投食量改为原来的一半，结果是小猪、大猪都不去踩踏板了。小猪去踩，大猪将会把食物吃光；大猪去踩，小猪也会把食物吃光。谁去踩踏板，就意味着为对方贡献食物，所以谁也不会有踩踏板的动力了。

第二种方案：增加投食量。投食量增加为原来的一倍。结果小猪、大猪都会去踩踏板。谁想吃，谁就会去踩踏板，反正对方不会把食物吃光。小猪和大猪相当于生活在物质相对丰富的"共产主义"社会，所以竞争意识不会很强。对于游戏规则的设计者来说，这个规则的成本相当高；而且因为没有竞争，想让猪多踩踏板的效果并不好。

第三种方案：减少投食量，增加距离。投食量变为原来的一半，但同时把投食口移到踏板附近。结果呢，小猪和大猪都抢着踩踏板。等待者不得食，而多劳者多得，每次的收获刚好消费完。对于游戏设计者，这是一个最好的方案。成本不高，但收获最大。

从管理者的角度说，第三种方案是最好的管理员工的方法，员工在这样的制度中，会努力工作，积极进取，实现了有效的激励。这样的方案能保证队伍的长久健康发展，值得管理者深思。

如果员工互相之间没有合理良性的竞争关系，则大家很容易因为某个共同点站到一起结成同盟，并且互相影响，一些不良的情绪会被夸大并在同盟中传播，在传播中又会因互相的倾诉而加深感触，进而影响到队伍的和谐与稳定。长此以往，员工因精力被分散自然也会影响到工作。而管理者假如没

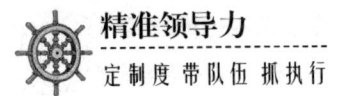

有很好地安抚情绪并解决问题，则这种没有竞争而产生的合力会将矛头指向管理者，并最终上升到公司的结构层面。此时情绪爆发的结果可能就是消极对抗导致工作千疮百孔的混乱局面，队伍已经名存实亡。从企业的角度来讲，管理者之间没有竞争，由于见识和认识层面比普通员工有所提高，也更容易"绑"到一起，这种统一阵线一旦因某些事而爆发，对企业的打击更像釜底抽薪般巨大。

要在公司平台的基础上，通过多个方面、多种制度建设来形成一系列的良性竞争机制：如表扬、警告、扣（发）奖金、综合评定等，不必是金钱的奖励要休假或者累积积分达到某种程度可以在时限内行使某项权利等。建立不同的沟通渠道，如有效投诉及建议也可以累积积分等。总而言之，让大家在这种制度内工作，逐渐领悟到公司的理念，公司的用人要求，这样坚持实行下去，一定会让公司的面貌得以改观。

规范制度，规范管理

规范化管理是企业一项艰巨的、需要持续改进的工作，它是企业各项工作正常有效开展的基础，是企业健康有序发展的有力保障。规范化管理同时也是提高工作效率和工作质量，降低业务运作风险的重要管理手段，缺少规范管理的企业其经营管理工作必将是一盘散沙。

那么，管理者该如何完善制度，让管理规范化？

一、发挥制度的价值，激发员工的工作热情

有人说工作的原动力是来自自身的热爱，有人说是来自额外的奖励。为什么不让制度成为工作的原动力？让企业的文化与制度交融，赋予制度一个价值？

劳力士手表的"仁心待人，严格待事"无形中使员工得到了精神上的熏陶；"选料必求地道，炮制必求精神"——达仁堂中药公司让制度充满着使命感……

当制度内化成员工的理念，当制度成为所有人共同的目标，规范必然会不期而至，而企业文化也必然会随着员工思想的发展不断优化，随之带来的必然是更加完美的制度。

给制度一个价值，建立良性循环的管理，是当今企业发展的第一要义。

二、让制度成为体系

制度之间总是难免有些交叉，如果处理得不好，必将导致制度的全面崩溃。因此，让所有的制度成为一个完善的体系，必将带动全盘的发展。同时还应建立制度之间的约束力，让制度更好地协调，以创造最大的效力。规范、全面、详细，是制定制度时应当遵从的准则。如果没有这样的准则，制度永远只是一纸空文，更甚者，将严重阻碍企业的发展。

三、从制度走向执行

再完善的制度，如果不能得到很好的执行，对推进企业的规范化管理也是无济于事，大到企业战略目标的实现，小到企业日常工作的开展，都需要制度执行力和执行效率来做强有力的保证。制度执行力弱是企业普遍存在的不良管理现象，也是企业管理中始终存在的矛盾和焦点，因此几乎所有的企业都在强调制度执行力的问题，在这方面大做文章。

在海尔，你会发现每一条流水线的终端都有一个"特殊工人"。产品经过各个工序时，一般会在检查出来有缺陷的产品上贴有一些纸条。这些纸条，在海尔被称为"缺陷条"。特殊工人的任务，就是负责把这些缺陷维修好。他把维修每一个缺陷所用的时间记录下来，作为向"缺陷"的责任人索赔的依据。他的工资就是索赔所得。当产品合格率超过规定标准时，他没有失业；相反，他将得到一份奖金，合格率越高，奖金越高。

这就是著名的"零缺陷"机制，这个特殊工人的存在，使"零缺陷"有了机制与制度上的保证。

一个完善的制度需要明确执行者。很多企业的制度很健全，但是却没有很好的管理效果。主要原因在于责任人的不明确。当事件一旦跨越了本职职权范围，制度就形同虚设。因此，让制度从实体走向实施，落实具体的执行者，是保证规范管理的必要条件。

四、让员工自觉学习并执行制度

制度除了让执行者作为监督的工具，还需要让员工清楚地了解并做到。在企业管理中，我们不仅要让制度充满价值，融合企业文化与员工精神，而且要让制度成为学习的对象，并且让这样的学习改变成为一种常态。学习是

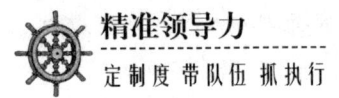

一个企业自我更新的源泉,也是制度进步的本源。自动自发的学习、工作,用无形的制度做规范的管理,这就是企业保持活力的秘诀。

有人活动的地方就会有规则,同样有人活动的演变就会有规则的改变。任何制度的颁行和完善,都代表着管理者心中的一番憧憬。但如何使制度的推行产生我们所期望的效果?这就不是"谁说话算数"的权力问题,而是一门实实在在的艺术。作为管理者,不能仅仅一厢情愿,要采用民主的作风,广泛征求大家的意见,只有这样,才能保证制度的有效实施和管理的规范到位。

五、降低制度改进的成本

很少有人能够意识到,制度的改进也需要成本。在现实中,一些制度总是在阵痛之后才能够得到有效改进,其实,我们只要认真地反思一下就会发现,许多时候我们还可以做得更好。比如,如果每一项不合理的制度,都必须有一些不必要的损失甚至是以"先行者"牺牲生命为代价来推动制度改进的时候,我们必须认真思索一下:这个成本是不是太大?相关调适机制和反馈机制是不是不够灵敏和灵活?

居安思危,防患于未然,以一种前瞻性的眼光来关注制度的改进,以一种对企业和员工负责的责任感来关注制度的完善,并且降低制度成本,是实施制度化管理,实现企业迅速发展的基础。

制度作为企业行为的运转规范,一定要本着"与时俱进"的态度才能立于不败之地。好的制度,可以营造一种简单的工作状态,有利于管理的规范化。

当制度内化成企业全体人员的理念,当制度成为所有人共同的目标,规范必然会不期而至,而企业文化也必然会随着员工思想的发展不断优化,随之带来的必然是更加完美的制度。

名企制度:万达——搞能用的制度

万达公司董事长王健林说过:"万达制度的最大特点就是有用。万达有一个万达学院,投了十几亿,现在同时可以容纳几千学员,学院院长让我题

第二章 制定一流的管理制度

两个字,我就题了两个字——有用。这就是万达学院最大的目标,别整了半天没用,培训完和没培训完没什么区别。制度也是一样,如果有制度和没制度没什么区别,这个制度就是失败的。"

万达公司董事长王健林说过:要搞能用的制度。

万达非常重视企业制度建设。当初,王健林刚进入企业的第一周就搞了一个名为"加强劳动管理的若干规定"的规章制度。经营万达20多年来王健林搞出的制度更是数不胜数。

数量上有了保障,质量上也要提升。如今,王健林规定平均每两年就要修订一次制度,因为企业是在不断发展的,制度也要随着更新,有一些过时的要删除,有一些缺少的则要添加。修订的参与者从王健林到总裁、副总裁,上上下下各个部门全部都要参加,每次修订从9月份开始,一般历时3个月左右。

王健林一直在强调,制度的字数不能增加,还要把事说清楚,要说有用的话,要有可操作性,实用第一。

万达商业地产有一个关于投资的制度,这个投资制度在修改之前只是简单地说明必须做什么样的投资,但是事实证明并不好用。于是在10年前,万达就把它编成了"商业地产投资100问",在5年前又把它合并成"商业地产投资50问"。这50个问题,就包括了天上地下的所有关键问题,且诠释得格外清楚。比如土地六通一平,地下有没有障碍物,有没有配套设施,当地的建设成本多少,人工成本多少,税费多少等。类似于这样的50个问题都规定必须用数字回答,"大概""基本上"这样的词语禁止出现,必须用数字来支持回答问题。那么若能把这50个问题搞明白,这个项目也就再清楚不过了。更重要的是等新员工到这个部门后,只要用这50个问题分析地产投资前景,就会非常清楚,可以很快制定出投资制度并投入操作。

再以万达的规划设计制度为例,万达把万达广场、万达酒店和文化旅游项目的投资分别划分成三个级别:A级店、B级店和C级店,划分级别之后,每一个等级都会制定若干条强制条款和非强制条款。例如,有很多消费者觉得万达的地下停车场特别敞亮,赞不绝口,殊不知这也是多年摸索出来的结果:万达规定停车场的高度必须要达到4.8米,一般停车场的高度都只有3.6米,为什么万达一定要做到4.8米呢?这是为了若干年以后,能够安排机械停车位，倚仗成熟的技术，如今的两个车位可以作出五个车位，全部下来大概能增加70%的停车位。

万达的商业管理现在全球排名第二，至2014年年底随着商业地产面积达到全球第一，万达将成为全球最大的商业管理企业，而其在历史发展中也形成了十几本自己的制度，例如《开业手册》。

万达的开业手册不是只有简简单单的几句话，每本大概都有三四万字，甚至连距开业多长时间之前商管就得进场也有清楚的规定。A级店提前多少，B、C级店提前多少，进场后要做什么工作，从第一周一直到开业后，每一周抓什么工作，每一个月商家达到什么程度，完成什么样的评估，等等，都只要照着制度执行就可以。万达开业手册最大的好处，就在于照顾到了没有参加过开业的新员工，无须特意教授，新人拿到这本制度后，就会清楚地知道应该干什么。除开业手册外的招商制度、运营制度、内装装饰等，都规定得非常细致周到，包括图片和操作流程，简单易懂。

企业制度只有做到可操作性极强，才能真正发挥辅助经营者管理企业、规范执行的重要作用。

第三章
用制度管人,按制度办事

用制度管人,才能真正管好人

在现代管理的诸要素中,具备一定素质的人,是诸要素中最活跃的、唯一起主导作用的要素。人的要素不同于作为管理客体的其他要素,正如马克思所指出的"人本身单纯作为劳动力的存在来看,也是自然对象,是物,不过是活的有意识的物,而劳动本身则是这种力的物质表现"。因此,只有把人的要素作为根本,才能依靠被管理的人,去组织协调物的要素和其他管理要素。那么人既然是管理中的首要因素,就存在着在管理中如何规范和制约人们思想和行为的问题。社会的管理、单位的管理、工作中的管理、人的管理,主要靠制定法纪、制度、公约等。精明的管理者都是善用制度管人的人。

"人管人得罪人,只有用制度管人,才能真正管好人。"一个单位工作的好坏,队伍有没有战斗力、凝聚力,能否做到政令畅通,令行禁止,很大程度上取决于各项制度是否配套完善,制度执行得如何。因此,必须搞好制度建设的几个层面,形成梯次,使各项制度相互配套,形成全面、统一的整体功能,做到用制度管人、管事,用制度激励、调动人的积极因素。所以,要管理好人,就应该一手抓"制度管人",一手抓教育育人。只有坚持教与管的有机统一和协调,才能够使各项建设步入良性运作的轨道,促进和推动事业的发展。制度建设是实现现代管理工作的一个极其重要的环节。在一定意义上说,制度相当于管理工作中的"法"。每个企业、每个单位都应有这个"法"。所以,建立完善的规章制度,以制度加以硬约束,这是做好管理

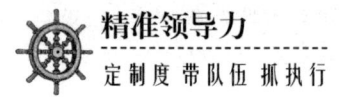

工作的关键。做到了这一点,就能营造出一个能者上、平者让、庸者下的良性竞争氛围,以达到管理的目的。

制度是人制定的,需要人去执行。要使制度能顺利贯彻实施,一方面,要维护制度的严肃性。要落实在规章制度面前人人平等的原则,不管是什么人,只要发生违规行为,就必须按章处理。另一方面,要建立激励机制。

我们都生活在一个物质的社会,每一个人都需要一定的物质来满足自己的生命和生活需要。因此,在用规章制度去调动人的积极性的同时,还必须有激励力量。只要做到了有"法"可依,就可以避免人为、人治因素的主观随意性,使我们的各项工作稳步开展,并步入制度化、规范化的轨道。

制度是用来遵守的

管理者都知道制度规范不应该成为摆设,那么管理制度规范到底有什么用途呢?

管理学的研究表明,管理制度和规范的本质作用是为了解决管理过程中的各种问题。以打电话为例,每个人在拿起电话的时候,说话的方式都是不尽一致的,有的人打的电话能够很好地传递出友好、热情、平等的信息,而有的人则可能取得相反的结果。管理者如果希望让所有的人都能够接打成功的电话,就有必要制定一个"接打电话工作规范",所有的人都按照这个规范去做,效果就会是一样的。管理规范和制度就是这样产生的。

在企业、行政机关以及各种组织中,类似于如何接打电话这样的问题是很多的,这些问题的特征是:简单、直观、信息明确充分、重复发生。因此这类问题可以称为例常性问题。

管理者应该尽可能地把这类问题的解决办法以制度规范的形式固定下来。

对企业来说,一套完备的规章制度是必不可少的。但制度建立后的执行还需要我们以更大的努力、更多的坚持去维护、去完善。"制度面前人人平等"的原则谁都懂,但很少有人能够真正将其落实到自己的行为当中!执行一次两次不难,难的是长期坚持执行。"把简单的事坚持做好就是不简单,把平

第三章 用制度管人，按制度办事

凡的事坚持做好就是不平凡"。因为我们所有的人都有一个成功的梦想！

制度，是一种要求大家共同遵守的办事规程或行动准则。对于企业来讲，制度其实就是告诉员工正确做事的方法。因此，制度的第一属性就是全体成员的"共同遵守"。只有有了"共同遵守"，制度才在现实上有了意义。制度的落实离不开队伍成员的协同合作和共同努力。

曾经有个工厂经营不下去了，被一家外企收购。此时工厂的员工们既有一种求生的渴望，又有一种对前途的担心：一方面，员工害怕企业裁员，自己要面对下岗的困境；另一方面，员工希望新的老板能使企业起死回生，让大家能够获得工作和生活的稳定。新上任的老板并没有采取什么新的改革，只是找出原厂制定的规章制度，让所有员工学习并且切实落实。几个月过去了，工厂开始扭亏，1年过后开始盈利。

这一案例告诉我们，没有大家的合作与协同，制度只是一纸空文，无法得到很好的落实；只有大家一起努力，一起遵守，制度才有意义，队伍和企业才能获得发展。

曾挽救过世界著名企业IBM的经理人郭士纳在谈管理经验时曾讲过一句话：

人们不会做你希望的，只会做你检查的。

这句话告诉我们，队伍领导者要带头落实制度。

维护制度的权威必须从我做起。德国作家歌德曾经说过："在限制中才能显出能手，只有法律才能给我们自由。"在作为企业之法的各项规章制度面前，每一名管理者必须审视自己手中的权力，每一名员工必须比照自己的言行，每一名操作者必须检讨自己的每一次操作流程。

制度贵在落实，而落实则离不开队伍成员的精诚合作。

公平公正地贯彻制度

在制定和执行制度的时候要始终坚持制度面前人人平等的原则，特别是在执行制度时要一视同仁，谁都必须遵守，尤其是企业的管理者必须率先贯彻执行。如果在制定和执行制度的时候，忽略了公平公正这项基本原则，那

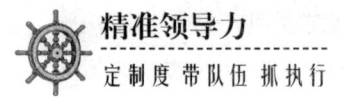

么企业的管理制度将成为"一纸空文",成为粉饰自己的"花瓶"。

1. 制度要全面细致

"制度面前人人平等",就是要保证企业在制度执行上的公正性与严格性。但是,如果制度本身制定得过于严格、苛刻,不近人情,在执行中往往就会暴露出很多问题,并可能会严重影响员工的士气和工作积极性。因此,在制度的制定过程中,要充分考虑到员工的心理承受能力,使制度本身保持适度的弹性。这是人本管理中最关键的问题。那么如何才能体现出制度中的"人性化关怀"呢?在制度面前人人平等,是严格而不是苛刻。如今已不仅仅是策略的时代,也是策略执行的时代。我们希望通过发掘执行力的基因,帮助这些管理者认识到问题产生的根源,形成一种正确的管理思维方式。

2. 制度需要保证执行

制度建立后,关键在于执行。被严格执行的制度才有生命力。但在执行制度的过程中,总会有一些人只看到了规章制度对自身的约束性,而没有看到规章制度对员工的保护性。他们利用种种手段,想方设法去逃避制度,或者根本视制度为无物,我行我素。更为严重的是,在违反制度的同时,因为违纪者的职位,或者与其他相关人员的关系,使得违纪的行为不仅难以制止,而且难以得到应有的处罚。

3. 导入竞争机制,实现优胜劣汰

当局者迷,旁观者清。在繁忙的企业日常运营中,公司管理者往往无法从具体事务中脱身而出,缺乏全局观点,考虑问题都是从自身位置出发,容易就事论事,而无法跳出问题看问题。他们并没有意识到,最好的制度早就隐藏在他们的工作中,创造竞争,就是创造财富。因此,站在企业整体发展的角度看问题就会发现,需要解决的问题并不复杂。竞争机制的导入必将实现更高层次上的平等。

4. 有责任一同分担

作为管理者,对于平等的理解理应比别人更深刻一些。

当员工之间发生利益冲突时,问题常常很难得到解决。要打破这种僵局,就要坚持制度面前人人平等的原则,只有如此,才能解决不同层次间的冲突。在解决内部矛盾时,所应奉行的原则只有一条:平等地对待各方,仔细地权衡各方的利益,并与当事各方一起寻找一个各方都能接受的解决方

案。当责任随同分工分给了企业中的每个人时,每个人都要开始他的责任之旅。有责任一起分担,不光是员工之间,更是中层主管甚至高层主管都应该认识到的问题。谁出了问题就找谁,管理者自己也一样。

制度面前人人平等

　　企业内不允许有不受制度约束的特殊人、关系人。如要在企业内超越工作关系,超越规章制度办事,只能让其选择离开。我们经常可以看到这样的情况:企业的管理者有很好的悟性,一些规章制度非常科学严密,但在执行过程中却像是一拳打在棉花上,不能落地生根。执行力不是一个表象问题,要达成"提高执行力"的目标,首先要找出执行体系中的关键要素——那些起到特别作用的要素,制定相应的法则,才能保证执行力。

　　这样一种认识值得关注:企业执行力差的原因,很大程度上在于员工不能正确执行公司的制度,一方面是因为员工缺乏正确的意识,另一方面则是员工缺乏足够的专业技能。因此,管理者总是希望让员工接受大量的培训,通过培训来改变认识、提高专业技能,从而强化执行力。其实,这是一个误区,他们将注意的焦点过于集中在员工身上,采用的也是"治标不治本"的手段。这类问题的出现,与管理者自身的态度也有密切的关系。因此,谁出了问题就找谁,这是人人平等原则的精要。

　　亚里士多德曾说:"稳定的国家是以法律面前人人平等为基础的。"

　　《三国演义》里讲述了这样一个故事:

　　为保护农民的利益,曹操传令三军:经过麦田时,不得践踏庄稼,否则一律斩首。

　　这一天,曹操正带领军队出征张绣,一只斑鸠突然飞过,曹操的坐骑受惊跑进麦田,踏坏一大片麦子。曹操要求行军主簿对自己进行军法处置,主簿十分为难。曹操却说:"我自己下达的禁令,现在自己违反了,如果不处罚,怎能服众呢?"当即抽出佩剑要自刎,左右随从急忙解救。这时谋士郭嘉急引《春秋》中"法不加于尊"为其开脱。此时曹操说:"既《春秋》有'法不加于尊'之义,吾姑免死。"但还是拿起剑割下自己一束头发,掷在

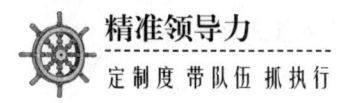

地上对部下说:"割发权代首!"叫手下将头发传示三军。将士们看后,更加敬畏自己的统帅,没有出现不遵守命令的现象。

制度面前必须人人平等,对于管理者也不例外,如此才能保证制度在执行上的公正性与严格性。

联想集团有个规矩,凡开会迟到者都要罚站。在媒体的一次采访中,柳传志表示:我也被罚过三次。

他描述说:公司规定,如果不请假而迟到就一定要罚站。但是这三次,都是我在无法请假的情况下发生的,比如:有一次被关在电梯里边。罚站的时候是挺严肃,而且是很尴尬的一件事情,因为这并不是随便站着就可以敷衍了事的。在20个人开会的时候,迟到的人进来以后会议要停一下,静默看他站一分钟,有点儿像默哀,真是挺难受的一件事情,尤其是在大的会场,会采用通报的方式。第一个罚站的人是我的一个老领导。他罚站的时候,站出了一身汗,我坐出了一身汗。后来我跟他说:"今天晚上我到你们家去,给你站一分钟。"不好做,但是也就这么硬做下来了。

据说在联想被罚过站的人不计其数,还能说明这个制度的有效性吗?柳传志非常肯定地回答:当然有效,而且非常有效。在不计其数以后,出了问题就要受罚的观念就深入人心了。并且不管谁犯了错误都会受罚,公平感才会产生,你的队伍才会精神百倍。

在制定和执行制度的时候要始终坚持制度面前人人平等的原则,特别是在执行制度时要一视同仁,谁都必须遵守,尤其是企业的管理者必须率先贯彻执行。如果在制定和执行制度的时候,忽略了公平公正这项基本原则,那么企业的管理制度将成为"一纸空文",成为粉饰自己的"花瓶"。

对事要制度化,对人要人性化

许多人普遍认为,做人就是如何搞好人际关系,做事就是如何提高公司效益,搞好人际关系、提高公司效益就是管理。只会做人,不会做事,是一团和气,是和稀泥,管理上等于零。相反,只会做事,不会做人,常常得罪人,他的管理也等于零。因此,要先会做人,然后会做事,这就是管理。

第三章 用制度管人，按制度办事

但是在日常的管理中我们经常遇到事与人纠缠到一块的时候，其实也难怪，人是做事情的人，事是人做的事，怎么能分得清楚呢？

所以，管理就是得罪人的事，在日常的管理中不要怕得罪人，但不要得罪大多数人，更要注意对事要制度化，对人要人性化，特别是在不是很正规的小企业里，首先要做的应该是有法可依——建立可行的规章制度，然后是有法必依，执法必严，违法必究。

管好一个企业和一群人往往是需要给企业动一系列"手术"的，会让企业中的不少人感到"疼"。改革会调整企业原有的利益格局，可能要堵一些人的财路，降低一些人的收入，使大部分人感到压力增加，甚至要揭人之短……都是得罪人的事。企业要抓管理，就需要顶着这些压力、冒着这些风险，大刀阔斧地把一项项新制度贯彻下去，要敢于管理。

管理者如果空有管理之心，却前怕狼、后怕虎，这个不愿招惹，那个不敢得罪，希望什么麻烦也没有，一心想做"好好先生"，这样，管理根本不可能有什么改进。

企业抓管理、推行制度就是要既无情又有情。在深化改革、贯彻制度方面要"无情"，制度至上，没有什么讲情面的余地。奖惩分明、能上能下，对于一部分员工来说可能很"无情"。但是，只有通过加强管理，发挥制度的效力，企业才能更具竞争力，才能有更大的发展，使员工收入增加，提供更多的岗位，这恰恰是"有情"的一面。

管理是为了什么？难道是"老好人大赛"，看谁比较受人欢迎？不要说大胆管理，再小心的管理也不可能让人人说好，那种只说"好好好"的管理早晚把大家都送进地狱。

管理应该是好人、真心为企业的人大部分人都会说你好，管理者明白自己的职责就是要管理好公司的业务，只有用铁拳来维护秩序和纪律，企业的规章制度才会真正的贯彻执行，企业的运转才会在正常的轨道上进行。

按制度办事，企业生机勃勃

许多企业都制定了成套的管理制度、规章标准，大到厂规厂纪，小到领物规定、作息规定。制度和规章是为了用的，而不是为了走形式。有一些企业，规章制度不少，但只是一些"花瓶"，是为了给人看，为了得到上级的一句表扬，为了得到参观者的一句美言，只挂在墙上，只装订成册，却没有真正地实施。规章订得再多、再全、再完善，如果不从墙上"走"下来，反而会产生副作用。

规章制度形同虚设是许多组织在管理中造成失误或失败的重要原因。

某公司财务处发生重大案情：财务室被撬，墙边的保险柜张着巨口，柜内50万元现金不翼而飞。受金融危机的冲击，公司本来就资金紧张，第二天急需的购料款一下子没有了着落。

该公司失窃的保险柜是国内最先进的保险柜之一，上面配有报警和密码装置，并且密码系统由电脑控制，还能产生电击。这样的保险柜盗窃分子如何能得逞呢？

后来查清，问题出在使用保险柜的出纳身上。虽然公司对于财务室的保管订有一整套的规章和制度，但是这位出纳却置若罔闻。他觉得那保险柜虽好，但用起来太麻烦，便长期搁置不用。直到一个月前，他把旧保险柜钥匙丢了，才把这闲置的保险柜从角落里"请"了出来；可他又怕一不小心遭电击，便不接电源；又怕忘了密码，就按数字的大小顺序编了6位数的号码；再怕丢了钥匙，索性把钥匙扔在办公室的抽屉里。结果，窃贼作案时从他的抽屉里取出保险柜钥匙和使用说明书，随便研究了一下，便轻易地打开了保险柜。

失窃后，尽管公安部门接到报案后火速行动，半个月后将犯罪嫌疑人抓获。但是，该公司一时无法筹集购料所需资金，最后因不能按时交付订单的货款而坐失了商机，一个巨大的客户被附近的同行夺去了。

显然，这家公司的败局是由于没有很好地执行管理制度造成的。如果公司认真落实有关管理制度，定期对财务室进行检查，可能也不会发生这样的失窃事件了。

制度定好之后是不是就万事大吉了，当然不是，要执行而且还要常抓不懈。一位伟人曾经说过，抓而不紧，等于不抓；抓而不实，等于白抓。说的就是要有一种常抓不懈的落实精神。只有紧抓落实，严格按规章制度办事，该如何处罚的及时处罚了，制度才会有威慑力，违反制度者才会吸取教训，下不为例，逐步矫正不良习惯。只有及时处理了，才会起到杀一儆百的效果，大家就会知道今后不应该再违反了，如此一来就会慢慢地形成良好的习惯，从而形成良好的规则意识，最后人人自觉地遵守制度。一旦形成一个良好的文化氛围，达到自治，那么今后的管理就会事半功倍。

制度的生命力在于执行。客观地看，现在有一些单位制定了不少制度，其中也不乏好的制度，但由于不善于抓落实，制度的有效实施受到了严重的影响，致使一些好的制度也无法发挥应有的效用。

有一家大型国有企业因为经营不善导致破产，后来被日本一家财团收购，厂里的人都在翘首盼望日本人能带来什么先进的管理方法。出乎意料的是，日方只派了几个人来，除财务、管理、技术等要害部门的高级管理人员换成了日本人外，其他的根本没动——制度没变，人没变，机器设备没变。日方就一个要求：把先前制定的制度坚定不移地执行下去！结果不到1年，企业就扭亏为盈了。

道理就是这样简单，想要企业生机勃勃，就要注重执行制度！

让制度在企业开花结果

每天早上，当你走进明亮的办公室，一天的工作就开始了。

新的一天，是忙碌还是盲目？你的心情此刻是阴霾还是阳光？

透过办公室的巨大玻璃窗，看到你的员工是按部就班，还是急躁抓狂？

什么能让你的管理轻松而且有效？

答案只有一个，那就是制度化管理。制度化管理，是当今世界最为流行、最为有效的一种管理方式。要高效实施制度化管理，必须遵循以下基本原则。

一、制度化管理的功能必须体现普遍性原则

在空间上，要全方位覆盖，做到事事都有制度管，保证不漏事；在时间上，要覆盖全过程，做到时时都有制度管，保证不漏时；在人员上，要覆盖全员，做到人人都有制度管，保证不漏人。这就是说，任何事、任何时、任何人都必须在制度的制约之下，而不能超越于制度之外。否则，就谈不上制度化管理。

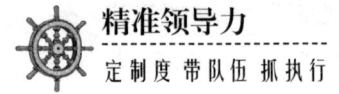

二、让制度时时刻刻在身边

作为企业的管理者，你应该如何对待身边的制度？

（1）让制度成为队伍生活的重要部分。完善的制度通常都充分考虑所有员工的需求，根据员工的素质、能力和承受力来制定，通过规范员工的行为，为企业实现管理的目的服务，同时又能最大限度地照顾员工的利益，充分地实现企业与员工的共同发展。

在企业管理实践中，管理教育与管理实施是同步进行的。企业要持续不间断地对员工进行管理教育，在日常工作中要有目的、有计划地向全体员工灌输企业的发展目标、企业的管理制度以及企业文化，特别要重视管理者的示范效应。这样长期坚持下来，企业的管理思想、管理制度就会渐渐地对员工产生潜移默化的影响，并且会在员工的头脑中生根发芽，变成员工自己的思想，从而达到员工"自我管理"的目的。而且企业制度管理的实施要持久，要持之以恒，管理与考核并举，奖惩激励制度要完善。

在实际工作中，管理实施的过程是最容易出现偏差的。稍有不慎，执行管理的人员就会在执行的尺度上出现把握不准的情况。在工作中我们常常会遇到有人违反了管理制度，但由于事情不大，或碍于面子，所以我们常对他们或提醒或教育，却不按照管理制度进行处理。久而久之，管理制度慢慢地变成了形式化的废纸。到这个时候，就算你明白过来，已于事无补。所以我们在制度管理中，特别提倡制度管理的"火炭效应"，以达到防患于未然的目的。

（2）重视制度才能事事严格要求。一根小小的柱子，一截细细的链子，拴得住一头千斤重的大象。这不荒谬吗？可这荒谬的场景在印度和泰国随处可见。那些驯象人，在大象还是幼象的时候，就用一条铁链将它拴在水泥柱或钢柱上，无论小象怎么挣扎都无法挣脱。小象渐渐地习惯了不挣扎，直到长成了大象，可以轻而易举地挣脱链子时，也不挣扎。

传说中，有一个驯虎人，本来他也像驯象人一样成功。他让小虎从小吃素，直到小虎长大。老虎不知肉味，自然不会伤人。驯虎人的致命错误就在于他摔了跤之后让老虎舔净了他流在地上的血。结果，老虎一"舔"不可收拾，终于将驯虎人吃了。

小象是被链子拴住，而大象则是被习惯拴住。虎曾经被习惯拴住，而驯

虎人则死于习惯（他已经习惯于他的老虎不吃人）。习惯几乎可以拴住一切，只是不能拴住偶然，比如那只偶然尝了鲜血的老虎。

因此，即使制度已经内化成为员工生活的一部分，但是我们仍然不能放松警惕。要时时处处按制度办事，维护制度的尊严。才不致让某些人或某些现象凌驾于制度之上，让制度最终成为装饰的"花瓶"。

完善的制度通常都充分考虑所有员工的需求，根据员工的素质、能力和承受力制定，通过规范员工的行为，为企业实现管理的目的服务，同时又能最大限度地照顾员工的利益，充分地实现企业与员工的共同发展。

名企制度：万通——定制度不是做"马车夫"

万通控股董事长冯仑被同行们誉为"商界思想家""民企布道者"。冯仑是一个白手起家的企业家，从1991年开始涉足房地产开发，到2011年建立自己的万通帝国，一路走来，他保持了文人的气质，同时沾染了商人的气场。

很多企业都会犯这样的错误，它们认识到了企业制度的重要性，但却没有采取相应的措施促进企业的发展。但万通不同，它在冯仑的领导下，深刻地认识到企业制度的重要性，并根据实际情况，制定了一系列措施。这些措施包括：

第一，建立一套行之有效的管理体系。在中国，将公司制度化、规范化和法治化的难度非常大。很多民营企业的创业者对企业进行个人独裁管理，他们就像冯仑所说的"一个马车的车夫"。在他们这种管理之下，公司制度荡然无存，公司经营隐藏着极大的风险。正是看到了这一点，所以冯仑才要把万通打造成一个"汽车型"企业，而不是"马车型"企业。所谓"马车型"企业，是指只有一个车夫能控制它，企业内部基本上没有制度文化，公司业务之间没有形成一个完整有效的运转体系，企业的运行不是依靠制度和体系，而是靠一个人或者几个人在推动、在协调，一旦离开了那个人，企业就无法运行；而"汽车型"企业则恰恰相反。

冯仑要把万通做成一个按程序办事，即使公司董事长和总裁离开了公

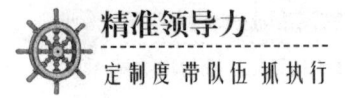

司，公司仍能按部就班地有效运转的企业，也就是"会永远不停赚钱的机器"。这就要求企业的内部逐渐形成一套行之有效的管理运营系统。万通一直在朝着"汽车型"企业这个方向前进。

第二，老板要把自己放进制度里。在中国的民营企业中，创业者对公司的影响是非常大的，特别是在没有《公司法》以及企业不规范的时候。领导者可以凭借深厚的人格魅力促进企业的发展，可是有些时候，这种个人的力量也会为企业的发展带来负面影响。冯仑在接受专访时说，中国企业最大的一个毛病就是在很多情况下，是"以法治人"，但不制自己，使自己在法外。这种现象在企业的创办者中最容易产生，将自己置于公司的制度之外，不受制度的约束。

就个人而言，冯仑并不追求绝对的统治力，他希望自己对万通的影响是阶段性的、制度性的。同时他还希望在有效的时间里，把制度做好，把持续创造财富的机制做好。之所以会有这样的想法，是因为他懂得制度能创造财富，领袖并不能创造财富的道理。2005年1月21日，冯仑在武汉东湖论坛演讲时说：

经过一段时间的琢磨，我发现一个现象：只有制度可以创造财富，领袖不创造财富。大概在2004年国庆节前后，我和王石还有远大的张总（张跃，远大空调董事长）一起到朝鲜待了一周，回来后，我在北京待了一周，随后又去纽约待了一周。这三周让我看到，制度与制度的差距在200年以上。

中国目前正走在改革开放的正确道路上，但是找到这条正确的道路相当曲折，耗费了70年的时间。这在很大程度上是因为中国长期缺少一个稳定的、能够纠错的理性法律制度。因此，冯仑认为中国应该建立一个理性、法治、有自我纠错能力的制度。

正因为有了这种清醒的认识，冯仑才认为企业管理者应该将个人对企业的影响放在程序和制度之内，而不是产生一种非规范、非制度的影响。冯仑在接受专访时这样说道：

董事会一项重要的工作就是将我和另外几家公司的主要负责人装到制度里去，公司今后每年会对我们个人进行单独审计。我希望把万通做成"美国式的公司"。所谓"美国式"，就是在公司日常运作当中程序第一、规则第一，所有的人都在制度中，而制度的建立是以群体意志、以股东意志来设计的。

第三，分清重要的事和紧急的事。一个企业在日常工作中会面对很多重要的事和紧急的事，如何对它们进行分类对待、妥善处理，关系到企业的发展大计。比如客户投诉，那应该是一件紧急的事，但如果这种事情都要老板亲自处理，那么企业花钱请来员工又是为了什么？所以说，作为一名管理者，一定要分清什么是重要的事和紧急的事。

冯仑2008年1月7日在搜狐博客中写道：

重要的事是建立制度，制定服务章程。管理自己，就是做重要的事，也就是管理自己的事。紧急的事，通常都是管理别人或代替别人管理的事。学会管理自己，就会变得很从容，因为把重要的事（公司战略、员工培训、制度建设）都做好了，剩下的事，员工自己就能处理了。

冯仑就是因为能够分清楚重要的事和紧急的事，所以能够轻松地应对公司的各种事务。比如2001年前后，整个房地产行业都遭遇信任危机，很多企业，甚至知名的企业都遇到了很多客户的投诉。万通也遇到了类似的情况，为了解决这个难题，公司下决心建立了三个层次的客户管理系统，将投诉的客户顺利分流。这样做的结果是，80%的问题在部门以下就解决了，需要经理解决的只有20%，而冯仑要面对的紧急事件每年也就一两件。

第四章 企业重要管理制度的制定

组织制度的制定

一、组织设计程序

1. 组织设计的原则

根据企业的目标和特点,确定企业组织设计的原则、方针和主要参数。

2. 职能分析和设计

确定管理职能及其结构,层层分解到各项管理业务和工作中,进行管理业务的总体设计。

3. 结构框架的设计

设计各个管理层次和部门、岗位及其责任、权利。具体表现为企业的组织系统图。

4. 联系方式的设计

进行控制、信息交流、综合、协调等方式和制度的设计。

5. 管理规范的设计

主要是设计管理工作流程、管理工作标准和管理工作方法,作为管理人员的行为规范。

6. 人员配备和培训

根据结构设计,定质定量地配备各级各类管理人员。

7. 运作制度的设计

设计管理部门和人员绩效考核制度,设计精神鼓励和工资奖励制度。

8. 反馈和修正

将运行过程中的信息反馈回去，定期或不定期地对上述设计进行必要的修正。

二、组织结构设计的原则

1. 管理跨距（控制界限）

管理跨距受单位主管直接有效地指挥、监督部属能力的限制。

（1）设定法则。

最适当的管理跨距设计并无一定的法则，一般为3～15人。

高阶层管理跨距3～6人。

中阶层管理跨距5～9人。

低阶层管理跨距7～15人。

（2）设定要素。

人员素质：主管或部属能力强、学历高、经验丰富者，可以加大控制。

沟通渠道：公司目标、决策制度、命令可迅速而有效地传达，主管可加大控制。

职务内容：工作性质单纯、标准化者，可加大控制层面。

幕僚运用：利用幕僚机构作为沟通协调者，可扩大控制层面。

追踪控制：设有良好、彻底、客观追踪执行工具、机构或人员者，则可扩大控制层。

组织文化：具有追根究底风气与良好的制度文化背景的公司，可加大控制。

所辖地域：地域近可多管，地域远则少管。

2. 专业化

在可能的范围内由各单位人员担任单一或专业分工的业务活动，将可加强企业面对多变竞争环境的适应能力。

三、组织设计的重点

1. 组织的目标性

使组织内各部分在公司整体经营目标下能充分发挥能力而达成各自目标。

2. 组织的成长性

考虑公司的业绩经营与持续成长。

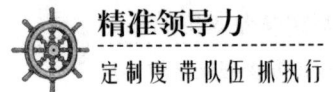

3. 组织的稳定性

随着公司成长而逐步调整组织是必要的，但经常的组织、权责、程序变更将使员工信心动摇。

4. 组织的简单性

组织简单将有助于内部协调与人力分配。

5. 组织的弹性

保持基本形态，又能配合各种环境条件的变化。

6. 组织的均衡性

各部门业务量的均衡，将有助于内部的平衡与分工。

7. 指挥的统一性

一人同时接受两位以上主管管理，将使其产生无所适从的感觉。

8. 权责明确化

权责或职责不清将使工作发生重复或遗漏、推诿现象，易使员工产生挫折感。

9. 作业制度化

明确的制度与标准作业可减少摸索时间，增加作业效率。

企业定员标准的制定

定员是企业单位在用人方面的一种标准。更确切地说，它是企业单位在一定的生产技术组织条件下，为了保证企业生产经营活动正常进行，而规定的各类人员配备的质量要求和数量界限。

定员的概念在内涵和外延上，与劳动定额有所不同。劳动定额是指企业在一定的生产技术组织条件下，对劳动者生产某种产品或完成某项工作任务的劳动消耗量所规定的限额。在企业中可以实行劳动定额的工作岗位、工种必须具备以下条件：

（1）企业的基本生产过程可分解为许多工序（或工步、操作），并且在不同的工作上按工序组织生产。

（2）劳动成果的大小、多少直接决定于劳动者的劳动消耗量，并且直接可以用实物产品或单位产品的工时消耗来表示。

（3）劳动者使用的设备一般是中、小型设备，设备的转速、工艺用量可以调整，必须由人来使用、操纵，采用一人一机或一人多机的管理形式。

从上述的三种基本条件来看，在企业中可以实行劳动定额（工时定额、产量定额和看管定额）的岗位、工种是有一定范围，而定员的范围却广得多，无论企业的规模大小，在生产类型、产品方向、工作岗位、技术复杂程度等方面有何不同，凡是有劳动者从事经营管理、生产活动的工作岗位，都要实行定员管理，并且在企业实行劳动定额的工种、生产岗位，也要确定定员。

定员与劳动定额是两个不同的概念。劳动定额所确定的是劳动者的具体活动的劳动消耗量，采用工时、实物产品等计量单位，而定员所确定的是一定时期内承担特定生产（或工作）任务的某一级组织的人数，采用人·年，或人·月的计算单位表示。一般来说，劳动定额通常与产品或某种劳务联系，其对象主要是企业中的员工，而定员与一定的劳动组织相联系，定员的核心是要解决全体员工的工作效率。简而言之，定员是要解决企业中各工作岗位配备什么样的人员，以及配备多少人员的问题，通过对企业用人方面的质量和数量规定，促进企业少用人，多办事，不断提高工效。

岗位制度的制定

岗位制度的基本内容主要由以下几方面组成。

（一）基本资料

（1）岗位名称。

（2）直接上级职位。

（3）所属部门。

（4）工资等级。

（5）所辖人员。

（6）定员人数。

（7）工作性质。

同时，应列出岗位分析人员姓名、人数和岗位分析结果的批准人栏目。

（二）工作描述

1. 工作概要

用简练的语言说明工作的性质、中心任务和责任。

2. 工作活动内容

工作活动内容包括：

（1）逐项说明工作活动内容。

（2）说明各活动内容占工作时间的百分比。

（3）各活动内容的权限。

（4）各活动内容的执行依据。

（5）其他。

3. 工作职责

逐项列出任职者的工作职责。

4. 工作结果

说明任职者执行工作应产生的结果，以定量化为好。

5. 工作关系

工作关系描述包括：

（1）说明此工作受谁监督。

（2）说明此工作监督谁。

（3）说明此工作可晋升的职位，可转换的职位，以及可升迁至此的职位。

（4）与哪些职位发生关系。

6. 工作人员运用设备说明

工作人员运用设备说明包括：

（1）说明工作人员主要运用的设备名称。

（2）说明工作人员运用信息资料的形式。

（三）任职资格说明

1. 所需最低学历

2. 需要培训的时间和科目

3. 从事本职工作和其他相关工作的年限和经验

4. 一般能力

如计划、协调、实施、组织、控制、领导、冲突管理、公共关系、信息管理等能力及需求强度等。

5. 兴趣爱好

即顺利履行工作职责所需的某种兴趣、爱好及需求强度。

（1）个性特征。如情绪稳定性、责任心、外向、内向、支配性、主动性等性格特点。

（2）职位所需的性别、年龄特征。

（3）体能需求。即：①工作姿势。如站、坐、跑、蹲、走动、躺等姿势以及各姿势的比重。②对视觉、听觉、嗅觉有何特殊要求。③精神紧张程度。④体力消耗大小。

（四）工作环境

1. 工作场所

在室内、室外，还是其他特殊场所。

2. 工作环境的危险

说明危险性存在的可能性，对人员伤害的具体部位、发生的频率，以及危险性原因等。

3. 职业病

即从事本工作可能患的职业病及轻重程度。

4. 说明工作时间特征

如正常工作时间、加班时间等。

5. 说明工作的均衡性

即工作是否存在忙闲不均的现象及经常性程度。

6. 工作环境的舒适程度

即是否在高温、高湿、寒冷、粉尘、有异味、噪声等工作环境中工作，工作环境使人是否愉快。

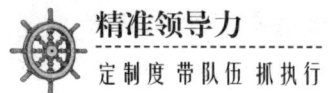

人员编制制度的制定

确定人员编制的过程实际上就是部门的工作划分和岗位配备，基本原则是确保每个定编人员均能分配到足够的工作量，以岗定人，不要以人定岗，如下图所示。

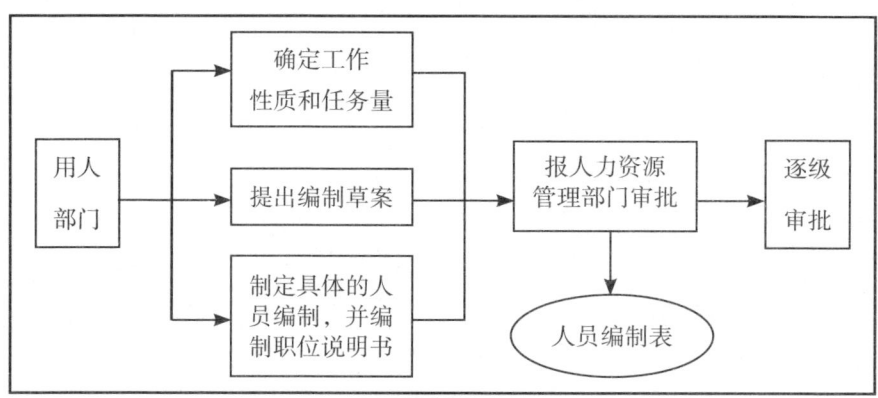

人员编制程序图

某科技集团有限公司岗位设置总表，如下表所示。

某科技集团有限公司岗位设置总表

部门	岗位编号	岗位名称	职位人数（人）
公司总部	HT-G-Ⅰ	董事长	1
	HT-G-Ⅱ	总裁	1
	HT-G-Ⅲ	运营总监	1
	HT-G-Ⅳ	市场总监	1
	HT-G-Ⅴ	财务总监	1
	HT-G-Ⅵ	行政总监	1
	HT-G-Ⅶ	技术总监	董事长不计，合计：6
总裁办	HT-G-1001	主任	1
	HT-G-1002	秘书	1
	HT-G-1003	司机	1
		合计	3

续表

部　门	岗位编号	岗位名称	职位人数（人）
企业管理部	HT-G-2001	部长	1
	HT-G-2002	企划专员	1
	HT-G-2003	企管专员	1
	HT-G-2004	网络专员	1
	HT-G-2005	法律专员	1
		合计	5
生产部	HT-G-3001	部长	1
	HT-G-3002	计划统计专员	1
	HT-G-3003	生产调度专员	1
	HT-G-3004	设备管理专员	1
	HT-G-3005	安全管理专员	1
		合计	5
资产管理部	HT-G-4001	部长	1
	HT-G-4002	资产管理专员	1
		合计	2
技术发展部	HT-G-5001	部长	1
	HT-G-5002	技术管理专员	1
	HT-G-5003	技术研发工程师	3
		合计	5
质量管理部	HT-G-6001	部长	1
	HT-G-6002	质控工程师	1
	HT-G-6003	认证工程师	1
	HT-G-6004	质检工程师	1
		合计	4

（续表）

部门	岗位编号	岗位名称	职位人数（人）
财务部	HT-G-7001	部长	1
	HT-G-7002	资金管理专员	1
	HT-G-7003	成本管理专员	1
	HT-G-7004	会计师	1
	HT-G-7005	出纳员	1
		合计	5
审计部	HT-G-8001	部长	1
	HT-G-8002	审计师	1
		合计	2
融投资管理部	HT-G-9001	部长	1
	HT-G-9002	融投资管理专员	1
		合计	2
人力资源部	HT-G-10001	部长	1
	HT-G-10002	人事培训专员	1
	HT-G-10003	薪酬福利专员	1
		合计	3
		职能部门总计（不含董事长）	42

招聘与面试制度的制定

招聘制度即关于招聘工作的各项政策、方法的总和，它涉及从编制招聘计划到正式录用过程中的各项规定和操作要求。

招聘制度的基本内容没有固定的模式可借鉴，企业管理者可以让招聘经理根据企业实际情况制定出一个总制度或将总制度分解成多个小制度。招聘制度必须包含下列基本内容：制定招聘制度的依据、目的和适用范围；招聘制度的实施办法，包括制订招聘计划、招聘事宜、招聘流程、组织实施、招聘渠道以及录用等内容；招聘制度的解释与修订等。

招聘程序分为人力资源需求、拟定招聘计划、发布招聘公告、人员筛选录用、招聘工作评估等多个环节。

一、人力资源需求

人力资源部在人力资源需求与供给预测的基础上，制订出年度的人力资源需求计划。各部门对于因人员调动或其他原因造成人员短缺的临时需求，在确认内部调配难以满足情况下，由部门主管填写《招聘申请表》，报主管领导、总经理批准后，由人力资源部组织制定补充需求计划和外部招聘计划。

二、拟订招聘计划

招聘计划应包括招聘人数、招聘标准（年龄、性别、学历、工作经验、工作能力、个性品质等）、招聘经费预算、招聘具体行动计划等。

根据招聘形式、招聘对象的不同，人力资源部负责组织执行不同的招聘公告发布、人员筛选录用工作流程。招聘形式分为内部招聘和外部招聘两种形式。招聘形式的选择，要根据人才需求分析和招聘成本等因素来进行综合考虑。

1.内部招聘

鉴于内部员工比较了解企业的情况，对企业的忠诚度较高，内部招聘可以改善人力资源的配置状况，提高员工的积极性，公司进行人才招聘应优先考虑内部招聘。

在尊重员工和用人部门意见的前提下，内部招聘可采用推荐、竞聘等多种形式，为供求双方提供双向选择的机会。

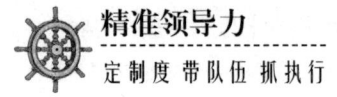

内部招聘流程如下：

（1）内部招聘公告。人力资源部根据公司所需招聘岗位的名称及职级，编制工作说明书，并拟定内部招聘公告。公告发布的方式包括公司内部网通知、在公告栏发布等形式。内部招聘公告要尽可能地传达到每一个正式员工。

（2）内部报名。所有正式员工在上级主管的许可下都有资格向人力资源部报名申请。

（3）筛选。人力资源部将参考申请人和空缺职位的相应上级主管意见，根据职务说明书进行初步筛选。对初步筛选合格者，人力资源部组织内部招聘评审小组进行内部评审，评审结果经总经理或经理办公会批准后生效。

（4）录用。经评审合格的员工应在一周内做好工作移交，并到人力资源部办理调动手续，在规定的时间内到新部门报到。

2.外部招聘

在内部招聘难以满足公司人才需求时，可以考虑外部招聘。外部招聘工作的组织以人力资源部为主，其他部门配合。必要时公司高层领导、相关部门参加。

外部招聘渠道要根据岗位和级别的不同采取有效的招聘渠道组合。外部招聘人员来源可来自内部职工引荐人员、职业介绍所和人才交流机构人员以及各类院校的毕业生。具体招聘渠道如下：

（1）校园招聘。每年春季将公司招聘信息及时发往各校毕业分配办公室。对专业对口的院校有选择地参加学校人才交流会，发布招聘信息并进行招聘活动。

（2）通过相关网站、大众媒体、专业刊物广告发布招聘信息。查阅网上、媒体、刊物广告上的应聘人员情况，建立公司外部人才库，根据需要考核录用。

（3）内部员工推荐。公司鼓励内部员工推荐优秀人才，由人力资源部本着平等竞争、择优录用的原则按程序考核录用。

（4）招聘会招聘。通过参加各地人才招聘会招聘。

（5）委托中介公司招聘。对公司关键的管理和技术职位的招聘可考虑通过人才中介招聘。

三、招聘流程

1. 初步筛选

报名截止后，根据招聘岗位的要求，由人力资源部会同各部门进行初选。审查求职者的个人简历和求职表，并根据收集到的求职者信息建立外部人才库。

2. 初试

人力资源部向初选合格的求职者发面试通知，并要求其在面试时提供学历、证书、身份证等相关证件的原件。初试由人力资源部人员（主试人）和用人部门共同组成。人力资源部对应聘人员的智力、品德和综合素质进行初试和评价，用人单位从工作经验与能力方面对应聘人员进行初试和评价。

主试人组织具体的初试工作，做好初试记录工作，并在《应聘人员初试测评表》意见栏中填写初步面试意见。初试结果分为三种：拟予聘任、不予考虑、拟予复试。人力资源部将"拟予聘任"的人员报总经理办公会讨论决定是否聘任，"拟予复试"的人员由人力资源部组织复试。

3. 复试

（1）复试。由复试小组进行。复试小组一般由以下三方面人员组成：①用人部门代表；②人力资源部部长；③资深专业人士。一般岗位的招聘可无资深专业人士，专业技术人才和管理人才的招聘必须有资深专业人士参加。高级专业技术人才和管理人才由总经理负责面试，人力资源部负责协调。

（2）复试的实施。在复试过程中，复试小组成员填写复试记录表，表明对应聘者的评语及结论。复试结束后，小组成员讨论对各应聘者的意见并分别将评价结果填写在复试结果推荐书上，送达用人部门主管及人力资源部备案，作为下一步行动的依据。当小组成员未能达成一致结论时，提交总经理办公会进行讨论决定。重要岗位的复试可以考虑采取笔试的形式，由人力资源部和用人部门共同组织进行。

（3）复审。通过复试的应聘人员由分管部门的主管领导进行审核，并签署意见。所有拟录用的人员应经总经理最后签字批准。

4. 录用

人力资源部根据应聘人员的体检结果，对体检合格者办理录用手续。对社会应聘人员发试用通知书，并到相应劳动部门办理劳动手续；对被录用的

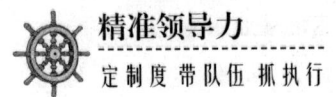

应届毕业生向其所在高校发接受函,签订就业协议书。同时,人力资源部将面试结果通知落选的应聘者。

5. 报到

被录用员工必须在规定时间内向公司报到。如在发出录用通知15天内不能正常报到者可取消其录用资格。特殊情况经批准后可延期报到。

应聘人员到公司报到后,需向人力资源部提供个人学历复印件备案,并填写《员工登记表》,同时签订试用劳动合同,试用期为3~6个月。若员工所在部门部长(主任)认为有必要时,也可报请公司批准,将试用期酌情缩短。员工必须保证向公司提供的资料真实无误,若一经发现虚报或伪造,公司有权立即将其辞退。

6. 试用

试用期的人员,尚不属于公司的正式员工。在此期间,本人可以随时提出辞职。试用人员如不能胜任本职工作或工作中出现重大失误,公司有权随时将其辞退。

7. 转正

试用期满后的员工,经考核合格,人力资源部应在试用期满一星期前向试用部门书面征询意见。试用部门不管是否同意继续使用,均须于收到人力资源部通知24小时内出具书面意见。人力资源部在收到试用部门的书面答复24小时内,书面通知试用员工。经所在部门考核合格者,可转正定级。由部门填写《试用员工转正定级审批表》,由本人填写试用期间工作小结,由用人部门和人力资源部填写考核意见,经总经理批准后,公司和员工签订正式劳动合同,试用人员转为正式员工。

四、招聘工作评估

人力资源部应对招聘流程的每个环节进行跟踪,以检查招聘效果。从职位空缺是否得到满足、雇佣率是否符合招聘计划的设计来检查;从求职人员数量和实际雇佣人数的比例、接受雇佣的求职人的转换率等来分别衡量招聘质量。

招聘活动结束后,人力资源部应调查求职者及新员工对招聘组织工作的意见、测量新员工的工作业绩、研究每种招聘渠道的时间、成本和效果等评估招聘活动,作为招聘工作进一步改进的依据。

培训制度的制定

1. 公司员工培训的种类包括：新员工培训，试用转正培训，转岗晋级培训，在职培训和特殊专项岗位培训。

2. 人力资源部负责培训计划的制订。

（1）于每年12月底之前，根据公司次年总体经济目标，结合培训需求调查，制定培训目标和计划，报人力资源总监和总经理审批。

（2）各部门应于每年12月15日前提出次年培训需求，报人力资源部。

（3）培训计划的内容包括：培训种类，培训对象和培训目标，培训的时间和地点，培训内容、形式，培训教师及培训教材，培训负责人及工作人员，协助部门和负责人，费用预算，培训考核及效果评估。

3. 新员工培训规定。

（1）新员工在上岗前，一律参加由人力资源部统一组织的新员工培训。

（2）新员工培训内容包括：企业文化，经营理念，公司发展历史及现状，行业状况，公司组织机构，各部门的职能和业务范围，规章制度，员工行为规范。

（3）新员工培训原则上每月组织一期。人力资源部在培训前3日向应参加培训的新员工所属部门发出培训通知。接到通知后，原则上应组织全部新员工参加，如果特殊情况不能参加培训，应在收到通知后24小时内向人力资源部递交由部门领导批准的报告，经人力资源部审核以后，参加下一期培训。

（4）新员工培训由内部管理人员担任讲师。

（5）新员工培训每期时间为一个星期，采用讲座、参观、军训三种方式。

（6）新员工培训材料由人力资源部根据授课教师提供的教案及培训录音整理稿编制。

（7）新员工培训结束后，实行统一考试，考试不合格者，予以辞退。

（8）人力资源部设计《培训评估表》，于培训结束时交由培训学员填写。人力资源部汇总后对本期培训效果作出评估，包括对培训教师、培训内容、培训形式及技巧和培训实施等各方面的评估。

（9）新员工培训合格是转正的重要条件之一，未参加培训的新员工不予转正。

4. 在职培训的规定。

（1）在职培训不定期，原则上将时间安排在星期六及星期日。

（2）公司全体员工每年均须参加培训，并且不低于30课时，培训考试成绩将作为考评依据。

（3）在职培训方式包括：聘请业内资深人士到公司授课，参加学术交流、专家讲座、现场参观考察、交流、研讨，网络远程教学，到同类领先企业进行研修。

（4）在职培训内容：

①管理类职员培训内容包括：市场及技术发展趋势，企业发展案例，企业文件和法规的深入领会及理解，企业管理现状与市场战略，社交，公关，礼仪等。

②技术研发类职员培训内容包括：技术发展动态及趋势，新技术发展及运用情况，语言能力的强化，企业文化等。

③金融、财务类职员培训内容包括：金融法规、财政法规、税务法规、工商管理法规、金融新运作方式及管理法规、市场发展动态与财务的融合、企业文化在财务运作中的实际应用等。

④市场类职员培训内容包括：市场发展动态趋势、市场运作经验及教训、市场行为学、营销学、政府行为学、公共关系、宣传、广告、传媒、企业文化战略、CIS应用等。

⑤后勤服务类职员培训内容：后勤服务与市场的关系、后勤服务与管理的关系、仓储及采供管理、后勤服务与财务的关系、企业文化在后勤服务中的实际运用等。

⑥行政助理类职员培训内容：现代秘书学、公关、礼仪、社交、协调训练、电脑及网络技能培训、文字处理技能、艺术教育和形体训练、企业文化与个人的工作关系。

5. 试用转正培训、转岗晋级培训和特殊专项岗位培训由人力资源部根据需要组织实施。

员工薪酬制度的制定

企业对薪酬管理也是非常重视的。企业为了让薪酬更加合理，更加能反映员工的工作业绩，不惜将薪酬结构和薪酬体系制定得非常复杂和烦琐（并且还有继续复杂下去的趋势）。实际上，过于复杂的薪酬管理与过于简单的薪酬管理一样会降低薪酬的激励作用。

一套良好的薪酬体系，可以让企业在不增加成本的情况下提高员工对薪酬的满意度。建立薪酬体系之前，首先，要对薪酬的外部均衡和内部均衡进行分析，分析的方法是进行薪酬调查和岗位评估；其次，要设计恰当的薪酬结构。再次，确定薪酬的等级和范围；最后，制定薪酬的调整政策。

在企业中，薪酬是指企业对员工付出劳动的回报。从广义上讲，薪酬分为经济类薪酬和非经济类薪酬两种。经济类薪酬是指员工的工资、津贴、奖金等，非经济类薪酬是指员工获得的成就感、满足感或良好的工作气氛等。

根据薪酬构成的各部分的性质、作用和目的不同，大体可以把薪酬分为工资、津贴、奖励和福利四大部分，如下图所示。

薪酬的构成

薪资结构指的是，员工拿到的钱到底是由多个部分组成还是单一薪资，这是薪资制度在设计时需要考虑的，基本上越简单越好。一般公司大都有底薪、职务津贴、奖金及因特殊职务产生的津贴，如夜班津贴、管理津贴、特殊津贴等。因此，薪资结构的设计，就是要弄清各个项目在薪资结构中的用途及其比重。联系以前所提过的职务、职称分开管理的观念，设计新的薪资架构，下面做详细说明。

薪资架构如下：薪资＝底薪＋职称津贴＋职务津贴＋奖金。底薪：底薪有几种特性，同样职务，担任同样工作，但不同学历，其薪资差异在底薪。通货膨胀，调薪时调底薪。另外，有的公司发年终奖金，也用底薪计算，除了底薪可得到一致的水平，还有，3个月的年终奖金总是比1个月的年终奖金好听。

另外，由于公司从基层到高层，薪资差异很大，年终奖金以底薪来发放，也有达到公平性的用意。如果直接以全部薪资发放奖金，公平性较受质疑。试想1个月薪资十几万元的人，到了年终奖金如果也以十几万元来发放，是没道理的，尤其是其中若是有一些特殊津贴，在发放年终奖金时一并发放也是不合理的，如管理津贴、特殊津贴、环境津贴等。除非年终奖金是绩效奖金的一种，且与绩效表现的考核充分结合，否则，年终只发底薪还是比较合理。基层人员在发年终奖金时吃亏，分红时又吃亏，每月薪资又领得比较少，如此一来，基层与中高层差距过大，会给公司带来一系列不良的影响。而且高层人员要领高薪，并不应从年终奖金而来，应该从分红而来，而分红需与绩效成绩结合，只有这样才能激发中高级经理人员的干劲，而不是不论好坏，年终都可以领得比别人高。其实在真正追求绩效的环境中，这样的薪资制度才能真正反映薪资的价值。所以在薪资中，有关底薪的调整须有个上限，才不会形成做同样工作而薪资却因为年资的关系相差好几万元。例如，基层的总务小姐，一位已工作14年而另一位只干了3年，他们的工作差不多，但是薪资差1万~2万元，这合理吗？形成这种不合理的现象，问题大多出在没有注意底薪的调整。一般人常犯的错误是调整底薪时，每人都依照比率调整，例如，这次公司预算调整底薪5%，结果每人都按5%调整底薪，这种做法，会造成底薪已较高的人的工资越来越高，这种扩散型的方式是不值得追求的。所以，最好的方式是将同一职等的人的底薪求出平均值，当成基准，凡是同一职等的人，都应该以此基数为准，这样底薪低的调薪比率大一些，而底薪已经很高的比重就会少一些。经过几年之后，同一职等的人，其底薪应会逐渐接近。所以，假设一位专科毕业和一位大学毕业的会计人员，虽然起薪不同，经过一段时间后，假设两人的工作仍一样，那么两人的薪资会逐渐接近，这样的薪资制度才是合理的。不能因为学历不一样，薪资就要永远不一样。其实，有些小企业，本来就有这样用人的精神，不论高中、专科或大学毕业来做会计，就是一个价。但公司规模越来越大，这种精神反而丧失了。

人事考核制度的制定

人事考核主要包括日常考勤、绩效考核、任职资格考核等几方面，每一种考核都有它特定的作用和目的，只有综合运用这几种考核方式，才能得到完善、公正、真实的考核结果。

一、日常考勤

员工日常考勤是员工工作考核的基础，首先各部门使用签到簿对本部门员工日常出勤情况进行考核，其次根据部门考勤情况制作员工出勤月报表，报人事部门作为奖惩和薪金发放的依据。

二、员工任职资格考核与评价

员工任职资格的考核首先由个人填写员工自我评价表，由部门主管审核，填写评价考核意见，然后提交人事部门审批，公司主管批示，作为人事调整的依据。员工任职资格考核工作程序，如下图所示。

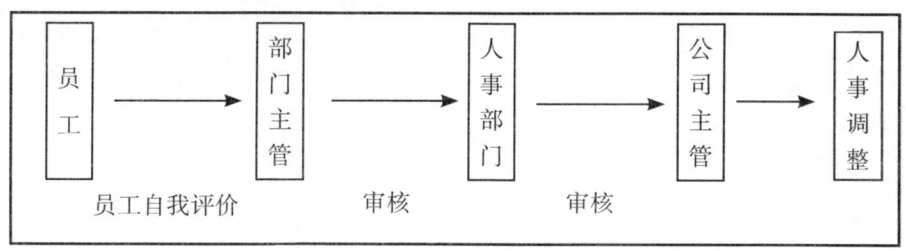

员工任职资格考核工作程序

三、工作绩效考核

工作绩效考核主要是对员工的日常工作成绩和成果进行考核评价，以此作为确定员工薪资、提供升迁和改进现有工作绩效的重要依据。员工绩效考核工作程序，如下图所示。

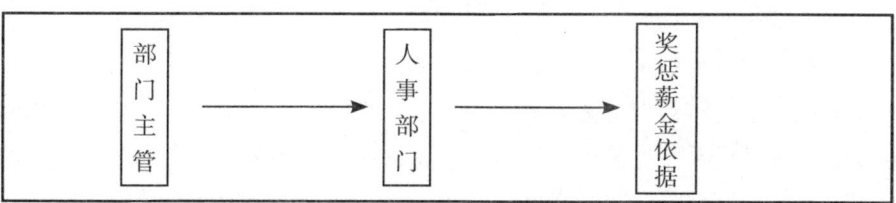

员工绩效考核工作程序

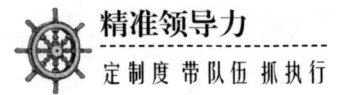

绩效考核制度的制定

绩效考核在绩效管理中是一个重要的管理过程，是企业通过合理的考核手段对员工的工作态度、工作能力、工作业绩作出考核，绩效考核承担着对人的管理、督导、指导、教育、激励和约束功能。它是联系其他一切人力资源管理制度的依据，我们将具体介绍。

一、确定考核内容

为了使绩效考核更具有可靠性和可操作性，应该在对职位的工作内容进行分析的基础上，根据企业的管理特点和实际情况，对考核内容进行分类。比如将考核内容划分为关键工作考核、平常工作考核和工作态度考核三个方面。

1.关键工作

关键工作是指在考核期间被考核人列举1~3项最关键的即可，如对于开发人员可以是考核期的开发任务，销售人员可以是考核期的销售业绩。关键工作考核具有目标管理考核的性质。对于没有关键工作的员工(如清洁工)则不进行关键工作的考核。

2.平常工作

平常工作的考核条款一般以职位职责的内容为准，如果职位职责内容过杂，可以仅选取重要项目考核。它具有考核工作过程的性质。

3.工作态度

工作态度的考核可选取对工作能够产生影响的个人态度，如协作精神、工作热情、礼貌程度等。对于不同职位的考核有不同的侧重。

二、制定考核标准

制定考核标准通常有编写考核题目和制定考核标准两个步骤。

1.编写考核题目

在编写考核题目时，要注意以下几个问题：首先，题目内容要客观明确，语句要通顺流畅、简单明了，不会产生歧义；其次，每个题目都要有准确的定位，题目与题目之间不要有交叉内容，同时也不应该有遗漏；最后，题目数量不宜过多。

2.制定考核标准

考核标准就是对员工绩效进行考核的标准和尺度。对员工进行绩效考核，需要依据一定标准对每一指标进行衡量，因此需要绩效考核标准。考核标准对于一定时期员工的努力方向和积极性有重要影响，应慎重对待。

在编制考核标准时应遵循以下几项原则：

（1）准确定量：标准能用数量表示时应尽可能使用数量。

（2）内容要先进合理：考核标准要反映企业的科学技术水平，不至于使员工的每项指标都达到满分，但也不能太苛刻使员工的考核分数都较低。

（3）考核标准要有针对性：即要针对不同的职位及承担该职位被考核者的特点制定不同的考核标准。

（4）文字简洁、通俗：在考核标准中，应尽量使用常用的大众化语言和词汇，表达力求简明扼要。

三、选择考核方法

对于不同的员工，考核内容、考核方法都是不同的，可采用多种形式进行考核。可以从多方面来衡量一个人，可以有效减少考核误差，提高考核的准确度。

下文将对几种常用考核方法进行详解。

奖惩制度的制定

有效、公平的奖惩办法，可以使员工心情舒畅，为员工发挥积极性和创造性提供极有利的环境条件。许多企业、组织之所以无效率、无生气，归根结底是由于它们的员工奖罚制度出了毛病。作为一个管理者，建立自己正确的（即符合企业、组织根本利益的）、明确的（即不是模棱两可、摇摆不定的）价值标准，并通过奖惩手段的具体实施明白无误地表现出来，是管理中的大事。制定奖惩办法有以下几个原则。

一、公平原则

公平原则即物质利益分配和精神奖励，必须符合贡献与报酬相对的原则，才能使员工心理平衡，有公平感，才能激发员工多作贡献。

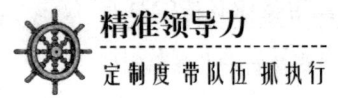

二、易于执行原则

在制定奖惩制度时，尽量避免弹性条款。比如对后果和程度进行描述，最好能够作出细化和量化的规定，以便于实际操作和执行。如因为某种违纪行为给公司带来500元以上经济损失的可以解聘等。这样的尺度和标准明确、直接，易于企业执行。

三、物质与精神并重原则

奖惩的方式包括物质与精神两个方面，物质方面主要有工资升降、奖金分配、福利分配、职位升降、经济处罚等；精神方面主要有职业定位、评先进、通报表扬、非正式表扬与体现成就感、社会地位等。一个公司的奖惩方式不可能只有一种手段，物质和精神对于员工同等重要。

四、与时俱进原则

奖惩的尺度应该在不同的时期，制定不同但是却有连贯性与企业特性的方案来执行。

五、奖惩办法的内容

奖惩的种类和方式。

1.奖惩的种类

奖励分为：嘉奖；授予荣誉称号；记大功；记小功等。

惩罚分为：警告；记过；记大过；开除等。

2.奖惩的方式

奖励的方式有：通报表扬；奖金；加薪；晋级等。

惩罚的方式有：通报批评；罚金；减薪；降级等。

不同的企业依据自己的自身情况来具体地制定。

奖惩的规则和标准。

1.奖惩的规则

什么情况下给予什么样的奖励或惩罚，即员工的哪些行为可以记大功、哪些行为记小功、哪些行为要记过。规则要清楚明白，避免模棱两可的语言，使企业便于执行。

2.奖惩的标准

当员工立了功，是采用精神奖励还是物质奖励，还是两者并用。记大功时的物质奖励是多少，记小过时的罚金是多少，都要有清晰明确的规则。

质量制度的制定

质量管理计划是各部门、各环节针对特定的产品、项目或合同,规定专门的质量措施、资源配置和活动顺序等活动,即它是落实质量目标的具体部署和工作安排,是针对某项产品、工序、服务、合同或任务所规定的专项质量指标和措施、资源以及活动程序的质量文件。由此可知,质量管理计划是质量管理和质量保证在特定的产品、项目或合同上的具体体现。它是针对特定产品和需要重点控制的项目、合同所编制的设计、采购、制造、检验、包装、发运等质量控制方案,一般不是单独一个方案,而是由一系列文件所组成。

当尚未建立明确的质量体系时,质量计划可以是一个独立的文件,对质量管理和质量保证作出具体的规定和要求。但有些情况下,依据顾客的要求或特定情况的需要,质量计划也可以作为其他文件的组成部分,体现在这些文件之中。

质量管理计划的内容包括以下几点:

(1)明确规定质量管理计划的目的,如合格产品率、次品率等。

(2)规定有关部门和人员应承担的工作任务、责任、权限和完成工作任务的时间进度。

(3)明确特定的质量体系或合同所要求的活动均有计划地实施和控制,并且活动的进程应该处于有关部门的监控之下。

(4)制定各个生产环节的质量检验、质量试验和质量审核的标准。

(5)对审核的结果进行评定。

(6)跟踪产品或项目的进度,对质量管理计划体系中不合理的部分,要及时进行修改。

所谓质量目标管理,是指通过质量工作目标的制定,在质量工作中实行自我控制,并努力实现质量工作目标的一种管理制度。质量目标管理是借助总目标和分目标分级设立目标的方法,设立质量考核标准,自上而下地确定一个时期的质量计划,使质量目标成为整个目标,以此来激励全体员工都来关注质量问题。

质量目标管理的特点如下:

(1)设立总体质量管理目标,并为各级各类人员和部门设立分目标的标准。

（2）质量目标管理的对象由工人扩展到管理人员，即各级管理人员，包括生产总监在内，都要服从质量管理的目标。

（3）确定质量管理目标的考核标准，用来对内部的质量管理人员及其他相关人员进行考核。

（4）质量管理目标是用来指导和控制质量活动的指南与基础。质量管理目标要特别注意自我控制，是参与式管理在质量管理中的运用。

（5）质量管理的目标注重质量工作的业绩成果，讲求经济效益。

计量鉴定与质量监督。

（1）计量鉴定是生产的重要环节，是保证零部件互换、确保产品质量的一种重要手段和方法。没有准确的计量工作，就无法提供准确的质量信息。必须严格管理计量工作，建立健全管理制度与管理机构，配备齐全高质量计量设备。及时维护修理，实现检验测试手段、方法的科学化与现代化，提高计量工作的质量，充分发挥它在质量管理中的作用。

（2）质量监督是保证产品质量的重要手段。进行质量监督主要包括三个环节：原材料、外协零部件进厂检验、中间检验（即生产过程的检验）和产品出厂检验。在质检中应把好质量关，防止不合格品流出，及时发现并处理问题，建立健全质量监督体系。

员工守则的制定

员工守则作为企业内部约束员工行为的基本规则，在制定前，要遵循合法性、合适性、合理性的原则。

员工守则作为企业内部约束员工行为的基本规则，在制定前，要遵循一定的原则。

第一，合法性。企业内部规章制度的效力是以合法为前提的。凡是违法的内部规章制度一律无效。所以在制定员工守则时首先要对国家相关劳动人事法规进行了解和学习，不要编制出违反国家法律、法令的无效的员工守则。比如规定员工在劳动合同期间不能结婚生育，上下班要搜身检查，试用期间员工辞职不发工资，员工入职要交一笔保证金等。这些规定严重侵犯了公民的基本权利，侵犯了员工的合法权益。

第二，合适性。要广泛征求企业员工的意见和建议，因为员工守则是企业内部员工规范自己的言行的基本准则，以企业内部员工为主体编制出来的规则更具操作性，因此，必须发动全体员工参与，通过民主程序来制定。如通过企业工会组织、职工代表大会或选派员工代表，参与内部规章制度的制定。制定出来以后，还要向全体员工公示，并组织学习和贯彻实施。

第三，合理性。在劳动法或其他部门法没有规定的情况下，用人单位制定其内部规章制度时要坚持公平、合理、科学的原则，既要考虑员工的利益，又要考虑单位的利益；既要考虑对员工劳动行为的规范和制约，又要考虑对员工劳动积极性的激励。

员工守则一般包括以下内容：

（1）员工的道德规范。比如珍惜公司信誉、严谨操守、爱护公物、不得泄露公司机密等行为规范。

（2）员工的考勤制度。其中有工时制度、上下班的规定、打卡规定等。

（3）员工加班值班制度。什么情况下加班、加班的报酬规定、值班的安排等。

（4）休假请假制度。包括平时和法定休假、年休假、婚假、产假和生理假、病假、丧假、工伤假、私事休假等。

员工守则范本

第一条 本公司员工应遵守本公司一切规章命令及主管的指挥监督，忠实勤勉地执行其职务。对经办业务或工种如有建设性意见时，可以口头或书面陈述建议。

第二条 本公司员工平日的言行应诚实、谦让、廉洁、勤勉，同事间要和睦相处以争取公司荣誉。

第三条 本公司员工上下班均应按规定签到。签到均应亲自为之，不得托人代为签到或代人签到。违者依本规则的规定论处。

第四条 本公司员工除规定的放假日及因公出差或因故与其他正当事由外，均应按照规定时间上下班，不得任意迟到或早退。如有违反者照下列规定处理。

1）每月迟到或早退。

（1）1~10次者以旷工半天论处。

（2）11~15次者以旷工1天论处。

（3）16~20次者以旷工2天论处。

（4）超过20次概以旷工3天论处。

2）迟到或早退除事先请准者，超过20分钟起至1小时内，未办理请假手续者以旷工半天论处。

违反这两项规定者依前面规定按日计扣薪资。

第五条 各级员工每日应办事务必须当日办清，如不能于办公时间内办妥应加班赶办。如有临时发生紧要事项奉主管人员通知时，虽非办公时间亦应遵照办理，不得借故推诿。加班发给加班费，其标准另定。

第六条 本公司员工对顾客或参观来宾应保持谦和礼貌、诚恳友善的态度。对顾客委办事项应力求周到机敏处理，不得草率敷衍或任意搁置不办。

第七条 各级主管就其监督范围以内所发命令，其属下员工有服从的义务，但对其命令有意见时可随时陈述。

第八条 各级员工对于两级主管同时所发的命令或指挥，以直接主管的命令为准。

第九条 本公司员工不得有下列行为：

（1）除办理本公司业务外，不得对外擅用本公司名义。

（2）对于本公司机密不得泄露。

（3）未奉核准不得擅离职守。

（4）对于所办事项不得收受任何馈赠或向往来单位挪借财物。

（5）非因职务的需要不得动用公物或支用公款。

（6）对所保管的文书财物及一切公物应善尽保管之责，不得私自携出或出借。

（7）不得私自经营与本公司业务类似的商业或兼任本公司以外职务。但经董事长特准者不在此限。

（8）不得任意翻阅不属自己负责的文件、账簿表册或函件。

（9）不得携带违禁品、引火物及非必要物品进入工作场所。

第十条 本公司各级员工有违反前条规定，应按情节轻重分别予以惩处，该主管知情不报者，亦应负连带责任而受惩处，其涉及保证事项的保证人应负保证有关的责任。

定制度——奠定基业长青的基石

第四章 企业重要管理制度的制定

名企制度：松下——特色鲜明的事业部制度

20世纪30年代，松下电器公司在面临世界性的经济大萧条的局势下通过"生产减半，绝不裁员"的举措成功渡过难关，随后顶住压力在门真街建设了厂房，此时的松下电器公司已经发展成为一个大企业。由此也可以看出松下幸之助对时局的把握和过人的谋略。

任何企业在规模较小时，企业领导能单枪匹马、有效地驾驭整个企业的大小事务；然而随着企业的扩大、员工的增多，企业领导就会逐步感到力不从心，从而造成企业整体或局部处于失控状态。松下幸之助也在不断思索关于管理体制的问题，后来他作出惊人之举，大刀阔斧地推行"事业部制度"。

"事业部制度"将松下电器制造厂现有的分厂和所有的从业人员重新划分为三个部门：第一部为收音机部，任命井植岁男为部长；第二部为脚踏车车灯及电池部，任命井植薰担任部长；第三部为配电器及电热器部，松下幸之助自己兼任部长。

松下幸之助认为："事业部制度"这种分权管理方式，可以使公司的经营吸收小企业的长处，特别是灵活性。每一个部门的部长都是独立的负责者，由他全权负责本部门产品的制造和销售；每一个部门都采取独立核算，绝不允许以某部门的盈利来弥补另一部门的亏损，也就是废止从前各部门相互间的盈亏相抵的办法。各部门要负起责任凭自己的努力和创造争取营业利润，并以此利润为公司的成长和壮大作出贡献。

此后，松下幸之助又将这种"事业部制度"写入了《松下公司史资料》第七卷中："此种制度的本质，照现在的定论，就是松下电器硬件组织制度最突出的一项。这项制度实施于1932年，是松下电器长足发展时期的产物。事业部制度的直接动因，是公司规模的扩大。松下幸之助创业伊始，摊子小，一切都由他自己一人操持，虽说辛苦，尚可应付。事业的发展，导致事务纷繁，千头万绪，松下幸之助自己已经感受到了其中的繁杂。他想把事情分给别人负责，而他一贯的观念又是"委任即要放权"，于是就有了设立事业部的分权组织设想。他将公司分为三个部门：一是收音机部；二是脚踏车车灯及干电池部；三是配电器具及电热器的制造与销售部。这一次的分设，

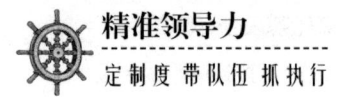

销售部是隶属于第三事业部的,其他部则没有专门的销售机构,各部门的销售其实还是公司一手包揽的。松下幸之助觉得上述的分权制度还不够彻底,不能算是名副其实,因此效果也就差一些。基于这样的认识,1934年3月,松下幸之助又进行了进一步的改组。这一次,把原来第三部的电热器制造独立为第四部门。而更重要的是,在各部门都设立了营业科,专门负责各部门的销售业务。"由此,松下电器在相当长时间采用的硬件组织制度就这样形成了。

这个制度的特点,就是从研究、开发至制造、销售、宣传,全部严格地实施公司内部各组织单位的全权责任制。这些事业部的部长,都以自己的名义设立户头,经济实行内部核算;当然工作也由自己全权决断。这样,每一个事业部实质上和一家独立机构相差无几。

松下幸之助当初分权而设立事业部,有两项基本用意,这其实也就是分权制度的作用。其一是事业经营责任划分清楚。分权以后,权力是各事业部的,经营绩效也是事业部的。这样,哪一个事业部情形如何,一目了然,再也不是过去各部门损益互补的情形了。这也就是现在所说的责任权益分明。其二是可以锻炼、培养经理人才。各部门自负其责,不能依赖公司,也不能依赖其他部门,一切都要靠自己,经营人员的才干必然得到培养和锻炼。这种制度,也确实为松下电器公司培养了不少经营人才。

不难看出,事业部制度有以下优点:

(1)不但能使企业得以顺利扩大,而且还能解决松下幸之助自己力不从心的问题。

(2)每一个事业部都是一个责任中心,产品责任划分分明,盈亏明朗,便于考核。

(3)各事业部都具有小型企业之特点,产品较单一,致力于技术研究与产品开发,因此能培养出许多技术专才。

(4)由于各事业部部长负责盈亏的全部责任,自然而然会产生强烈的消费导向——非常重视并竭力满足消费者的需求。

(5)一个事业部盈利,绝不分利给另一个亏损的事业部。每一事业部都必须自己想办法盈利。因此,各事业部就不会抱有依赖思想,都会竭尽全力把自己放到整个电器行业中去竞争。

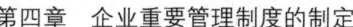

事业部这种分权组织的制度，在当时的日本是首创，就连企业管理比较先进的美国，1930年以前也只有杜邦、通用汽车公司等少数大企业才有这种制度。显然，松下幸之助的这种做法，先人一步，令其获益匪浅。以后，这种制度虽然有些细微的变化，但大体还是如此，基本保持不变，形成松下电器的一大特色。

现在，经营的集团化优势十分明显，因此合并、重组的事情时有发生。集团的各组织单位如何运作，松下电器的事业部经验当可借鉴。

销售是连接产品和顾客的中间环节，是经营的关键一环。没有强有力的销售，不说经销商，就是制造商也不能维持生意。因此，完善的推销制度是十分重要的。

松下电器不仅有独特的组织、人事制度和规范，关于经营中关键一环的推销，也有一套独特的制度。这套制度大多是松下在经营实践中摸索、总结出来的，有许多又是"日本第一"。

推销制度是建立在有关销售理念之上的。这一方面，松下幸之助有三点基本做法：一是重视销售；二是把经销商当作朋友；三是一切从顾客出发。基于这样的理念，松下电器确立了以下的销售制度。

（1）联盟店制度。这种制度，意在加强公司和经销商以及经销店相互之间的联系。公司的经营人员经常走出去，向经销商请教、征求意见；各经销商之间也互相交流心得。这种制度把松下电器的经营理念和诚意、信誉等都传达给了经销商，调动了经销商销售松下产品的积极性。

（2）参与国际品牌销售商品同业公会。这其实是上述联盟店制度的延伸和合理化。松下幸之助为给国际性的产品建立一个强大的推销网，从1957年起，经常召集大阪地区附近的联盟店开会，共同研究如何和睦相处、推销产品，进而组成了"国际商品协会"这一商业组织，紧紧围绕松下电器最有名的国际性产品来做文章，无异于松下电器自己开办了数千家专营店。现在的商店设某某专柜，其实就有这样的作用，只是和松下幸之助创办的这种协会差了几个级别。

（3）设立销售公司。以上都是关于零售的推销制度，这项则是有关批发的。负责批发的主要销售公司，是松下电器和各地的经销商们联合建立的。虽说合作的方式不同，目的却都在于提高代理店的经营效率。如果有

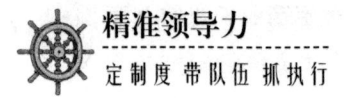

的经销商陈情请求,松下电器还可以出资和他们共同组织这种机构。这样一来,不仅销售公司自己可以办零售店及时提供商品,同时也可以积极促成开设更多的零售店,或通过服务促进零售店的营业额。1950年8月,松下第一家销售公司在四国的高知县成立,以后每年都有几家这样的销售公司成立。

(4)分期付款制度。松下幸之助的经营理念是为顾客提供低价商品,这项制度是这种理念在销售上的极端体现。松下幸之助效法福特,采取多销低成本策略,在1951年收音机流行的时候实行了分期付款的办法。这种办法更加刺激了本来就热火朝天的收音机市场,为松下电器获取了丰厚的利润。这种办法在当时的日本是空前的。其后,松下电器的许多其他家电产品也都采取这样的方式推销。

松下电器以上几种推销制度,现今已是商家皆知、也广泛使用的法宝,但在当时却是首例。其中的一些,时至今日,许多商家尚未能够很好地应用,比如协会制度。由此也可以看出,松下电器的经营秘诀的当代意义仍然是不可忽视的。其经营的重要条件之一,就是调动人的积极性,使其充分发挥才干;而这不是靠热情和个别行为所能获得的,而是需要一套严整的方针策略。

成功的老牌公司,都有其一整套制度和原则,揭示出来,以使上上下下有规有矩,遵照执行。人事制度作为企业制度的一个重要方面,当然也是如此。

松下电器公司的人事方针,最基本的有七条。在1957年时,当时的人事主任高桥荒太郎曾经巡视全国34处部门予以宣讲,以期深入人心。

松下电器的这七条基本方针是:

第一,对松下电器的基本经营,必须有充分彻底的了解。

第二,必须认识到,好的经营的根本在于人。

第三,人事必须要有诚意和"大的情爱"才行。这就是说,人事方面无论做什么事情,都要以情义贯彻始终。因为在任何场合,情义都能感动人。同时要有"大的情爱",而不是谄媚迎合或是小恩小惠的小情爱。有了大的情爱,就能够长远地关心人的进步和成长,该严格的时候严格,该批评的时候批评。

第四，不仅要用权力去驱使别人，而且要用理解和信赖令人自动自发地工作。

第五，要培养人才，必须首先给其适当的目标和希望。有目标，有希望，才能充分调动人的积极性和创造力。因此，要经常给部属强烈的意愿，使他们有目标、有希望。

第六，必须给予权力，让其负起责任来。责任和权力应该是相辅相成的。如果让部属和员工去做不必负责的事情，就会使工作松散、拖延，甚至产生不良的后果。同样，如果只给责任而不赋予权力，结果也是如此。因此，必须给予他和责任相当的权力，让他在责任和权力之内，放手去做，作出最有效的创造、发明来。当然，如果遇到关系大局的事情，要求下属向上司请示还是应该的。

第七，好的经营，必须使员工真诚合作才行。培养人才，要依靠社会，更要依靠自己。因此，经营者要有长期连续的人才培养方针，以增长员工的能力，并使其获得人格的成长。

松下幸之助个人和松下电器的成长经历，使他更注重与学校教育相对的在职训练。这一点和他的人才思想结合，就产生了松下公司长期以来施行的完备的育才方针。这个方针，不仅应用于松下公司，对别的公司也是有启迪意义的。以下是这个方针的概要。

（1）培养人才的目的。贯彻经营基本方针；提高专门业务能力；培养经营管理能力；扩大视野和形成人格。

（2）实施方针。透过实践，培养实际工作能力。方法是以每个人的自我启发为基础，以上司的个别指导为核心，通过工作岗位的实践教育为主体。根据长期计划连续实施，不能有头无尾。

（3）工作组织。工作场所的主要干部，要对工作场所员工的人才教育负全面责任。各部门、工作场所的管理监督者，对自己辖区范围内的员工要全面负责。

（4）各工作场所所长下面，设一位担任研究的负责人，以便帮助所长及上司推行人才教育。

（5）各职能部门设一位专门负责人，以便帮助所长和上司推行培养人才的工作。

（6）在人事部门，要执行以下培养人才的业务：就人才培养和各职能部门、事业场所取得联络并寻求援助；培养及实施经营干部的进修计划；新进职员的培养计划的实施。

带队伍

——把人人带成干将

第一章
领导有魅力，队伍跟着跑

魅力是带队伍的强大气场

优秀的领导才能，特别是一个人的魅力和影响力，要比他的权力和能为下属提供优越的薪资、福利重要许多。可以说，魅力才是真正促使他们发挥最大潜力、实现计划和目标的魔杖。

有一位著名企业家曾经在一个报告会上说：

"在现实世界里，那些一流的管理者无一例外地都具有一种人格特质，他们处处展现出领袖魅力。他们不但能激发下属们的工作意愿，又具有高超的沟通能力，能够动之以情，晓之以理，浑身散发出吸引人的力量，尤其重要的是，他带领队伍屡创佳绩，拥有一连串骄人的成就。运用奖赏力与强制力来领导，也许有效，但是如果你要提高自己的领导魅力，赢得众人的尊重和喜爱，就要尽最大的努力影响和争取下属的心。谁能做到这点，谁就能成为一位成功的领导人，而且也可能完成许多看似不可能完成的任务。"

一个人为什么会为他的领导或组织努力工作？很重要的原因，就是因为他的领导所拥有的个人魅力征服了他，激励他勇往直前。你可能会听到一个职员评论其领导说："你和他在一起待上一分钟，你就能感受到他浑身散发出来的光和热。我之所以卖命努力，乃是因为他强大的魅力深深吸引我所致。"

近年来，有关统御、领导的书籍和研究报告数量众多，讨论的主题涉及组织领导、管理者行为、权力领导等，可谓内容众多。这些重要的主题，都包含这样的构想，即：与其做一位实权在握的领导，不如做一位浑身散发无

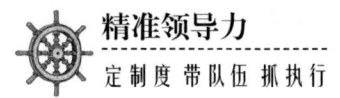

比"魅力"的管理者。这就是说领导需要更多的是令人信服的魅力,而不是令人生畏的权力。因此,是否拥有这种魅力,是一个管理者能否成功的关键。

领导魅力是可以培养的。因此,不用过分担忧和怀疑自己没有足够的领导魅力。一位心理学家曾说过这么一句鼓舞人心的话:"每一个人都有一方魅力的沃土,等待其去开垦。"如果希望增强自己的领导魅力,就努力去培养吧。

培养魅力从哪里入门呢?要注意哪些基本原则呢?如果我们希望成为一位更具魅力的管理者,现在第一件要做的事情,就是赶紧培养一项吸引追随者的超凡特质——"跟我来"。要使追随者"跟我来",必须先懂得如何激发他们的追随动机。管理者做到下列四件事情,有助于激发队伍中每一位下属的追随动机。

(1) 要让下属感到自身重要性。每个人都希望受到重视,要设法让下属感到自身很重要,并竭尽所能满足他们的这种心理需求。

(2) 要表达出你的远见、目标,并说服下属相信你的目标是值得全身心投入的。

(3) 想让别人追随你,你就要关心他们,公平对待他们,将他们的福利放在心上。

(4) 为你自己的行为负责,也要为你下属的行为负责,千万不要将责任推给别人。

另外,培养和增进领导魅力,是要讲究方法和技巧的。当你激发了下属的追随动机之后,还必须确实做到下面三点,才能更进一步展现令人心服口服的"魅力",有效吸引下属为你赴汤蹈火,永远追随你:扬善惩恶,是非分明;做一个前后一致的人;注意别人,也让别人注意你。

塑造一呼百应的队伍感召力

有魅力的管理者才有感召力,有感召力的管理者往往有魅力,两者是相通的。管理者们应该懂得这样的道理,那就是企业竞争说到底是人才的竞争。哪一位管理者的手下有一班精兵强将,有一支强大战斗力的队伍,他就具有了市场竞争的实力。从这个意义上，领导如何增强自身在员工中的凝聚力，如何打造让队伍追随的感召力，就成为关键。

管理者在以下几个方面应高度注意。

第一，要注意倾听员工对你反映目前的业务情况，不要在员工面前表现出高高在上，并知道许多他们不知道的事情。要让员工喜爱接受你讲话，并知道你也喜爱他们向你报告情况。这时要反复告诉员工许多经营规则的制度，不能期望你一言不发，员工就能自觉地自然而然地去遵守。当然，叮嘱之余，你要表现出信任你的员工，相信他们办事的才干。

第二，管理者应该主动听取他人的意见和看法，不能总认为自己永远是对的。其实，员工总希望自己的聪明才智被管理者赏识，他们有时讲的话并不是信口开河，而是多日思索的结果。毕竟真理常常掌握在群众手里。

第三，管理者要清楚下属对他的期望是什么，甚至要了解这些员工的内心世界。这是管理者的分内事。管理者要常常告知员工对他们的期望究竟是什么，也就要清楚下属对管理者的期望是什么，这样，双方目标一致，没有误会。同时还要对下属有充分的信心，遇到再大的困难，不仅自身不要泄气，还要多给员工鼓气，让他们充满信心地去干，共同创造奇迹。

第四，关注下属工作的进程。不要以为下属做好了，就是自己领导有方；下属做得不好，也不是自己的错。其次，下属做得好、做得不好，管理者都应明明白白地告知他们，他们作出了成绩需要得到认可，他们做错了，也要获得一个改错的机会。不能太重"名"，认为许多工作成功都是自己的功劳。管理者应虚怀若谷，把业绩看作是群策群力的结果。

第五，常动脑筋想出一种对每个人都好的方法，不要顽固地认为，自己确立的方法就是最好的方法。能适合多数人的方法就是最有效的方法，它能提高员工的工作效率，所以管理者要广纳意见。

一句话，管理者要有人格魅力，失去人格魅力的管理者，跟他的下属没有任何分别，谁还会尊敬他，信服他，听他的号令？美国耶鲁大学卡尔·杰克在《领导驭人的魅力》一书中认为："良好人格本身就是驭人的魅力"，可见，企业管理者应当在下属面前塑造自我形象，完善人格魅力，充分展示聪明才智和领导能力，赢得下属的尊重，以自身的魅力感召下属，带好队伍。

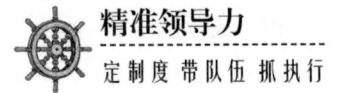

以身作则，才有千军万马

　　管理者在对员工进行管理的过程中要注意发挥榜样的作用，做到以身作则、身先士卒，这样就能够起到示范作用，带动员工和队伍追随自己工作，使得管理工作得以正常有序地进行。

　　榜样影响力是一种值得重视的非权力影响力。它是指在管理工作中，管理者通过自己的行为给被管理者提供一种值得学习和效仿的模式，使之在被管理者身上产生影响的一种力量。被管理者通过耳闻目睹，了解、收集管理者发出的种种信息，通过内心感受和体验，内化为自己的主观意识和态度，进而引起思想感情的变化，最后转变为自己自觉自愿的行动。

　　领导人既是一个队伍的榜样和标杆，又是其灵魂。一个优秀的队伍领导人，不仅能够给队伍指明前进的方向，带领队伍不断地发展壮大，由弱变强，更是队伍凝聚力的中心。

　　一个成功的地产经理总结道："我必须在做任何事情上都为下属树立高标准的学习榜样，我对克服一项困难的工作，或者完成一个特定的销售目标的信心就在于：我作为地产公司的经理，我能为我的下属树立起效法的榜样。这就是我百战百胜的秘诀。我所说所做的一切，都必须显示出我对一个难度很大的目标一定大获全胜的信念。如果我显露出丝毫的犹豫，那肯定会引起大多数雇员的犹豫，乃至对失败的担心，这样一来，成功的希望就很渺茫了。树立一个高标准的信心，是我作为一个经理的工作的一个重要组成部分。我也敢保证，这肯定也会是其他管理者的工作的一个重要组成部分，不管其工作是什么。"

　　正是这样，要做一个优秀的管理者，必须为下属树立起高标准的学习榜样。你必须首先领路，只有通过为他们树立学习的榜样，你才能达到目的。如果你在自己的工作中表现出一些不良的习惯，如：在约会中有迟到的缺点，对规章制度疏忽大意，偶尔还对自己的工作表现出懒惰和厌烦的情绪，那么，你手下的人就会效法你。如果你总是按时上班，准时赴约，遵守规章制度，对你的工作表现出热情，能以身作则尽自己的义务，下属就会热切而认真地学习你的良好表现，因此你也就赢得了驾驭他们的能力。

　　要时刻牢记，任何一个组织对于它的管理者来说都是反映其观点、力量、信心、忧虑和缺点的一面镜子。你必须在你所说所做的所有事情中为你的下属树立起一个标准，树立起一个榜样，让他们学习，这是任何一个管理者也逃避不了的义务。总之，要在工作中始终记得自己是下属的榜样，任何时候都不能落在他们的后面。

优秀的领导，优秀的队伍

　　品格，也就是人的品质性格，包括人的品性和品行，既体现人的性格，也表现人的道德行为。管理者的品格主要包括道德、品行、人格、作风等，它反映在管理者的一切言行之中。

　　人的品格高下直接决定人的能力素质的高低，管理者的品格同样影响其领导力。优良的品格不仅是担任领导职务的素质要求，也是领导影响力重要的组成部分。管理者的领导力由公信力、感召力、意志力、魄力、专业能力等因素决定。

　　领导力是一种获得追随者的能力，它需要令人信服的远见卓识，他的任务就是告诉追随者们应该朝哪个方向前进；它需要令人信服的表率作用，领导不仅是领袖，也是导师。导师不仅要告诉追随者应该做什么，还要告诉他们应该怎么做。"榜样的力量是无穷的"。具有高尚品格的管理者，容易使被管理者产生亲近感和信赖感，并诱导他们去模仿和认同，从而产生更巨大的号召力、鼓舞力和说服力。

　　子张向孔子问仁，孔子说："能够处处实行五种品德，就是仁人了。"子张问是哪五种。孔子说："庄重、宽厚、诚信、勤敏、慈惠。庄重就不致遭受侮辱，宽厚就能得到众人的拥护，诚信就能得到别人的任用，勤敏就能提高工作效率，慈惠就能领导别人。"

　　哈佛商学院管理实践教授比尔·乔治在采访了125位来自世界各地的成功管理者后，向我们揭示了这样一个事实：道德上的完善不仅可以帮助一个人成为合格的管理者，这同时也是一种最有效的领导方式。

　　管理者的品德就像一艘船的舵，而能力就是它的马达，马达决定船行的快慢，舵却控制着船行方向。你只有开足马力，并沿着正确的航线前行，才

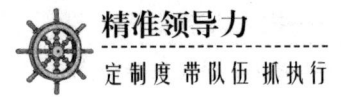

能更好更快地到达目的地。如果方向错了，船开得越快，方向就会偏离得越远。

良好的品格造就优秀的管理者，恶劣的品行则是成功的羁绊。一个管理者能使人感念的，往往不是威势，而是他的德行与恩泽。只会发号施令的管理者，自以为很权威，实际上并没有得到下级的认可，反而会扼杀下级的创造性和进取心。

管理者必须通过自己的道德品质来带领队伍、吸引员工。员工往往对管理者的能力表示钦佩，进而服从，但是更多的时候是为管理者的道德品质所感动，进而产生无条件的服从和信赖。因此管理者要注重自身道德品质的培养，以自身的品格影响、感召员工，最终带出一支优秀的队伍。

亲和力是队伍的黏合剂

与人相处中，有些人虽然话不多，但大家却喜欢和他待在一起，因为他能让你感到轻松愉快；有的人逢人便滔滔不绝，夸夸其谈，这不但不让我们喜欢，反而令我们十分讨厌，总想与之拉开一段距离。有的公司员工和领导精诚团结，公司搞得红红火火，他们尊敬自己的公司领导，情愿鞍前马后效劳；有的公司，员工和领导工作不积极，互相扯皮，人心涣散，致使工作无法开展。出现这些不同情况的原因是什么呢？

这就是一个管理者亲和力和队伍凝聚力问题。研究发现，亲和力强的管理者就是队伍的黏合剂。

亲和力就是以管理者个人为载体，以自己的高尚品德和人格魅力联系和带动员工，向四周辐射而产生的影响力和组织效能，从而在部属和队伍中产生发自内心的信任和拥戴。亲和力是单位形象和队伍精神人格化的代表，是领导素质和思想道德的内在体现，是领导艺术和领导方法的独特形式，是管理者才能得以充分发挥和事业成功的重要因素之一。

管理者的工作对象，首先是团结人和用好人的问题。人才使用和人心顺逆，是决定事业成败的关键。人心所向，无往而不胜；人心所背，则会一事无成。作为管理者，必须善于用人、管人，努力凝聚人心，调动人才的主动

第一章 领导有魅力,队伍跟着跑

性和创造性,提高员工的向心力和凝聚力,构建和谐队伍。特别是管理者应能保持与员工良好的关系,与员工建立一种相互信任、沟通顺畅的工作氛围。管理者不但要关心队伍内部的具体工作,而且应将员工视为主人翁、合作者,与员工培养鱼水之情。换句话说,你要想成为管理者必须具备亲和力,你要善于与员工打成一片,真正融入员工之中去。富有亲和力的管理者是整个队伍具有凝聚力的关键。

回答几个小问题,用通俗的语言表达看看你将如何处理,就会知道你是否具有亲和力。

问题一:你的下属生病了,你会怎么做?

应亲自"经常"去探望生病的下属,鼓励他和病魔作斗争,争取早日重返工作岗位。这里强调的是经常,就是要求管理者不要官场作秀,敷衍了事,而要求的是真诚对待你的下属,也是你领导魅力的体现,可以说这时你的做法是大家都能看到的,你对一个员工的关心,其他员工心里也都感到暖洋洋的,从而激发了员工支持你工作和处处维护你的领导地位的热情。

问题二:你有一个非常执拗的下属,但是你想让他按你的意见办事你应该怎么做?

如果你和一个非常执拗的下属特别是副职因为工作意见不统一,这时候如果你想让你的下属按着你的意见办事,首先应该做的就是让这个下属接受你的意见。在这种情况下,你不妨这样尝试一下,搁置他的意见,用你的意见合理地说服他,让他接受你的意见,然后再告诉他,你这么做吧,我不怕失败,因为失败了还有你的办法呢,这样在让他接受的同时也充分体现了你对他的尊重。

问题三:最近工作很多也很忙,可你的下属向你请假(虽然是件私事,但是对你的下属很重要),那么你应该怎么做呢?

在这件事情上,应该给予适当的假期,并询问一下是否需要帮助。因为人人都有自己非常棘手的事情,而有些事情的发生并不为你工作忙闲而左右的,这时候的下属更需要你的关心和帮助,如果在这个时候你能给予他假期并把他部分待完成的工作加班完成的话,他一定会对你感恩戴德,并会用加倍的工作来报答你的。

问题四:你的下属犯了很严重的错误,你会怎么做呢?

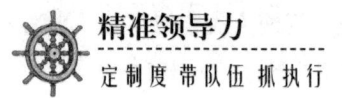

批评下属的同时与下属一同承担责任，并借此事告诉队伍中的其他员工，你不但是他们的领导，还要为他们的行为负责，以此例更好地来约束员工的行为。但是千万不要有让员工感恩的心态，你要认为这是你应该做的，就像家长为孩子承担责任一样。事情过去就过去了，如果你总是在员工面前提及此事，久而久之只能增加员工的反感，事情就违背了你自己的意愿，也是适得其反了，这样你多付出的就没有起到预期的效果。

问题五：作为管理者，在推行重要决策之前你认为是否应该首先取得下属的赞同？

应该首先取得下属的赞同，最起码你要取得做这个事情或者执行这件事情的人的赞同，这样事情落实起来就比较容易，尤其在推行重大事情时，更要合理地运用一些方式方法让下属去接受，千万不要武断地行使你手中的权力强制推行，如果强制手段推行不下去的话，你将无法收场。

问题六：你是怎样表扬下属的？你认为怎样做更有成效？

要经常表扬下属，而且要巧用语言的技巧表扬下属，这样在表扬的同时更有激励作用。例如，你的下属在今天的管理工作中有点小小的创新或小小的成绩，但是无足轻重，这时的你一定要及时表扬他，告诉他星星之火可以燎原，让他觉得好像做了一件很伟大的事情一样，促使他更加发奋努力地工作。不要因为员工仅仅做出了无足轻重的一点成绩就不去理会，这也说明"没有点哪有面"的道理。

问题七：你对能力差的下属是怎么做的？

不要因为下属能力差就蔑视下属的存在，甚至给予不公平的待遇。对待下属一定要一视同仁，不要厚此薄彼，看似能力弱的人，他的爆发力往往也是最强的，也许在你的英明领导下，他可能成为你的左膀右臂，这就能证明一句俗语：强将手下无弱兵。

气质是你带队伍的招牌

为何不能把气质当作招牌呢？如何才能获得超凡脱俗的领导气质呢？努力当然是必不可少的前提，但具体的做法则要复杂得多。

1. 正确、及时的决策能力

当你有能力作出正确而及时的决策的时候，人们就会相信你，就会对你充满信心，就会积极地为你尽力做事。

但是，估计和评价形势单靠逻辑思维和理性是不够的，这方面很多人都能做到。只有为数不多的具有个性力量的人才能够不失时机、毫不犹豫地作出决策并予以宣布。切记：如果你的决策有失误，绝不能推诿给别人。不过你也得认识到，作出正确而及时的决定意味着偶尔你也必须去冒冒险。如果你总是靠别人给你出主意，你就永远也学不会作出自己的决定。迟早你必须用自己的翅膀去飞翔。

2. 果断、自信的勇气

即使你已具备了做出正确而及时的决策的能力，已具备了制定完成你的使命的完美的计划，也具备了发布必要的命令使其落实的能力，如果你没有勇气去行动，那么离你要达到目的也还会有很远一段路程。

即使是杰出的思想家，如果优柔寡断缺乏行动能力，等待他的也只能是灾难。你必须有勇气去做你要做的事情，要不惜代价、不辞劳苦，不惧险阻、不怕牺牲地去做。正像一位有经验的上司所说的那样："做什么事，即使做错了，也不能就此罢休。如果你不做什么事，那就永远也做不出什么事来。可是如果你做事，即使做错了，你还有机会改正错误，最后总会做出正确的事情来。"

管理不仅是优秀管理者手中的一件工具，也是驾驭人的能力的一件法则。

3. 具体、有效的计划

一旦你作出了自己的决定，你就必须制订一个实行它的工作计划，必须给你的下属分配明确而特定的任务。你的计划必须能够回答某些问题：要做什么？谁来做？在什么地方做？在什么时候做？怎样去做？如果你要领导、控制、管理一些人并获得极大的驾驭他们的能力，这种计划和命令的智慧就是你必须具备的。

4. 清楚、简洁的命令

那么对所要发布的命令有什么要求呢？总的来说，要清楚、简洁、明确并容易让人明白。

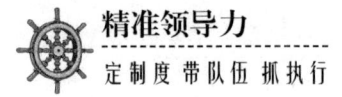

具体应遵循这几条原则：要使你的命令适合要做的工作；使用简单明了的词句和术语；要点要集中。如果是一个书面命令，要考虑以下几点：使用你个人的语言；发挥你个人的风格；不要过多顾及语法；如果是一个口头命令，那你就要多说几遍。

5. 学会承担责任

如果你想成为一个管理者并获得卓越的驾驭下属的能力，那你必须学会寻找责任并承担起你行动的责任，你应该积极地寻找任何一点你能够承担的责任，要愉快地承担起那个责任，你绝不要通过躲避棘手的事情而爬上执行人员的阶梯。当你寻找额外的责任时，你就会提高完成这项工作的信心。你的上司也会增加对你的信心，增加对你所承担的工作的信心。

学习承担责任有如下这些法则：当你在发展承担责任的能力时，要做好你的职业；明晰你上司的任务，并随时准备承担他或她的责任；要做好身体、精神和心理上的准备，以承担沉重的责任；不停地寻找各种各样的管理工作，以便能使你在承担不同的责任时获得并发展广泛的经验；充分利用提供给你的增加责任的每次机会；尽力完成分派给你的每一项工作，不论大小；要接受正直而诚恳的批评；对于你认为是正确的事情要坚持，有坚持自己信念的勇气；对于为你工作的下属的失败，你要承担起全部的责任；要对你的决策、你的行为以及你的命令承担全部责任。切记，承担你没有做的事情的责任同承担你做了的事情的责任是同等重要的；在没有得到任何命令的时候，要发挥主观能动性采取行动，这时你要坚信你的上司如果在场也一定会命令你这样做的。

实事求是地讲，获得领导气质的过程肯定是艰难的，但只要努力，总会达成所愿；而此时，你已是人人仰望的上司了。

胸怀越宽大，队伍越强大

曾国藩说："盛世建功立业的英雄，以襟怀豁达为第一义；乱世扶危救难的英雄，以劳心劳力为第一义。"不襟怀豁达难以成就大事，不心力劳苦难以建立功绩。吕新吾说："男儿创建事业，经纬天下，见识要高远，规模

第一章 领导有魅力，队伍跟着跑

要庞大，气度要恢宏。"能够完善见识与规模之人，必然有气度。所以做领导的人要以气度恢宏为做人要义。

宽宏大量，豁达大度，善于容人，通达事理，这是管理者应具备的气度，也是一种美德。管理者有了宽阔的胸襟，大事讲原则，小事不计较，善于念人之功，谅人之短，扬人之长，就能创造一个和谐、融洽的工作环境和心理气氛。

作为管理者要有宽大的胸怀和气度。胸怀是一个人的气量和抱负。管理者必须胸怀宽广，才能赢得越来越多人的尊重和支持，才能有所作为。有了博大的胸怀，恢宏的气度，才能吸纳不同性格的下属，壮大自己的队伍，才能成就大事。作为管理者与众多的人在一起工作，既要正确地看待别人，又要正确地看待自己。一个人有长处，必有短处，优点和缺点是相生相伴的，用己之短比人之长，可以比出奋斗目标和前进动力；用己之长比人之短，就会比出骄傲、比出狂妄、比出盲目。

宽容和谐是一种文化，是一种境界，是一个人的胸怀，也是管理者必须具备的应有素养。要真诚待人，真诚不是智慧，但是它常常放射出比智慧更诱人的光泽，有许多凭智慧千方百计也得不到的东西，用真诚却轻而易举就得到了。

刘邦出身农家，在秦末农民起义中揭竿而起，逐鹿中原，终于推翻了暴虐的秦朝。在楚汉战争中，他再展雄风，击败项羽，完成了国家的统一。汉高祖刘邦在击败项羽后，建立汉朝时说："在营帐中谋划，在千里之外取得胜利，我不如张良；镇守国家，安抚百姓，筹运粮饷，我不如萧何；统率百万军队，战必胜，攻必克，我不如韩信。这三个人都是当代的人杰，而我能任用他们，这就是我取得天下的原因。"刘邦可谓是驾驭"将才"的高手！

刘邦"仁而爱人，喜施，意豁如也，常有大度"。因此刘邦在沛县便有了樊哙、灌婴、周勃、夏侯婴等志同道合的朋友。随着交往的频繁，刘邦有机会结识了担任长官的萧何、曹参等人。在萧何的极力推荐下，刘邦当上了泗水亭亭长，他的外交圈更大，他也由此飞黄腾达。后来刘邦押送一批刑徒和民夫到骊山服劳役，行至中途释放了所有刑徒，这表现了他的宽厚和大度，被人称为"长者"。

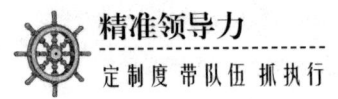

刘邦在用人上宽容大度，不计前嫌，不念旧恶，能够以德报怨，大胆起用反对过自己的人。刘邦的仁厚、大度、谦虚，使他周围人才济济，张良、陈平、韩信等纷纷投奔。韩信曾追随项羽，经萧何推荐，刘邦不计前嫌，委以重任。刘邦的大度在任用陈平上表现得非常突出。陈平归附刘邦后，被破格任用，诸将不服，周勃和灌婴揭发他"盗嫂、贪金"。刘邦经过调查后仍能对他宽容，并拜他为护军都尉。这一切使陈平大为感动，从此死心塌地地为刘邦出谋划策，为汉室立下了汗马功劳。

当今社会，由于受利益的驱动，上下级之间往往缺乏真诚，人际关系变得更加复杂，一些员工生活在这样的环境里心情感到十分压抑，所以一有跳槽的机会他们便溜之大吉。如果领导对下属多些关爱少些埋怨，多些真诚少些欺骗，多些宽容少些报复，就有可能将更多的员工留住。

宽容是对人不苛求，对事不苛求。常用宽容的态度对待事业、对待自己的下属，才能使队伍吸引更多的员工，让队伍越来越强大，让事业越来越兴旺。

做个人人喜爱的人情味领导

即使你有最强烈的赚钱动机，也最好保持一份人情味儿，不要让人嗅出你的"铜臭"味。

人们总是习惯于对他人建立一个影像，然后与这个影像交流，而不是他本人。这些影像都是有特定模式的，通常是被曲解的或是建立在偏见基础上的，很少是通过客观分析及理性建造形成的。例如：会计。我们为会计建立的影像便是：他们极少开口说话，从不张扬不该张扬的东西，他们具有特定的程序以及功能。

遗憾的是，许多人吸收了别人所设想的他的特征，而不再是原本的他。他们开始扮演他人所期望的角色。这一点在领导身上体现得尤为突出。

作为领导的关键不在于产生一种你认为领导是什么样的影像，也不在于按照员工认为一个领导是什么样的影像来产生，关键在于就是做一个人。也就是除去那些你认为某些人应是怎样的概念。就是说要平等对待每一个人。

重要的就是忘掉每个人身上的标签："他是管人事的，她是会计，他是开车的……"同样重要的是，千万不能将人们分成不同类别。如果将人们分成不同类别，只会让我们很容易地根据带有偏见性的假想对他们的行为作判断，而不是根据他们的真实表现来作决定。

作为管理者，很容易以自我为中心产生影像来增加自我重要感。往往，管理者们总是自以为是，不再谦卑，失去对员工的尊敬。这种自我重要感大大地低估了那些在最前线却没有如此特权的员工对公司的贡献。

真正优秀的管理者应是采取简单而且基于常理的方法，真的将员工当人看待而不是某种影像，给人以平等感。信任员工，尊重员工，听取员工的意见，向人们吐露秘密，与大家开玩笑，真的对人产生兴趣。这些管理者甚至真的希望从别人身上学到更多的东西，得到后，并示以感激之情。

这都是很简单的道理，同样也是人之常情。如果你希望别人可以为你付出他们的全部，你必须要有人情味，将别人当作人来看待。

要让别人觉得你富于人情味，就不能通过宣扬自我来体现，而要实实在在地通过日常生活中的细节来加以表现。

富于人情味的生活细节：

给到你办公室的人沏茶。

主动为女员工让路。

慰问生病员工。

休息时与员工聊天。

到员工常去的餐馆就餐。

与大家一起关注体育赛事。

和员工讨论文学及音乐等话题。

邀请员工家人一同共进晚餐。

给老员工和勤奋工作的人以鼓励。

无论做什么，宗旨只有一条：无论你的事业取得了多么骄人的业绩，也不要将自己高高挂起，要记得保持你的人情味儿，与员工打成一片。这样员工就会对你心生感激和尊重，愿意与你在一起，并通过努力工作回报你，你的队伍就会创造更多更好的业绩。

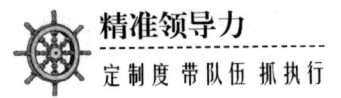

名人带队伍：李嘉诚——管理要讲人情

李嘉诚喜欢在长江实业员工同乐会上对员工说"我们这个大家庭"，让人听了十分温馨。将"家"的温情延伸到每一名员工的心坎上，为公司营造家的氛围，这一点似乎得到了诸多企业管理者的认同。

新华百佳时装厂董事长何美英说："一个企业要发展，就要创造拴心留人的环境。怎么拴心留人？我觉得就是企业要搞得像个大家庭一样。"舜宇集团工会主席鲁炳江说："打造亲情文化，不仅表现在企业对员工的尊重和信任上，而且表现在企业要全心全意为员工排忧解难办实事上，把造福员工作为自己的使命之一。"海科世达——华阳电器有限公司总经理吕克勤说："经营企业就像持家，不应该只想到短期利益，而要未雨绸缪，高瞻远瞩。"

企业创办初期，为了降低成本，改善经营状况，李嘉诚的企业被迫大量裁员。企业在遇到困难的时候，进行裁员是很正常的事，但是李嘉诚认为，员工失去工作就意味着没有了生活来源，从艰辛中走过来的李嘉诚对此体会尤深。李嘉诚坦诚地承认，自己经营上的失误导致了裁员，他在向被辞退员工及家属表示歉意的同时承诺，只要经营出现转机，愿意回来的员工仍然能在公司找到他们的位置。李嘉诚有诺必践，相继返回的员工都比以前更加努力地从事本职工作。

李嘉诚的人情管理还表现在对员工犯错的宽容上。李嘉诚并不会因为员工一次的失误，就让他们失去了做事的机会，而是帮助他们找出存在的问题，力求下次不再犯类似的错误。公司的许多人才都是从失败中接受教训，进而慢慢地成长起来的。这也是很多员工对李嘉诚颇为感激的一点。

有一次，公司的一个年轻经理和外商谈判。外商傲慢无理，对合同的条款一再地挑三拣四，根本不把这位年轻经理放在眼里。也许是没有经验，也许是不够冷静，年轻经理没有顾及公司的形象就和外商在谈判桌上吵了起来，合同最后也没有签下来。李嘉诚知道这件事情后，叫人把年轻经理找来。年轻经理心想："这次把生意谈砸了，还和客户吵了起来，肯定要被李嘉诚痛骂。"哪知道走进办公室后，李嘉诚根本没有批评他，而是让他回去好好地总结一下教训，以后多注意谈判的技巧，为下次的谈判做好准备。年

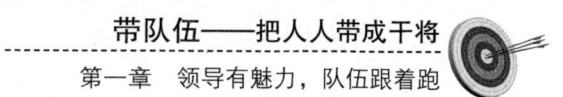

轻经理以为自己听错了，但李嘉诚斩钉截铁地告诉他："你已经和客户打过交道，对具体的事务也比较了解，没有人比你更适合担任这份工作。"年轻经理果然没有让李嘉诚失望，最后成功地与外商签订了协议。

  在亚洲金融风暴波及香港的时候，长江实业公司员工的公积金因外放投资受到不少损失。按理，遭遇这样的天灾大家只好自认倒霉，可李嘉诚却动用个人资金将员工的损失如数补上。他宁可自己受损，也绝不让员工吃半点亏，这样的企业老板必然能够深得人心，深受员工的拥戴。常言道，以诚感人者，人亦以诚应之。李嘉诚用个人的损失换取了比金钱更重要的东西，不能不说是李嘉诚广纳人才，靠情感管理的一个佐证。

第二章
用兵点将，把人人带成干将

让队伍中人人有施展才华的空间

管理者在用人时应该坚持人尽其才的原则，给予员工广阔的空间，做到人尽其才。也只有这样，人才才会绝对信任管理者，投桃报李，为管理者尽展其才华。成功的管理者大都爱对部下说："你们放手去干好了！"因为他们非常明白：只有让手下放手施为，尽其所能，下属才能充分发挥自己的才能，整个队伍才能创造出辉煌的成绩。

清代学者阮元在一首诗中写道："交流四水抱城斜，散作千溪遍万家。深处种菱浅种稻，不深不浅种荷花。"把种子散在最适宜生长的地方，才能喜得丰收果实。我们从这首诗中应得到一些有益的启示。如果我们把人才比作一粒种子，要想让人才在单位发挥最大能量，取得最大利益，作为管理者就要掌握单位各类人才的专业特长，根据单位岗位设置情况，科学合理地选择优秀人才配备相应岗位施展其才能。把人才放在最适宜成长的位置，做到知人善任，不仅是一种用人观念，更是一种智慧。

某单位新来一名省财政学院的大学毕业生，其所学专业是计算机应用与维护。当时单位财务科有一空岗，领导将其安排在财务科担任会计，但他不懂会计专业，感到工作无所适从，整个人工作得焦头烂额。领导看他焦急忙乱的样子，找其谈话方知虽然是财政学院毕业，该员工所学与所做专业不对口。为此领导把他调到信息科，让其负责单位网站建立和微机管理工作。自进入信息科，该员工的工作得心应手，如鱼得水，每项工作都做得有声有色，圆满出色地完成了信息科的各项工作。

在当今企业界中，更多的管理者认识到了人尽其才的重要性，并用之于实践，都取得了良好的效果。

日本丰田汽车公司老板丰田喜一郎充分信赖销售专家神谷正太郎，让其不受任何约束地工作就是一个突出的典型。事实证明，丰田喜一郎是正确的，神谷正太郎无愧为一个销售天才。他为丰田汽车公司的飞速发展立下了汗马功劳，用尽了自己的聪明才智，而且他对丰田始终忠诚不贰。人尽其才的任人准则在此得到最充分的体现和证明。管理者们应该加以借鉴和应用，以减少人才资源的浪费，增强队伍的力量，促进企业或事业的发展。

用人之道在于扬长避短

人有所长，也有所短。在比较长与短时，应更多地看到人的长处，而不能更多地看到人的短处，特别是不能过分地夸大人的短处。如果一个人的短处成为他的主要方面，那这个人就失去了存在的价值。他之所以没有被消灭，就说明他的长足可以补偿他的短，他的功足可以补偿他的过，并对社会还有益处。

对于管理者来说，用人的决策，不在于如何减少人的缺点，而在于如何发挥人的长处。这就是说，要择人之长而用。世界上没有绝对的好人，或完全的人，只能找到适合某一工作需要的人。因此，只能说他干得最好的是什么，而不能说他干得最不好的什么。因此，作为一个管理者，其基本天职，就是想人之长，说人之长，用人之长。

假若所用的人没有缺点，其结果只能是平庸之辈。干大事而惜身，见小利而忘义，更谈不上有所大为。这种人只不过是谨小慎微、小心奉上之人，其胸中并无雄才大略，更谈不上为大略而献身。现实告诉我们，才能越高的人，其缺点也就越突出，有高山，必有深谷。

如果抓住部下的缺点不放，则证明他本身就是一位弱者，因为他怕别人之长威胁他的安全。事实并不存在下级之长会威胁上级的安全。因为下级之长会使事业发展，这个功劳会记在管理者名下而被重用；下级之短会使事业受损而使领导受到免职的危险。

用人的目的，在于办事，而不是投自己之所好。人的最特殊的天才，就

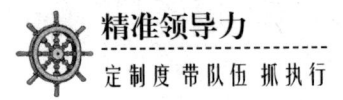

是尽其所能在一个领域内达到顶峰,但不可能在许多领域都能达到顶峰。在一个领域内,他可能成为一个有权威的部门专家,但不能在许多部门都成为专家。没有万能之才,只有一技之长的专才,忽视了人的这种卓越性,求其万能,就不是真正的管理者。应该知道,人的一些缺点几乎是不能改变的。

管理者用人之道,在于发挥人的长处,中和人的短处,使之变得无害。要用一个人的两只手,就要将整个人请到队伍中来。

用人的原则,可以总结为下列几条:

第一,职务的内容应适合普通人的能力,不能搞只有上帝才能做得到的内容要求。

第二,职务的内容应能刺激个人的能力,即适当地高于他的能力,对他的能力形成挑战。

第三,平时就考虑某个人能干些什么。

第四,要发扬人的长处,就要容人的短处。

三个臭皮匠,抵个诸葛亮。但如果相互牵制,那三个还不如一个好,因为一个人可以发挥自己之专长。如果搞一个折中方案,结果都不是用人之所长,反而会降低整个队伍的工作效率。

将恰当的人放在最恰当的位置上

俗话说:"三人行,必有我师。"人各有所长,能善用其所长以处事,必可收事半而功倍之效。成功的管理者用人的重要原则之一就是适才适所,也就是说把恰当的人放在最恰当的位置上,这样整个队伍就会有序高效地运转,释放出最大的效能。

一个善于用人、善于安排工作的管理者,在管理上会少出许多麻烦。他对于每个员工的特长都了解得很清楚,也尽力做到把他们安排在最恰当的位置上。但那些不善于管理的人竟然往往忽视这个重要的方面,而总是考虑管理上一些鸡毛蒜皮的小事,这样的人当然要失败。

很多精明能干的总经理、大主管在办公室的时间很少,常常在外旅行或应酬客户。但他们公司的营业丝毫未受不利的影响,公司的业务仍然像时钟

的发条机制一样有条不紊地进行着。那么，他们如何能做到这样省心呢？他们有什么管理秘诀呢？没有别的秘诀，只有一条：他们善于把工作分配给最恰当的人。

金无足赤，人无完人；任何人有其长处，也必有其短处。人之长处固然值得发扬，而从人之短处中挖掘出长处，由善用人之长发展到善用人之短，这是用人艺术的精华之所在。在用人问题上不能机械从事，要根据具体情况灵活使用人的长和短，要根据工作需要和被用人才的素质，取其之所长，避其之所短。

一个善于用人的管理者，首先，他能够根据队伍中每个人的才能和长处，把他们放在最能发挥其长处的岗位上，并着意为他们提供能够发挥才能的各种条件。其次，他善于取长补短，把队伍中各种不同类型的专才或偏才组织成互补结构。任何人才，只有在集体中各显其长，互补其短，才能充分地发挥其作用。通常人才类型当中，有的高瞻远瞩、多谋善断、具有组织和领导才能，称为指挥人才；有的善解人意、忠诚积极、埋头苦干、任劳任怨，称为执行人才；有的公道正派、铁面无私、熟悉业务、联系群众，称为监督人才；还有的思想活跃、知识广博、综合分析力强、敢于坚持真理，称为参谋人才，等等。这些人，如果一个个孤立起来看，几乎都是"偏才"，但一经合理组合，各展所长，就成了"全才"。

由此可见，合理使用人才，可以使"劣马"变成"千里马"；反之，则可能使"千里马"变成"劣马"。高明的管理者不仅要善于用人之长，而且能够容人之短；不仅能容人之短，而且能化短为长，使各类人才创业有机会，做事有舞台，发展有空间。

管理者的首要任务，就是选用合适的人，做合适的事。队伍能否高效运转，管理工作能否圆满完成，关键因素就在于人。

容人之短，用人之长

人无完人，各有所长，各有所短，只有通过优化组合，将队伍中每个人的特长发挥到极致，才能人尽其才，物尽其用，从而获得完美共生。

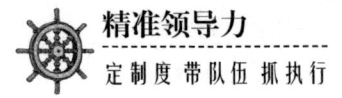

李嘉诚说过："大部分的人都会有长处和短处,好像大象的食量以斗计,蚂蚁一小勺便足够。各尽所能,各取所需,以量才而用为原则;又像一部机器,假如主要的机件需要500匹马力去发动,虽然半匹马力与500匹马力相比小得多,但也能发挥其一部分的作用。"

有人曾说,在李嘉诚庞大的商业王国中,只要是人才,就能够在企业中有用武之地。是的,李嘉诚及其所委任的中层领导都明白这个道理。李嘉诚说,就如同在战场上,每个战斗单位都有其作用,而主帅对每一种武器的操作未必比士兵纯熟,但最重要的是,首领却非常清楚每种武器及每个部队所能发挥的作用——统帅只有明白整个局面,才能作出出色的统筹并指挥下属,使他们充分发挥自身的长处以及取得最好的效果。

在集团内部,李嘉诚彻底摒弃家族式的管理方式,完全按照现代企业管理模式进行运作。除此之外,他还精于搭建科学高效、结构合理的企业领导班子队伍。李嘉诚深知,企业发展在不同阶段有不同的管理和人才需求,只有适应这样的需要,企业才能突飞猛进,否则企业就要被淘汰出局。

在李嘉诚组建的公司高层领导班子里,各方面人才都十分齐全。有人曾如此评论:"这个领导班子既结合了老、中、青的优点,又兼备中西方的色彩,是一个行之有效的合作模式。"

当然,用人所长,并不是对人的短处视而不见,更不是任其发展,而是应作具体分析、具体对待。有些人的短处并不能直接定义为缺点,因为它是和某些长处相伴相生的,它是长处的一个侧面。

这类"短处"不能简单地用"减去"消除,只能暂时避开,而关键还在于怎么用它。用得得当,"短"亦即长。克雷洛夫有一段寓言说,某人要刮胡子,却害怕剃刀太锋利,就去搜集了一批钝剃刀,结果却什么都解决不了。

在一个人的身上,其才能有长也有短,用人就要用其长而不责其短。对待偏才,更应当舍弃他的不足之处而用他的长处。一位优秀的企业管理者如果能懂得趋利避害,用人之长,避人之短,那在他管理之下,队伍中必定人人可用,人人能出成果,企业则兴旺发达,无往而不利。

一个工程师在开发新产品上也许会卓有成就,但他并不一定适合当一名推销员;反之,一个成功的推销员在产品促销上可能会很有一套,但他对于如何开发新产品可能会一筹莫展。如果管理者识人不清,让这位工程师去负

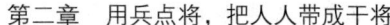

责推销,而让推销员去负责产品开发,那结果可想而知。所以管理者如果在决定雇佣一个人之前就能详细地了解此人的专长,并确认这一专长确实是公司所需的话,用错人的悲剧也就可以避免了。

别把飞机引擎装在拖拉机上

马云说过:"办公司不是要找最优秀的人,而是要找最合适的人。波音747的引擎是很好,但如果你配的机器是拖拉机,发动引擎就会爆炸。"

1999年,马云融资100万美元。有了钱他首先想到的就是请人,去世界500强请人。结果他请来的负责营销的副总裁,第一个月跟他谈市场预算的时候,说今年需要1 200万美元,还说以前最少要花2 000万美元。马云总共才融资100万美元,实在没办法,最后只好又请他离开了。就是这件事让马云认识到,"办公司不是要找最优秀的人,而是要找最合适的人"。

创业是一件非常美妙而又充满痛苦的事情,也是一件严肃的事情,选择合作伙伴一定要非常谨慎,创业要找最合适的人。对于企业而言,衡量人才是否优秀的唯一标准是他是否符合企业的发展需要。从作业要求的角度说,匹配的就是人才。理性的用人标准是不被人才的光环所诱惑,而是紧紧扣住"企业发展需要"这根弦。

1999年9月,阿里巴巴网站建立起来了,马云立志要使之成为中小企业敲开财富之门的引路人。10月,阿里巴巴获得以高盛牵头提供的500万美元风险资金,马云立即着手的一件事情就是,从中国香港和美国引进大量的外部人才。

马云对外宣称:"创业人员只能够担任连长及以下的职位,团长级以上全部由MBA担任。"当时,在阿里巴巴12个人的高管队伍成员中除了马云自己,全部来自海外。

接下来几年,阿里巴巴聘用了更多的MBA,包括哈佛、斯坦福等学校的MBA,还有国内大学毕业的MBA。但是,阿里巴巴请来的很多业界高手们,却严重"水土不服"。他们总是讲得头头是道,但结果干起来全错!后来这些MBA中的95%都被马云开除了。

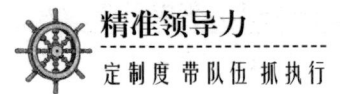

马云后来回忆道:"我跟北大的张维迎教授辩论,首先我承认我水平比较差,但95%的MBA都被我开除掉了,难道他们就没有错吗?怎么可能95%都被我开除掉?肯定有错。因为这些MBA一进来跟你讲年薪至少10万元,一讲都是战略。每次你听那些专家跟MBA讲的是热血沸腾,然后做的时候你都不知道从哪儿做起。"

错误让马云明白,公司当时的发展水平还容不下那样的人。那些职业经理人管理水平确实很高,就如同飞机引擎一样,但是将飞机的引擎装在了拖拉机上,最终还是飞不起来。

后来在阿里巴巴有这样一句名言,"让平凡的人做不平凡的事,充分调动他们的积极性跟潜能"。马云不断说他考三次大学才考上,一定很平凡,如果人们觉得他今天是成功的,那每个平凡的人都能成功。可以说,阿里巴巴现在的成功离不开这一用人理念:找到最合适的人才,放在最合适的位置。

作为管理者,要有知人善任的能力,要能够识别队伍中每一个员工的能力,根据员工自身的能力和专业学识,将其放到与其中能力相匹配的岗位上,既不能大才小用,也不能小才大用,以便为企业带来最大的效用。

用好"发动机""螺丝钉"两类员工

企业就像是一架大机器,队伍成员就好比是机器上的零件,任何一个零件不工作,那么都会影响到这架大机器的运转。机器要运转,不仅需要"发动机",也需要"螺丝钉"。同样,队伍要运行,不仅需要"发动机"式的员工,也需要"螺丝钉"式的员工。

企业所需要的不一定是最优秀的人,但一定是最合适的人。因为"岗位需要"而使用人才,所以,"优秀"的人未必就是最能满足岗位需要的人选,在这种意义上,合适比优秀更重要。

作为企业管理者,一个重要的责任就是最大限度地开发员工的潜能,让腰粗的人背土——省力;让腿粗的人挖土——有劲;让驼背人垫土——弯腰不吃力;让独眼龙看准绳——不分散注意力。要做到这一点,就要使员工与其岗位相匹配,通过岗位匹配达到开发员工潜能的理想效果。

第二章 用兵点将，把人人带成干将

一家公司的招聘登记表格中有这么一栏："你有什么短处？"一位下岗女工来应聘，在这一栏如实填上了"工作比较慢，快不起来"。很多人一致认为，她是不可能被录用的，谁知最后老板亲自拍板，录用了这位女工，让她当质量管理员。

老板说："慢工出细活，她工作慢，肯定会细心，让她当质量管理员错不了，再说，她去许多地方应聘过，没有被录用，到这里被录用了，肯定会拼命地干，以后我们公司肯定不会有退货了。"结果正如老板所预言的那样，那名女工工作成绩显著，公司的确没有退货了。

其实，在任何一家企业中，员工能力都是有区别的，这就像"发动机"和"螺丝钉"一样，企业虽然需要对企业产生变革性影响的"发动机"式人才，也离不开兢兢业业为企业奉献的"螺丝钉"式的员工。

如果将企业比喻成一架运转的大型机器，那么队伍中的每一个人连接或耦合这架机器上的发动机或螺丝钉，机器要运转，离不开发动机，也离不开螺丝钉。

机器要运转，不仅需要"发动机"的动力，更需要"螺丝钉"的铆合维持。企业要运转，队伍要开展工作，不仅需要"发动机"式的人才，更需要"螺丝钉"式的人才。一个有活力的企业，一支有效能的队伍，不应该是只有"发动机"而没有"螺丝钉"的庞大的机器，而应该是"发动机"和"螺丝钉"的组合群。

"螺丝钉"和"发动机"的区别在于，前者是巩固阵地、不掉链子、保住成果，后者是主动寻找战机、扩大战果、创造新的价值。在工作队伍中，每个部门和每个专案小组就是一部"发动机"，每个员工就是一个"螺丝钉"，在共同的目标和价值观的基础上，"发动机"输送动力、指引方向，"螺丝钉"自加压力、坚守岗位、自主创新，这样整个队伍才能有序高效地运转。

假如机器上的一台发动机（还是把所有的发动机都加起来吧）在所有的螺丝钉被拆卸以后，怎么发挥功用？如果你不尊重一颗螺丝钉的存在价值和尊严，那么所有螺丝钉退出机身的日子也不是不会到来。

管理者不仅要发挥"发动机"式的员工能量，也要注重激发"螺丝钉"式员工的潜力，建立部门与部门之间、小组与小组之间、员工与员工之间相互联动、协同并进的机制，在共同目标和方向的指引下，促进队伍高效运转，创造联动效益。

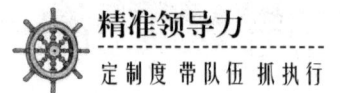

敢用比自己更强的人

钢铁大王卡内基曾经亲自预先写好他自己的墓志铭:"长眠于此地的人懂得在他的事业过程中起用比他自己更优秀的人。"

汉高祖刘邦平定天下之后,在洛阳的庆功宴上就曾说过这样的话:"夫运筹帷幄之中,决胜千里之外,吾不如子房;镇国家,抚百姓,给馈饷,不绝粮道,吾不如萧何;统百万之军,战必胜,功必取,吾不如韩信。此三者,皆人杰也,吾能用之,此所以取天下也。项羽有一范增而不能用,此所以为我擒也。"群臣听后,无不信服。

刘邦是很有自知之明的,他知道自己不是全才,也知道自己在很多方面不如自己的下级,他之所以能打败不可一世的楚霸王项羽,一统天下,是因为重用了一些在某些方面比自己能力更强的人,而恰恰是在这一点上,刘邦表现出了一个统帅最值得称道的能力。

汉高祖刘邦系平民出身,斗大的字不识几个,但他用人的本事却是古来就为人所称道的。正如他自己所说,论起文韬武略,他的确不如张良、萧何、陈平、韩信等人,但他却能够用好这些比自己强的人,而且个个都是尽其所能,用其所长,所以他才能在并不占优势的情况下战胜项羽,开创汉家江山。

打天下夺江山如此,其他事业也是莫不如此。

意大利首屈一指的菲亚特汽车公司是世界10大汽车公司之一。谁也不会料到这家赫赫有名的公司,在20世纪70年代竟是个面临倒闭的公司,它连年亏损,经历了历史上最不堪回首的日子。

面对这种困境,菲亚特集团老板艾格龙尼大胆起用强过他的维托雷·吉德拉,任命他为汽车公司总经理,将公司全权交给他独立经营。

吉德拉管理才华出众,平易近人,具有不屈不挠、吃苦耐劳、脚踏实地的性格。吉德拉上任后,果然出手不凡,大刀阔斧地进行了一系列行之有效的改革。在吉德拉的整治下,菲亚特汽车公司很快摆脱了困境,提高了劳动生产率,终于使汽车销售量达到了欧洲第一,吉德拉本人也由于经营有方而闻名,被人们称为欧洲汽车市场的"霸主"。

成功的管理者都有一种特长,就是善于借用人才,并能够用比自己更强的人才，激发更大的力量。这是成功者最重要的、也是最宝贵的优点。

任何人如果想成为一个企业的领袖，或者在某项事业上获得巨大的成功，首要的条件是要有一种鉴别人才的眼光，能够识别出他人的优点，并在自己的事业道路上利用他们的这些优点。

如果你所挑选的人才与你的才能相当，那么你就好像用了两个人一样。如果你所挑选的人才，尽管职位在你之下，但才能却要超过你，那么你用人的水平真可算得上高人一等。

在知识经济时代，管理者更需要有敢于和善于使用强者的胆量和能力。在企业内部激励、重用比自己更优秀的人才，就能让企业变得越来越有活力，越来越有竞争力。

在现实生活中，我们也常看到这样的现象：有些领导人把别人的进步当成是对自己的威胁，对能力和学识超过自己的同事百般诋毁，说人家这也不行那也不是，甚至批得一无是处。

有的部门经理十分害怕优秀的人加入自己的队伍，甚至害怕优秀的人被招聘到同一职能的其他队伍，实在难住时就孤立、不合作，直到把后者排挤到别的部门去，以除后患。但是，只用比自己能力低的人并保持这样状态的公司还能进步吗？还有什么机会建设自己的领导力呢？这种狭隘的做法既损害了公司的利益，也损害了自己的长远利益。

作为一名队伍领导者，要想做到善用比自己强的人，就必须克服嫉贤妒能的心理。有些领导人之所以不用比自己强的人，除了怕这些人难以驾驭，甚至会抢了自己的饭碗之外，主要还是嫉贤妒能的心理在作怪。总以为自己是领导，自己应该是水平最高的，各方面都应该比别人高上一等。因此，遇上比自己能力强、本领大的员工时，就萌生妒意，采取种种办法压制他们。

对于管理者来说，嫉贤妒能无异于是自掘坟墓。我国著名的文学家韩愈曾在他的传世名篇《师说》中讲道："师不必贤于弟子，弟子不必不如师。闻道有先后，术业有专攻。"这其中的道理同样适合于队伍中领导和员工之间，你不必样样都要比你的员工强，你要做的就是要用好这些比你强的人。这样你的队伍就会越来越强，事业就会越做越大。

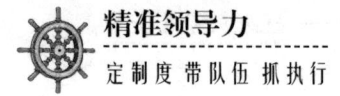

把钱投在员工身上是最赚的

员工决定企业的成败，员工弱则企业弱，员工强则企业强，员工进步，企业才能进步。明白了这样的道理，企业管理者要重视员工的培训，在不断改善员工的薪资、工作环境的同时，也要加大培训力度，以员工的进步推动企业的进步。大多世界知名的企业都把培训作为企业发展的重要途径。

西门子公司一贯坚持由公司自己来培养和造就人才。早在1910年，西门子就为其内部人员开设了正式的培训课程，只不过与后来豪华的培训场所相比，早期的培训是在车间进行的。后来，西门子建立了针对不同层次员工的各类培训学校，并为这些学校配备具有丰富经验的培训老师。在西门子的全体员工中，每年参加各种定期和不定期培训学习的多达15万人。公司每年用于培训及购置最先进的培训实验设备的费用就高达6亿～7亿马克。但是，在西门子高层的认识中，从来都不觉得这笔费用昂贵。

与西门子不同的是，麦当劳强调的是全职业规划培训，也就是"全职业培训"。在麦当劳，从计时员工到高阶主管，结合他们的职业生涯规划，都有不同的培训计划，通过各区域的训练中心以及汉堡大学进行阶梯式的培训，使得麦当劳的员工能够持续不断地学习、成长。麦当劳在人才引进上不注重资历、学历，在他们不计较员工出身的背后，是他们对自己培训体系的自信。麦当劳非常重视员工的成长与生涯规划，他们的高层多是从内部晋升上去的。

LG公司的培训最为特别，他们更加注重精英群体的培训。在LG公司，每个员工的培训机会不是一样的。新员工只有一些最基础的培训，而做到高层管理者的员工，则有机会去韩国总部培训中心，或去国外参加专门培训，甚至到大学里专门进修MBA。

公司里的很多培训项目都是专门为"核心人才"设立的。"让有能力的人先培训"，有发展潜力的员工的培训机会更多。这是LG公司对员工的一种变相激励：要想获得更多的培训机会，只有使自己的业绩更好，更优秀。

马云说过："我们认为员工是公司最好的财富，有共同的价值观和企业文化的员工是最大的财富。今天银行利息是2个百分点，如果把这个钱投在员工身上，让他们得到培训，那么员工创造的财富远远不止2个百分点。"

当互联网产业整体在裁员发展的时候，阿里巴巴却在扩大发展。因为马

云觉得21世纪人才最重要,对阿里巴巴来讲,期权、资本都无法和人才相比。员工是公司最好的财富,有共同价值观和企业文化的员工是最大的财富。阿里巴巴连续两次被《福布斯》评为"最佳B2B网站"。在网络电子商务领域,阿里巴巴会员数跃居全世界第一位。没有优秀的员工,企业根本没法做到这些。而这些成绩,正是马云把钱投在员工身上赚到的。

对员工不培训,员工的能力就不会提高,队伍的业绩就难以提高,队伍的竞争力就会削弱,在激烈的市场竞争中,队伍就会败下阵来。对员工不培训,是管理者对企业不负责任的表现,是企业最大的浪费。

管理者应当把培训作为一件大事来抓,持续不断地对员工进行培训,将其作为推动队伍成长的一个重要手段。把钱存在员工的身上,是最精明的投资,把钱投在员工身上是最赚的。

下放手中权,轻松带队伍

管理者应该让人们对达成什么,而不是如何达成目标负责任。切忌插手干预,告诉员工在工作中应该怎么做。

真正的管理者,不一定自己能力有多强,只要懂信任,懂放权,懂珍惜,就能团结比自己更强的力量,从而提升自己的身价。相反许多能力非常强的人却因为追求完美主义,事必躬亲,认为什么人都不如自己,最后只能做最好的公关人员、销售代表,成不了优秀的管理者。

聪明的管理者不是事必躬亲,而是运筹帷幄。现代领导理论认为,管理者必须干领导工作,不要干预或包办下属的事情。倘若管理者事必躬亲,一方面丢掉了自己应该做的更重要的事情;另一方面则挫伤了下属的积极性,使他们变得没有主见、不负责任,也无法提高能力。当然,管理者有时应该干些具体的工作,因为这有助于加深与下属的感情,并从中汲取智慧和营养。但必须明确:这绝不是管理者的"正业"。"大事小事亲手干,整天忙得团团转"的管理者,肯定不是一位称职的管理者,而是一位劳动模范。管理者的"正业"是运筹帷幄,他应该专门干下属干不了的事情或突发的、非常规的事情。应该下属做的事情由下属自己干。使之有职有权,并使他们能

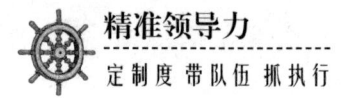

增强责任感,并在工作中逐步减少差错和提高工作效率。

管理者最大的本事是发动别人做事。管理者要管头管脚,即指人和资源,但不能从头管到脚。

进行授权是很容易的一件事,但必须经过有效计划,否则只会将工作搞糟。在这个问题上,尤其要引起领导们的注意。授权要讲求一定的技巧:

(1)弄清楚什么事情已获授权。

(2)正确划分规定部分与自由支配部分的界限。

(3)建立一套控制程序,反馈下属执行授权的相关信息。

(4)重点关注对专家和专业人士的控制。

(5)在向员工授权的同时,训练他们使用权力的方式。

(6)与员工就自由权力的恰当运用展开广泛地讨论。

(7)关注一系列日常事务的授权。

(8)保证重大决策权的集中。

(9)不使上下沟通方式受限制。

充分授权,让员工负责任的做法会对任何企业产生导泻的效果。当过多的决策都被推到被授权人那去拍板时,这会清理由此产生的困惑及官僚主义。它强迫人们动脑子,并考虑他们个人行为可能产生的后果。

充分授权,让员工负责是说要清晰地理解应该达成什么目标,然后放手让他们去做,去达到目标,并且要为结果负责。而不意味着要进行工作描述,用成叠的纸清清楚楚地写明什么样的决策他们可以做,什么样的决策不可以做。

名人带队伍:盛田昭夫——放手让下属干

对于企业管理者来说,懂得适度放权是非常明智的选择。德鲁克认为,任何一个管理者,都没有足够的时间去完成他所有想完成的事情。所以,管理者应该学会如何放权让别人去完成一些事情。管理者没必要事必躬亲,尽量减少管理,放手让别人干,才是明智之举。

索尼的老板盛田昭夫就是一个懂得适度放权的人,同样,被他提拔的井深大也是这样的人,他们两人共同创造了索尼的辉煌。井深大刚进索尼公司时,索尼还是一个小企业,总共才20多个员工。盛田昭夫信心百倍地对他说:"你是一名难得的电子技术专家,你是我们的领袖。好钢要用在刀刃上,我把你安排在最重要的岗位上——由你来全权负责新产品的研发。对于你的任何工作我都不会干涉,我只希望你能发挥带头作用,充分地调动全体人员的积极性。你成功了,企业就成功了!"

这让井深大感到巨大的压力。尽管井深大对自己的能力充满信心,但还是有些犹豫地说:"我还很不成熟,虽然我很愿意担此重任,但实在怕有负重托呀!"盛田昭夫对他很有信心,坚定地说:"新的领域对每个人来说都是陌生的,关键在于你要和大家联起手来,这才是你的强势所在!众人的智慧合起来,还有什么困难不能战胜呢?"

井深大兴奋起来:"对呀,我怎么光想到自己,不是还有20多名富有经验的员工嘛!为什么不虚心向他们求教,和他们一起奋斗呢?"于是,井深大信心满满地开始投入工作。就像盛田昭夫放权给他一样,他把各类事务的处置权下放给各个部门,比如他让市场部全权负责产品调研工作。

在大家的团结协作下,一道道难关接连被攻克,索尼于1954年试制成功了日本最早的晶体管收音机,并成功地推向市场。索尼公司凭借此产品傲视群雄,进入了一个引爆企业发展速度的新纪元。

在这个案例中,我们应该注意最为重要的两个环节:盛田昭夫放权给井深大,井深大放权给其他部门。在充分授权下,索尼公司最大限度地发挥出了队伍的整体作用,调动了每一位员工的积极性,从而取得了巨大成功。

这就是放权的魅力。管理者的放权可以营造出企业与员工的信任,让企业的组织结构扁平化,更能促进企业全系统范围内的有效沟通。权力的下放可以使员工相信,他们正处在企业的中心而不是外围,他们会觉得自己在为企业的成功作出贡献,积极性将空前高涨,潜能也会被激发出来,他们将表现出决断力,勇于承担责任,并在一种积极向上的氛围中工作。在这样愉悦、上进的氛围中,员工不需要通过层层的审批就可以采取行动,参与的主动性大大增强,企业的目标自然会很快得到实现。

第三章
好队伍是训练出来的

赞赏！好队伍是夸出来的

适时的鼓励、赞赏和肯定，会使一个人的潜能得到最大程度的发挥。但有些管理者却整天板着个脸，以为管理就必须有"官威"，不能随便开"金口"。其实赞扬下属，对管理者而言只是感情上的付出，是于细微之处见真情的关心体贴，对于激发下属的荣誉感、成就感，激发队伍的工作效率有着极大的作用。

赞扬是一种很让人陶醉的东西。人们总是期望别人对他们能够有一个高度的评价，你对他们评价越高，他们对你的评价也就越高。而且，当你要收回对他们的高度评价时，为了争取让你重新给予他们高度的评价，他们会作出更大的努力。对管理者来说，赞扬是一种非常高超的控制人的手段。

一个非常精明的管理者曾经说，他非常喜欢思考怎样才能使赞扬人的话起到跟发钱给下属一样的作用。他说："我不可能按照我希望的那样付给他们很多的钱，所以，我要把赞扬当钱使。无论任何时候，无论遇到谁，我都告诉他说：'你干得很不错。加油啊！'立刻，这话就像100元奖金似的令他感到兴奋。是的，他们不可能用赞扬去买到什么好东西。但是，他们会把它藏在脑子里的。而且，他们对我和我们公司的感觉会更好。"

这种对赞扬的评价是十分有说服力的：当你的钱已经不足以笼络住手下那些人才时，赞扬可以帮助你把他们笼络住。

表扬和批评是思想工作中常用的两种方法，也是上司所必须掌握和运用好的最基本的领导艺术。下属有了成绩，上司就应及时加以肯定和赞扬，促

其再接再厉不断进步。赞扬是一种积极的鼓励、促进和引导。一个善用赞扬的上司,才是真正懂得识才用才的管理者。

试想,如果一位主管习惯于骂人和警告人,而另一位主管则习惯赞美人,那么,哪位主管的下属更有信心、更容易发挥潜能呢?显然,每天得到的是警告及责骂的下属,他必定对自己的能力产生怀疑,从而养成一种做事瞻前顾后、畏手畏尾的毛病,有了这些毛病,势必又要受到主管的责骂,如此恶性循环下去,人才也会变成蠢材的。

要想调动员工的积极性,让员工尽心竭力地为公司服务,金钱奖励是一种办法,但收服人心,善于表扬,常会收到意想不到的效果。

21世纪的管理新理念主张人本主义观点,要求管理者的管理要按照员工的心理规律和个性差异,强调对下属的尊重和肯定。而赞美与鼓励是发挥下属潜能,增强其自信心、保证管理的科学性和有效性的重要方法。

美国心理学家马克·吐温说过:"一句精彩的赞辞可以作十天的口粮。"可见赞美与鼓励的神奇力量。对赞美的渴求源于人的本性,胜过灵丹妙药,具有不可替代的力量。赞美的价值体现在管理者的赞扬,意味着下属在群体中的位置和价值,以及在领导心目中的形象;能满足下属的荣誉感和成就感,使其在精神上受到鼓励;能密切上下级之间的关系,化解彼此之间的隔阂与疑虑。对下属来讲,是一种优厚的精神报酬,是承接过去的成绩和未来奋斗的中介点,给予他奋斗的目标和前进的动力。赞扬使员工能做平时不敢想的事情,激发员工的潜能,是改变人心、激活队伍的持久之道。

奖励是队伍的发电机

作为一个管理者,建立自己正确的价值标准,并通过奖罚手段的具体实施,明白无误地表现出来,应该是管理中的头等大事。

效率是企业的生命,你能想象一个到处充满了磨磨蹭蹭、漫不经心的气氛的企业会有生命力吗?以这种方式工作的员工会给企业带来进步吗?管理者们是不是应当反思一下,自己奖励和提升了一些什么样的员工。问一问自己"什么行为应当受到奖励?"不要小看了这件事情,弄得不好,丧失了效

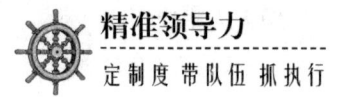

率的企业，必将失去生命。

中国古人早就发现：上有所好，下必甚之。作为管理者，你奖励什么，无疑就是向队伍昭示你的价值标准。你的下属、员工，或者认同你的价值标准，努力做你希望他做的事，成为你所希望他成为的那种人；或者不接受你的价值标准，离开你的企业；或者就是阳奉阴违，投机取巧。

奖励是队伍的发电机。正确的奖励可以有效地激发员工的工作干劲，提升队伍的整体绩效。管理者应当将奖励作为一项重要的管理事项来对待，制定合理的奖励标准。管理者要求入下属作出什么行为，与其仅仅停留在希望、要求上，不如对这种行为作出明明白白的奖励更来得有效。作为管理者，在制定奖励标准时，应当牢记以下几点：

（1）奖励冒险，而不是躲避风险。
（2）奖励实用的创造，而不是盲从。
（3）奖励决定性的行动，而不是无用的分析。
（4）奖励出色的工作，而不是忙忙碌碌的行为。
（5）奖励高质量的工作，而不是快速的工作。
（6）奖励简化，反对不必要的复杂化。
（7）奖励无声的有效行动，反对哗众取宠。
（8）奖励忠诚，反对背叛。
（9）奖励合作，反对内讧。

在具体实施奖励标准时，应当做到公平公正，不能有所偏袒，否则会引起其他员工的不满，造成负面影响。

有一家企业生产煤气热水器，销售成绩一直不理想。总裁认为原因是价格定得偏高，决定降价20%，于是召集销售人员开会宣布这一决定，大多数销售员赞同总裁的决定。只有一个人表示，问题不是出在售价，而是出在售后服务网点分布不合理以及服务态度不够好。总裁听后不以为然，仍坚持自己的决定，并宣布将按销售额给推销人员分红。在降价后一个月左右时间内，销售量果然大增，有关人员也得到了可观的分红奖励。但随后销售便直线下降，原因正是售后服务跟不上，用户纷纷投诉，甚至写信给媒体投诉。他们的竞争对手趁机推出新型产品，广布服务网点并承诺售出的产品如有问题，维修人员会在24小时内到场解决。结果这个企业的市场份额，被竞争对手夺去了大半。

由此可见，只奖励那些顺从听话的员工，而忽视那些有真知灼见、持不同意见的员工，会给企业带来的危害，甚至可能是致命的危害。

以上的例子还说明，人们会积极去做受到奖励的事情而不考虑是否是正确的。因此管理者们千万不要把奖励问题当成一件小事。从这个意义上来说，把正确的奖励视为最重要的管理原则，并不为过。

按照员工个性来激励

激励可以激发员工的上进心，刺激队伍的成长和发展。激励是管理者管理员工、带好队伍的重要手段。

队伍中的员工性格各不相同，激励不能千篇一律，管理者可以根据队伍中员工不同的个性类型来设计激励措施。

1. 竞争型员工的激励

竞争型的员工在竞赛中表现特别活跃。要激励竞争性强的人，最简单的办法就是很清楚地把获胜的含义告诉他们。他们需要各种形式的定额，需要有办法记录成绩，而竞赛则是最有效的方式。有一点经理必须明白，优秀的员工其本身已经具备强大的内在驱动力，这种驱动力可以引导，可以塑造，但却是教不出来的，因而给予他们最佳的激励方式便是巧妙地挑起竞争者之间的竞赛。

2. 成就型员工的激励

成就型的员工是理想的员工，他们自己给自己定目标，而且比别人规定得高。只要整个队伍能取得成绩，他们不在乎功劳归谁，是优秀的队伍成员。激励成就型员工的方式有好几种：一是要确保他们不断地受到挑战；二是不去管他们，因为成就型的员工他们会自己激励自己，经理只要把大目标给他们锁定，可以随他们怎么干；三是培养他们进入管理层，因为成就型的员工会像经理那样进行战略思考，制定目标并担负责任。

3. 自我欣赏型员工的激励

自我欣赏型的员工突出的特点是他们感到自己很重要，因此，激励这种

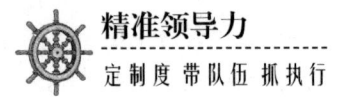

类型的员工的最佳方式便是让他们如愿以偿,让他们带几个实习生,因为这样能激励他们不断进取,如果新手达到了工作目标,就证明他指导有方;如果他没有业绩作后盾,是不能令新手信服的。

4. 服务型员工的激励

服务型的员工通常花很多时间款待宾客,跟宾客联络,但是他们的个性决定他们的业绩不会很大,因而他们往往不受重视,激励这些默默无闻的员工的一个方式是公开宣传他们的事迹,在大会上表扬他们。

对员工进行分类很重要,因为不同的激励方式能够激励不同类型的员工。无论什么类型的优秀员工,他们都有一个共性:不懈地追求。只要激励方式得当,就都能收到预期的效果。

在物质激励方面,以下几种激励方式值得考虑:建立超额奖金制度;建立月份或年份评估奖励积分制度;与绩效增加相联系的激励机制。

在公司内创造一种良好的工作氛围和企业文化,举行一年一度的岗位能手评比活动,给予优胜者以一定的奖金和旅行奖励。

5. 科技研发人员的激励

科技和管理并称为现代社会发展的两个轮子,每一次新技术革命都会给人类社会带来翻天覆地的变化。现代化的生产是建立在高科技基础上的生产,需要利用先进的技术装备,巨大的规模化生产。要掌握这些先进技术装备进行生产,就必须激励科技人员的积极性。现代企业之间的竞争,也是创新的竞争,产品创新、技术创新是企业竞争的重要组成部分,它同样要依靠企业的研发人员。如何最大限度地激发科研开发人员的积极性,是一个摆在各级管理者面前的重要课题。

对于科技人员的激励,首先要为他们创造一个良好的软环境,也就是一个良好的人际关系环境。科研人员整天钻研的是机器、技术,与人打交道较少,待人接物有时可能会比较生硬,处理人际关系上有时不太协调。对此,企业的领导层应有清醒的认识,把科研人员从人际关系的扯皮中拯救出来,让他们全心全意地从事科研开发。对科技人员要给予充分的信任,协调好科技人员与财务、与市场部门之间的关系。此外,要尽可能多地给科研人员提供优厚的工作条件,比如尽量提供先进的仪器设备,给予观摩学习深造的机会。

考核三级跳，队伍出绩效

为了了解学生的学习成绩，学校经常会采取月考、段考、期终考试等形式；但要了解员工在单位中的工作表现，企业管理者应该如何来考一考呢？答案是：绩效考核。通过系统的考核来评定和测量员工在职务上的工作行为和工作效果，以此推动员工的成长，是管理者带好队伍的一项重要措施。

一级跳：量化考核标准，有的放矢。

进行绩效考核，首先当然要确定一个标准，作为分析和考察员工的尺度。这个标准一般可分为绝对标准、相对标准和客观标准。绝对标准是以出勤率、废品率、文化程度等以客观现实为依据，而不以考核者或被考核者的个人意志为转移的标准。相对标准是采取相互比较的方法，此时每个人既是被比较的对象，又是比较的尺度，因而标准在不同群体中往往就有差别。比如规定每个部门有两个先进名额，那么工作优秀者将会在这种比较过程中被评选出来。客观标准则是评估者在判断员工工作绩效时，对每个评定项目在基准上给予定位，以帮助评估者作出评价。

制定绩效考核标准时，要针对不同岗位的实际情况，对不同职位制定不同的考核参数，而且尽量将考核标准量化、细化，多使用绝对标准和客观标准，使考核内容更加明晰，结果更为公正。同时，考核标准公布必须得到员工的认可，避免暗箱操作。

二级跳：你"考"我"考"大家"考"。

一提到"考"字，很容易让人联系到纪律严明的考场，考官高高在上，考生埋头答题。但是，如果绩效考核也只是成为领导"考"员工的工具，就毫无意义可言。绩效考核最重要的一点就是让每一位员工都参与进来，在接受他人考评的同时，不仅可以对自己的工作进行考评，同时还可以考评同事和上属，做到考核面前人人平等，每个人都有评定和说话的权利。

由于绩效考核与薪酬、奖金和晋升机会等与员工的切身利益息息相关，因此受到员工的特别关注，如果考核结果与员工的实际付出相差甚远，不能让员工心悦诚服，往往最容易引起内部矛盾，甚至引发劳务纠纷，而要做到公正客观，最重要的就是让员工积极参与进来。

绩效考核形式主要有上级评议、同级同事评议、自我鉴定等，领导还要

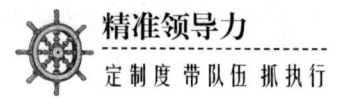

通过下级评议,而客服服务等特殊岗位还可以增设外部客户评议等形式。如此一来,大家在给同一个人打分的过程中,会因为一些明显的分歧而进行讨论、沟通,特别是上属与下级之间,通过沟通交流最后达成共识,不仅是对以往工作的总结,也有利于以后更好的协作,统一思想与步伐,为单位效力。

三级跳:让绩效考核真正产生绩效。

单位进行绩效考核的目的:一方面是鼓励员工继续发挥和提高工作能力,丰富知识和技能,并实现优胜劣汰;另一方面是通过单位层面上的绩效考核和员工与队伍层面上的绩效考核来帮助员工、队伍和整个组织的能力发展。要实现单位和员工个人之间、队伍与个人之间以及队伍与单位之间的"双赢"关系,加强考核后的反馈与沟通势在必行。

通过考核,全面评价员工的各项工作表现,使员工了解自己的工作表现与取得报酬、待遇的关系、获得努力向上改善工作的动力,并根据考核结果评定奖金、薪酬等。但最重要的是,让员工有机会参与单位管理程序,发表自己的意见,并在此次考核的基础上改进工作中的不足,根据员工当前的绩效水平和工作表现中不尽如人意之处提供各类培训。同时还有必要找出根本原因,是能力有限还是工作态度不佳,或是其他客观条件导致了工作绩效不尽如人意。为了掌握这些情况,必须根据考核结果与员工进行一对一的交流,给予建议的同时,也倾听员工的想法。

只有做好了考核后反馈交流这道程序,才能让绩效评估不仅可以帮助单位更有效地了解员工动态,提高工作效率;对于员工个人来说,也可以帮助其进行决策,是否改变自己的职业选择。如果员工意识到尽管自己接受了某些培训,工作表现仍无法达到期望目标,那么就应该寻求职业的改变,或在内部进行工作转换,或向外重新选择职业。

以慈母的手握利剑

在通用电气公司,从秘书到司机、工人,每个人都称韦尔奇为"杰克",大家时常看到他急匆匆地穿过走廊,从底层货架上拿起他要买的东西。韦尔奇说："关于通用电气的故事中有一点被忽略了,那就是非正式的价值。我以为这是个了不起的创见,人们可能不知道它的意义所在。"

从每年1月同500名高层管理人员在佛罗里达州博卡拉举行的会议,到每月一度在哈德逊河畔克罗顿的会议,使得他有机会收集到未经过滤的第一手资料。在这些聚会里,他制定或突然改变公司的议事日程,就公司战略对公司十几个部门的负责人提出问题并加以考验,他会在所有人面前露面并发表咄咄逼人的意见。从接过总裁权柄开始,韦尔奇就利用诸如聚会等各种非正式方法与公司员工进行交流并随时处理公司事务。

韦尔奇比大多数人更懂得"突然"一词的价值,他每周都突然视察工厂和办公室,匆匆安排比他低好几级的经理共进午餐。他还通过传真无数次地向上至高级经理、下至钟点工人的公司员工发出他那独具个人魅力的"手谕"——手写便条。两天后,原件就会寄到他们手中。在这些便条里,他有时说些鼓励的话,有时则要求员工做一些事情。

在他人眼中,韦尔奇是一个既让人敬畏又从无废话的领导,对于韦尔奇手下20多名直接负责人来说,每一次加薪或减薪,每一份奖金,以及每一次优先认股权的授予,总要伴随着一次关于期望和表现的坦诚交谈。高级副总裁盖利说:"韦尔奇总能刚柔并济,恩威并施,当他交给你奖金或优先认股权时,他同时也会让你知道他在来年想要的东西。"

没有什么事情能像审阅拿到奖金的通用电气员工名单那样让他兴奋不已——并不是因为公司的股票表现多好,而是因为他把财富放在那些他并不熟悉的人手中,韦尔奇说:"这意味着每个人都得到了奖励,而不光是我们几个人。这是件了不起的事,我们正在改变他们的命运和生活。这才是乐趣所在,我们人人富有,我们人人是富翁。"

有人说管理者要善于"以慈母的手握利剑",这是一个形象的比喻。就是说管理者既要有母亲般的慈爱、无私与温和,时刻给员工真诚的爱,同时又要"手握利剑",对员工的各种不良行为不能姑息迁就,使恩与威做到高度统一。做到这一点,就会使员工对你既感激又尊重,且不会擅自违令行事。

管理者既不能无恩于人,也不能无威于人,恩不施无以立威,威不施无以治世。如果管理者高高在上,工作上不体恤员工的艰辛,生活上不关心员工的难处,情感上不过问员工的冷暖,背离了以人为本的宗旨,这是不恩;

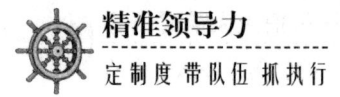

而有些管理者虽然谦恭低调，但一味迎合迁就员工，对错误的言行不予以指正，助长了员工的某种歪风，致使他们不听指挥、不受约束，凡事讲价钱，处处算得失，被下属牵着鼻子走，这是不威。无可否认，这两种极端都是要不得的。

管理者"以慈母的手握利剑"，读懂人性，善于将恩和威有机地融合在一起，就能让员工既服从又感激，遵从自己的意愿，按规章办事，从而带出一支成熟而有力量的队伍。

恩威并用，双管齐下

作为管理者，不能做老好人，必须恩威并用。下属不对的地方，固然应当责备，而对他表现优越之处，却不可抹杀，要适时给予恩惠，这样下属的内心才能得以平衡。

管理者在下属面前偶尔做做好人是应该也是必需的，但是不能做老好人，否则下属就会肆无忌惮，胡作非为。有些主管认为没有必要与下属过不去，反正是为公司赚钱，自己没有额外得益，何不得过且过算了。下属最喜欢这种类型的上司，凡事只要合格就够了，不求更好的方法；上司也含糊过去，压力就小。可是，工作一旦发生错误，这类上司是不愿为下属承担责任的，甚至为求向上级交代，会建议将出错的下属解雇。

如果你是别人的上司，就不能为了讨好下属而凡事得过且过。此举除了会影响你的声誉外，下属根本不会把你放在眼里。对于工作素质，只求合乎标准，不求创新或突破，永远跟在别人后面走，以为只要不太过落后，就算是好成绩。领导若雇了这么样的下属，却经不起时间和技术的考验，很快就会被淘汰。

有时候你想批评人，但经过与员工深谈以后，知道犯错者有不得已的苦衷，那你根本就用不着再进一步责备了。因为如果你在私下责备人，对你自己或者是别人都不会有好的影响。其实假若你在盛怒的状况下，你可以告诉对方你在生气，并且告诉他你为什么生气。生气是可以的，但千万不要气得失去控制，失去控制表示你已失去原来责备的目的。

当你要责备人时，你得谨记要达成的目标。你不是要伤害别人、引起别人反感或是恐惧，而是要让别人知道错误，谋求改进。美国玫琳凯化妆品公司创始人玛丽·凯责备人用的"三明治技巧"——在责备前后加上称赞，是可行的方法之一。另一种方法是：你应和他们握手或是拍拍他们，让他们知道你并不是和他们处于敌对立场。你应提醒他们你多器重他们。同时要强调你只是责备他们这次的行为，而不是他们整个人。让他们了解责骂过了，一切也就过去了。

恩威并用是高明的管理手段，用好了，不但能增加领导的威信，还能提高你的亲和力。

监管下属和令下属提高工作情绪，必须有令下属信服之处。想想与下属易地而处时，自己是否信服有关的安排。平衡的情绪，永远保持愉快的笑容，是服众的最重要法则。

压力之下办不好事，这是一个很简单的道理，做领导的应该明白，不要忽略。

有功即赏，有过即罚

赏与罚，曾被古人称为管人的两把利剑，是管理者统御部属，使用人才的重要手段。孙武把"法令孰行""赏罚分明"，作为判明胜负的两个重要条件。曹操也说："明君不赏无功之臣，不赏不战之士。"赏罚分明得当，是古今中外一切用人者的根本原则。管理者一定要正确使用赏罚，切莫随心所欲，无原则赏罚。

不赏私劳，不罚私怨。不奖赏对私人利益有功的人，不惩罚对自己有成见或隔阂的人。现实生活中的许多当权者，在这个问题上往往处理得不好。且不说封建社会中的帝王将相常常把大量恩荣给予伺候自己的"心腹之人"，就是现代少数管理者，也是往往把给自己出过力的司机、秘书、公务员等人施以种种特权，惹得其他部属的反感和不平。

有功即赏，有过即罚。管理者要正确地用人，真正调动部属的积极性，必须做到按功行赏，论过处罚。这样做有以下三点好处：一是为部属提供一

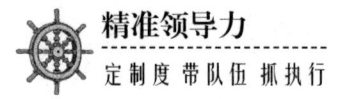

个公平竞争的环境，大家就会尽心尽力地工作，以争取奖赏，避免惩罚。二是可以避免人为的矛盾。如果不坚持功奖过罚，部属难免有亲嫡疏旁之感，相互之间的隔阂矛盾便会随之而生。如果唯功是奖，唯过是罚，部属会感到领导一视同仁，矛盾自然消失。三是可以调动大多数人的积极性。无论赏还是罚，只有得当，才能起到激励作用。因此，在赏罚上不能搞平均主义，不能吃"大锅饭"，必须坚持功过分明，无功受禄、罚不当罪，皆是管理者的大忌。

日立会社董事长仓田主税就深谙赏罚并行、恩威并施之道。

日立会社是国际著名的大企业，其产品遍布世界各地，它的崛起和发展，仓田主税作出了很大贡献。仓田主税的一个法宝就是恩威并施。

仓田主税深信企业的发展有赖于全体员工的积极进取，稳定职工队伍是十分必要的。于是，他为日立的员工提供了广泛的福利。日立会社的15万男女员工，每人都能够租到租金低廉的房屋，上下班有交通车，有免费的读物，甚至有结婚补助金和死亡抚恤金等，待遇是很不错的。因此，全体员工都拧成了一股绳，工作热情非常高。从1950年日立会社成立以来，没有发生过严重的罢工或者不安定的情况。但是，仓田主税对待日立员工并不完全只是一个充满慈爱的父亲。他在最初被任命为日立社长时，曾坚持裁去16.5%的日立员工。正是运用这种恩威并施的手腕，仓田主税把日立的众多员工紧密地团结在自己周围，上下同心，精诚合作，写下了日立会社的宏伟篇章。

在企业的经营领导中，领导奖罚分明，恩威并用，也就是"推"与"拉"的艺术，所谓"推"即用压力领导，"拉"就是用奖励领导，成功的领导总是能将"推"与"拉"很好地搭配使用，根据不同的对象，选择不同的方式，促使和激励企业员工提高生产和工作效率，推动企业向前发展。

必要时拿起解雇的杀威棒

一位经理花了很大力气，才从某大公司挖来一名关键的信息系统专家。公司满腔热情地给他安排了工作，却很快发现他不能胜任。这位经理试图指导和帮助他，但是他的工作表现仍没有起色。

第三章 好队伍是训练出来的

其他同事来到这位经理面前,建议他采取行动,他却迟疑不决。此时,他知道自己雇错了人,但是由于歉疚而迟迟没有动作。他告诉这位新员工,他将给他一些时间寻找新的工作。但是这位新员工的表现却越来越差,直到一位重要客户拂袖而去,其他员工也士气低落,这位经理才把他解雇。

这位经理得到的教训代价不菲:"下次我绝不犹豫,立刻采取措施。"

在解雇员工时瞻前顾后,原因何在?

许多企业管理者都像这位焦虑的经理一样不忍心正视没有达到标准的工作绩效,更不用说毫无绩效的情况了。绩效低劣的员工是指那些屡犯错误,在企业组织中造成不满和士气低落等问题的员工。快速成长的公司对绩效低劣的员工尤其不能容忍,他们会削弱队伍的实力,给潜在客户和商业伙伴留下不良印象,加剧对公司综合生产率的负面影响。作为管理者,你必须采取措施及时纠正这种状况,对低绩效员工心不能太软,该解雇的就要解雇。

对于管理者而言,解雇员工可能是一个痛苦的举措,但还是应该采取行动。

在计划解雇一名员工之前,你应问自己是否公平地对待过这个员工:"我是否曾努力过让他认识到自己绩效低劣的事实,并给予他改进的机会?"也就是说,你是否采取过以下这些行动。

是否为这个员工确立过明确的绩效期望值?这与你对员工绩效的管理水平有关。运用绩效管理技巧留住最佳员工的效果,取决于你和他们建立伙伴关系的程度。这种伙伴关系,是成年人之间建立共同协定的关系。

是否就这名员工的绩效没有达到目标,向他作出过具体的反馈?一项研究表明,在60%的公司中,产生绩效问题的首要原因是上司对下属的绩效反馈做得不够或是没有做好。在针对79家公司的1 000多名员工所做的一项调查中,经理人的反馈和指导技能一致被评为平庸。这些结果表明很多经理人都是拙劣的导师,而他们的员工通常也意识到了这一点。

是否详细地、系统地记录了该员工的绩效数据、事件、绩效反馈及改进评估的谈话结果,以及是否在上述评估谈话中,使该员工认识到存在的问题并对如何解决问题达成一致?在绩效讨论的过程中,让员工评估他们自己的绩效。如果员工承认问题,那么,问题的解决会顺利得多。如果员工否认问题,那么该员工对建设性的指导也会置若罔闻。

是否把给予这位员工一定的试用期或者改进绩效的最后期限,作为解雇

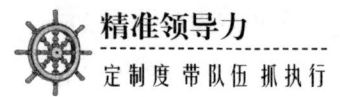

前的最后手段？曾经有一位经理告诉他的一名员工，如果他在30天内仍然不能完成自己的工作项目，就必须走人。结果该员工在期限内完成了任务。所以，要确保给予员工足够的改进时间。

是否寻找过解雇之外的其他方法？你犯了录用某位员工的错误，并不意味着该员工不能有效地完成其他工作。该雇员不适合这项工作，可能是他绩效低劣的真正原因。因此，可以考虑重新评估该员工的才能、动力和兴趣。也许工作可以重新设计，也许在你的领域内有其他更能发挥该员工才能的工作。

假设你已经不止一次直言不讳地把工作绩效低劣的情况反馈给员工，指导他如何改进，为他确立具体的绩效目标，记录他未能改进绩效的情况，而且考虑过不解雇的解决方法，然而都无济于事，那么，你的最终选择是解雇他。

经理人无论出于何种原因解雇员工，都是一件最令人忧虑和烦恼，却又不得不为的事情。令人烦恼的因素多种多样，你不仅夺走了这位员工的生活来源，而且，你这么做会影响组织中的其他成员，包括你最想留住的员工。

重要的是时刻牢记你的目标：消除糟糕的表现和行为。在有效地惩戒员工或者采取纠正措施之前，你必须表明你真诚地关心他的成功。考核程序对事不对人，是基于"目标推动行为，结果维系行为"的原则。

剔除队伍中的"烂苹果"

酒与污水定律指出，如果把一匙酒倒进一桶污水中，你得到的是一桶污水；如果把一匙污水倒进一桶酒中，你得到的还是一桶污水。几乎在任何组织里，都存在几个难以管理的人物，他们存在的目的似乎就是为了把事情搞糟。他们到处搬弄是非、传播流言、破坏组织内部的和谐。最糟糕的是，他们像果箱里的烂苹果，如果你不及时处理，它会迅速传染，果箱里其他苹果也很快会腐烂。"烂苹果"的可怕之处在于它那惊人的破坏力。一个正直能干的人进入一个混乱的部门可能会被吞没，而一个无德无才者能很快将一个高效的部门变成一盘散沙。组织系统往往是脆弱的，是建立在相互理解、妥协和容忍的基础上的，它很容易被侵害、被毒化。破坏者能力非凡的另一个重要原因在于，破坏总比建设容易。一个能工巧匠花费时日精心制作的陶瓷器物，一头驴子一秒钟就能毁坏掉。这样，即便拥有再多的能工巧匠，也不会有多少像样的工作成果。如果你的组织里有这样的一头驴子，应该马上把它清除掉；如果你无力这样做，你就应该把它拴起来。

首先要确定是否要扔掉"烂苹果"。对那些厚颜无耻的背叛者，对屡教不改的员工和难以管教的下属，对个别"害群之马"，一定要扔掉。

解雇是管理者在工作中最难做的事，作为公司领导，对不称职的员工予以解雇完全是分内之事。但往往遇到此事，即使是那些以"硬汉"著称的公司经理也难下决心，认为解雇员工是件很棘手的事，总担心会引起连锁反应，以及如何以此调动队伍中其他员工工作积极性和责任感，做好善后工作等。

美国国际管理顾问公司老板麦科马克对解雇"烂苹果"员工颇有研究。

麦科马克在炒一个职工的鱿鱼的时候，要考虑两个因素：第一是时机；第二是这个人对公司的忠诚度如何。

要解雇员工时，必须考虑到因为解雇他而可能对公司内外关系所造成的损害，应该在损害程度最小时采取行动。

解雇的最佳时机可能是"立刻解雇"，但在麦科马克公司也有等待两年之后才解雇的例子。

麦科马克曾经好几次让那些被解雇的人完全不知道他们是被解雇的。他先帮助他们找到工作，让他们觉得他们是被其他公司"挖走的"。

反过来，如果麦科马克有充分理由断定某个职工的忠诚可疑，或者是不值得信任时，就会尽快请他离开。

在解雇之前有一段充分的准备是必要的。必须非常注意被解雇职工的感情，帮助他们保留面子。至于帮助到什么程度，往往要按照他们对公司的忠诚和贡献的程度来决定。在公司要解雇一个忠诚职工之前，有义务先试试看有没有其他代替解雇的方法，例如调动他的职位，新设立一项更适合他的工作，甚至明升暗降。如果这种办法行不通，必须为难他一段时间，让他"适应"被解雇的可能，而且还应该尽力帮助他找到其他的工作。

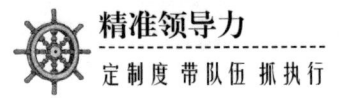

名人带队伍：麦肯锡——UP OR OUT 激励法

　　管理大师彼得·德鲁克强调，在现代社会，人才是企业最重要的资产。因为，在21世纪，经济是以高新技术产业为主导，以知识为基础的经济，是人才经济。如今，企业之间的竞争，知识的创造、利用与增值，资源的合理配置，最终都要靠人才来实现。人才是实现经济体制和经济增长方式的两个根本转变的关键。

　　并且，人才将使企业的人力资本不断增值，成为企业发展的主导力量；人才将使他的个人才华、理想、价值在企业中得到充分发挥和体现，并能最大限度地提高企业的绩效。

　　德鲁克认为，在21世纪，这些知识型人才将发挥更加突出的作用，因为高科技支持的知识经济环境下的企业竞争，依靠的就是这些人才，他们将日益成为企业竞争优势的重要因素。由于这类人才是利用头脑中的知识来谋生，他们在挑选工作时，拥有广于传统工人的职业选择权。因此，他们也具有很强的流动性，不像体力劳动者一样，大多数会同企业维持长期的劳务关系。

　　针对这一现实问题，对员工的激励就显得格外重要。麦肯锡公司创始人麦肯锡制定的"晋升与出局激励法"可以提供很好的借鉴：麦肯锡的人员中70%来自具有MBA学历的人选，30%来自具有高级专业职位（法学博士、医学博士等）的人选，除了挑选应聘人员的工作经历和商业背景外，看重的是他们解决问题的能力。

　　一旦进入麦肯锡公司，人员的晋升与出局有严格的规定：从一般分析员做起，经过2年左右的考核，合格的升为高级咨询员，再经过2年左右的考核，升至资深项目经理，这是晋升董事的前身。此后，通过业绩考核可升为董事。所以，一个勤奋有业绩的人在6~7年里可以做到麦肯锡董事，但是在他每一个晋升的阶段，如果业绩考核并未达到要求，就要被OUT（离开麦肯锡）。

　　麦肯锡的人员享有高薪待遇，但没有谁可以停站。麦肯锡的激励法避免了像猎狗那样工作能力较强的员工的惰性。员工也不会因为激励作用太小而放弃努力，而是一直有危机感和紧迫感，必须坚持不懈地努力，也就是跳起来才能够着苹果，否则你就不能晋升到下一个阶梯，而是被淘汰出局。

第四章

聚拢人心，带队伍就是带人心

在队伍中架起沟通的桥梁

在现代人力资源管理工作中，员工沟通已被企业看作是管理工作中非常重要的一环，它在企业中发挥的作用也越来越大。

沟通是信息传递的重要方式，通过沟通，信息在队伍、部门、员工之间得以传播。管理工作的开展在很大程度上来讲是通过从上到下的层层沟通进行的。部门与部门之间通过有效沟通，能及时消除部门之间由于缺乏沟通造成的协调性问题，理顺工作上的流程，增强队伍之间协同作战的能力，提高公司整体工作效率；反之，无效的部门沟通，只能使队伍之间徒生交流障碍，沟通不畅，各个部门单独作战，结果必然造成管理的任务无法得到及时完成。

对于公司内部而言，通畅的信息流动渠道也是促进沟通的积极因素之一。在获取信息的有效方式上有多种选择，工作报告、项目总结、队伍活动、专门的布告栏都能促进信息流通，信息从一个人传递到另一个人，从一个部门传递到另一个部门，其主旨是为了要求每个人都能投入一定的时间和精力以保证知道彼此在进行的工作。

有效的沟通能够消除队伍中的各种人际冲突，实现人与人之间的交流行为，使员工在情感上相互依靠，在价值观念上高度统一，在实际问题上清晰明朗，达到信息畅通无阻，改变员工之间的信息阻隔现象，激励队伍士气，减轻恐惧和忧虑，增强队伍的向心力和凝聚力。

一个优秀的企业，强调的是队伍的精诚团结，这其中，如何沟通是一个大学问。对于企业管理者来说,要尽可能地与员工们进行交流,使员工能够及时了解管理者的所思所想,领会员工的所思所想,明确责权赏罚;而平级之间及下属与上级之间的沟通则能消除彼此之间的误解,或者了解彼此心中的真实意图,使队伍在工作中发挥出更大的效能。

可是,在现实生活中,管理者与员工之间相互沟通并不是一件容易的事。作为员工来说,每个人都有不同的想法,所以,作为管理者不妨多和他们聊聊,当然这种聊天式的沟通可以是比较随意的。

1. 争取每天多次的交流

最好养成每天多打几次招呼的习惯。不管你的性格是怎么样的,但是为了你的工作的顺利开展,这样的行动是必要的。千万不要因为对此厌烦而放弃。

2. 发现问题要马上着手解决

有时通过聊天打招呼会发现问题,很多人最多是问问"你今天是怎么了?"但是事实上,这样是远远不够的。

3. 创造交流的机会

打招呼只是日常生活极其普遍的一个例子,更重要的是要理解其中包含的进行沟通的实质含义。

员工沟通是一种双向的信息交流,其主要功能是实现企业和员工双方的互相联系、互相影响。从实质上说,员工管理的过程就是与员工交流信息的过程,因此,有效的管理"沟通",建立良好的员工沟通机制,对于建立和谐稳定的劳动关系,提高管理水平,实现企业和员工的和谐双赢具有非常重要的意义。

沟通的目的就是消除误会、统一思想、协调行动,在队伍中架起一座信息传递和交流的桥梁。沟通的关键在"通",没有"通",主管和下属之间说得再多也没有意义。沟通是发生在人与人之间的信息交流,有着深刻的内涵和复杂的过程,管理者要想真正在队伍中如鱼得水,建立良好的工作环境,就必须对沟通有一个全面的认识。

拆除队伍沟通中的壁垒

企业中往往会存在缺乏沟通的问题,这对企业的健康成长极为不利。管理者应当能冲出缺乏沟通的困境。当然,企业中缺乏沟通也可能是经理人自身存在的问题,你与别人沟通的方式会影响别人与你沟通的方式。做一次自我评估,你会发现别人都在效仿你。因此,要改善队伍中的沟通现状,自己要首先行动起来。

当然,在改善沟通前,你要让沟通的重要性及改进沟通的重要性为队伍中的每个员工所知。召开一个未事先通知的不让员工准备的会议,在人们到场时,让每个人都对自己小组内部的沟通程度作出评价,用1~10之间的数字表示评价的高低。同时,让他们对整个企业的沟通情况提出看法,并且要求他们把意见写在卡片上,以便在会议上传阅,当然也可以使用挂图式投影仪作图示讲解。由于事先没有准备,人们会提出自然、未经深思熟虑的看法。最后,要找出两三种方法来改善企业的沟通状况,让自己的领导成员接受这些建议并认真去做。这样,改进沟通状况就有了一个起点。

以下的几种方式对于改善沟通状况或许有很大的帮助。

1. 建立联系

有很多方法能使领导成员和企业人员联系起来,如开会,共同完成一个任务,午餐闲谈,晚餐闲谈和个人交往。如果沟通遇到地理上的障碍,就应派人花些时间,带着明确的目的到一些不同的地点去。

2. 尊重不同意见

具有不同背景、不同文化、不同种族的人会有不同的价值观。对文化差异的研究会增进业务上的沟通,能在你的领导成员中形成相互理解、信赖和尊重的和谐关系。

3. 重视通信工具的选用

现在的通信方式多种多样,语音邮件、电子邮件、电话、传真、视频会议、卫星中继等为人们提供了多种选择,方便了人们的沟通,尤其是人与人之间的电话来往更是具有很大的价值,方便、快捷是其他方式所不能代替的。面对面的交往也很重要,尤其是深入的交谈,更应当鼓励。

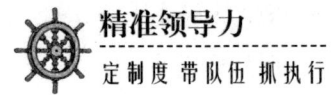

4.鼓励沟通信息和想法

可以采取以下方式：论坛、圆桌讨论、互联网交谈、在线聊天或公告板，还可能有某些特殊的程序。

另外，管理者也应当注意，当开一个沟通会议时，要让它的气氛变得令人愉快，要学会做一名热情、友好并有着真挚兴趣的听众。要尊重他人的时间，开始时间和结束时间都要准时。要学会倾听、询问的技巧，要善于接受意见，还要欢迎不同的观点和意见。

要"防火"，不要"救火"

队伍中的员工之间在工作中难免会出现冲突，因此管理者需要有解决冲突的计策。正如孙子兵法所说，不战而屈人之兵是上上策，对于管理者来说，将冲突控制在发生之前才是上上策。

因为如果下属之间发生了矛盾，无论解决得如何好，都会在下属双方的心里烙下印记，这就像写错了字，再好的橡皮和再高明的涂改技术都会或多或少留下痕迹，不如最初不发生。因此，作为企业的管理者，与其天天忙碌着解决队伍中的矛盾，提高解决矛盾的技巧，不如千方百计地提高防患于未然的本领，从根本上防止矛盾的发生。

有这么一个故事：有一次，魏文王问名医扁鹊："你们家兄弟三人，都精于医术，谁的医术最高呢？"扁鹊答道："我大哥最好，二哥次之，我最差。"文王再问："那么为什么你最出名呢？"扁鹊答："我大哥治病，是治病于病情发作之前。由于一般人不知道他事先能铲除病因，所以他的名气无法传出去；我二哥治病，是治病于病情初起时，一般人以为他只能治轻微的小病，所以他的名气只到本乡里。而我是治病于病情严重之时，一般人都看到我在经脉上穿针放血、在皮肤上敷药等大手术，所以人们都认为我的医术最高明。"

从这个故事不难看出，下属之间的矛盾有利于管理者的管理，但是不利于组织目标的实现。因为对待下属之间的矛盾，从管理学控制论的角度看，事后控制不如事中控制，事中控制不如事前控制，最好能做到防患于未然。

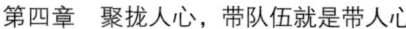

第四章 聚拢人心，带队伍就是带人心

现实中许多管理者因忙于各种事务，在对待下属之间的矛盾时往往只是事后控制，结果矛盾越处理越多，越多越忙，越忙越乱，最后企业管理乱作一团，甚至根本无法正常运转。

因此，管理者要想有效解决队伍中的冲突，必须做好的是"防火"工作，而不是"救火"工作。解决员工之间冲突的关键，不在于冲突发生后想办法去"救火"，而是在冲突发生之前"防火"，及早采取预防措施，杜绝冲突的发生。

一冷一热，恰到好处

在沟通过程中，管理者要尽量做到对所决断的事情有透彻的了解，把利弊得失都考虑清楚详尽，然后再作决断。如果员工发生严重过失，心里十分恐慌，管理者就要对问题进行冷处理，以免事态扩大或改变问题性质。

管理者处理问题时一定要冷静，要考虑周密，不要急躁，不要盲目蛮干。人一旦处在激情状态下，思维的容量就会变窄，思维的深度就不够了。因此必须学会沉着冷静。

同样的鱼肉蛋菜，有的人能炒出香味扑鼻、吊人胃口的佳肴，有的人却只能做成平淡乏味、有失本色的便菜。其中的奥妙和诀窍何在呢？有经验的厨师会告诉你两个字：火候。火候不到，不会香甜可口；火候过了，又会煮烂烧糊。只有火候恰到好处时，才会色、香、味俱全。炒菜如此，管理中的协调工作道理亦然。对于队伍和员工之间出现的问题和矛盾，掌握火候，把握分寸，择机而发地进行处理，正是一个管理者要悉心注意的。

火候，也就是适度。火候恰到好处在于时间的准确适宜。所谓"冷处理"，就是指有时要引而不发，视而不见，故意冷淡，稍后再办。而"热处理"则是触机而发，及时扑救。

某厂工人小王因对车间主任派活不均有意见，两人吵得不可开交，剑拔弩张。书记老李过去，没有批评，也没有动怒，拍拍小王肩膀，将他领到休息室，请他消气。同日，厂机关一名干事顶撞工会主席，又被书记碰到，老李毫不留情，当众予以批评，并责令他作出检讨。旁人不解，问："同是吵

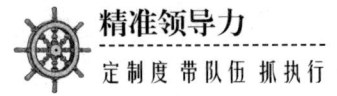

架,您为何采取两种态度?"

　　这位经验丰富的党委书记谈了自己的看法,很有启迪:两次吵架,我采取两种态度:一是"冷处理",另一是"热处理"。原因有二:一是个人特点,环境场合不同。小王脾气直率刚烈,本身已受委屈,情绪因受刺激正处于极度激愤状态,倘若不问事由一味指责,无异于火上浇油,肯定会激化矛盾,最好等他火气消下来再个别交谈。而那位干部受党教育多年,应有一定修养,却为个人私事大吵大闹,若不立即制止,必会造成更坏影响。所以,我对他们分别采取了"冷处理"和"热处理"两种方法。二是吵架原因不同。小王的不满是事出有因,主要原因在车间主任,因而不能简单指责;干部顶撞工会主席是因为个人福利,属个人无理取闹,理当严肃批评。

　　由此可以看到"冷"与"热"是相对的,要因人、因时、因事而定,何时"冷处理",何时"热处理",这也是需要管理者在沟通实践中去摸索、去掌握的一门重要本领。

以理服人,人人可服

　　在企业中,因为员工和管理者各种方面的差异,使得彼此之间难以协调一致,因而经常容易造成工作中的冲突。对于管理者来说,必须有处理矛盾的能力和正确处理矛盾的气度,这也是统帅气度的重要方面。在处理矛盾的过程中,管理者不能板着面孔训斥人,更不能以权压人,而应当从团结的愿望出发,与人为善,以理服人。

　　处理矛盾的主要方法有:

　　一是矛盾不积累,及时解决。

　　解决企业内部的矛盾要及时,不要等问题成堆才着手解决。如果矛盾积累得多了,许多问题交织在一起,互相牵制,会使简单矛盾复杂化,单一矛盾扩大化,解决矛盾的难度就要增大。企业有了矛盾不能积累,及时解决往往费力小,能收到事半功倍的效果。

　　二是正视矛盾,不回避矛盾。

　　回避矛盾,不仅不能解决问题,反而会使问题复杂化,后患无穷。真正

做到正视矛盾，不回避矛盾，就要拿起批评与自我批评的武器，大胆解决存在的各种矛盾。管理者处理矛盾时，在思想上要克服那种照顾面子，不愿批评，怕伤和气，不敢批评的倾向。在批评的时候，要坚持实事求是，开诚布公，有理有据。

三是单一矛盾不扩大，注意个别解决。

企业内部的矛盾一就是一，二就是二。如果是个人之间的事情或者属于一个人的问题，就应该单独解决，对于这类矛盾千万不要扩大范围，管理者应及时做好工作，使矛盾迅速得到解决，不致影响到集体。

四是不要急躁地处理复杂矛盾。

企业内部有时候矛盾很复杂。一是因为牵扯的人较多，二是因为各种矛盾交织在一起使得认识上差距拉大，难以统一。针对这种矛盾，管理者要善于等待时机。只有正确把握了时机，才能积极创造条件，抓紧时间，进一步调查分析，采取实际步骤，把复杂矛盾简单化，等待恰当时机，着手解决。

抓住关键，迎刃而解

管理者处理队伍中的冲突，必须在深思熟虑的基础上，确认哪些冲突是关键性的、主要的冲突，哪些是非关键性的、次要的冲突。深思熟虑的根本标志就是看是否抓住了问题的根本，是否掌握了事物的本质和规律。抓住关键冲突，积极引导和处理，并做到举一反三，灵活运用，其余的冲突就会迎刃而解。

对于管理者来说，处理矛盾时有以下的几点技巧是必须坚持的：

一是矛盾立足于自己解决。

一般的矛盾要通过自身能力来解决，上面插手有时反倒不利于问题的解决。当然，有些原则性矛盾或自身难以解决的矛盾，可以适当地求助于上级。立足于自身解决，关键是要增强自身解决问题和矛盾的能力。一个有气度的管理者必须有独立解决矛盾的能力。

二是不要僵持，不要硬解决矛盾。

管理中有的矛盾处于一种僵持状态，按照常规的方法，做一两次调解，

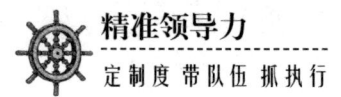

难以奏效,甚至有激化的趋势,成为棘手的难题。这时管理者就应该寻找第三条通道,采取迂回的方法去解决。对于管理者来说,既要把握解决矛盾的目标,又要坦诚相见,分析原因,抓住关键,选好突破口,将矛盾迅速解决。

三是原则和灵活相结合。

原则就是不能侵害组织利益,灵活就是解决矛盾的方法不要千篇一律,不要教条式地解决问题。有些矛盾要防患于未然,有些矛盾可以事中控制解决,而有些矛盾可以让它量变到一定程度发生质变时再解决。

四是要暗中解决矛盾。

因为人们都有爱面子的心理,私下解决就是给矛盾的双方保留了面子。因此矛盾应尽量暗中解决,不要张扬出来。但对那些不伤面子,同时又有普遍教育意义的可以公开出来,起到教育其他下属的目的。

五是有些矛盾不解决比解决好。

有一个广为流传的历史故事:楚王举行晚宴招待群臣时,在突然灯灭的情况下,楚王的爱妃被人非礼!面对此种情况,怎么办?这位聪明的国王采取了不解决矛盾的办法,其最后结果大家都是知道的,那位非礼王妃的将军为国家立下巨大的战功。楚王采取了不解决矛盾的办法从而产生了积极的效果。其实从某一方面来讲,不解决也是一种解决方法。

六是有些不是工作矛盾,不要轻易介入。

现实中下属之间的有些矛盾不是工作矛盾,如恋人之间的矛盾,不要轻易介入。一旦介入,很有可能把自己套牢,因为清官难断家务事。当然,部属之间的这些非工作原因产生的矛盾有时确实也会对工作产生不良影响,那么作为管理者应该从影响工作的角度来做其思想工作,必要时做善意的提醒。

七是对恶意制造矛盾者绝不能手软。

恶意传闲话者,故意制造事端者,生怕天下太平者,甚至与外部勾结,找内部员工的麻烦者,要果断解决,坚决辞退,无论他有多高的才能都不能用。

有效沟通的三大利器

管理者要经常面对和协调处理企业队伍中的各种矛盾和冲突，如何才能顺利有效地化解矛盾和冲突？下面的几种协调方式可作为参考。

一、"彼此谦让"的协调方式

在一个单位或部门，人们对某项任务或某个问题在利益和观点上不一致，是常有的事。有时甚至双方会剑拔弩张、面红耳赤，搞到十分紧张的地步。

有人估计，管理者要花上20%左右的时间来处理各种冲突，但这并不能证明领导上的无能或失败。冲突在人际关系中是固有的、不能回避的，必须予以适当的处理，方能形成"人和"的气氛。

这需要管理者运用调停纠纷和处理冲突的技巧，协调各方在认识上的分歧和利益上的矛盾。那么如何来处理纠纷、冲突和分歧呢？严格说来并没有现成的公式可循，不过，管理者能不能成功地处理冲突主要取决于三个因素：一是管理者判断和理解冲突产生原因的能力；二是管理者控制对待冲突的情绪和态度的能力；三是管理者选择适当的行为方式来处理冲突的能力。具体来说解决冲突，一般可以采取"彼此谦让"的方式。

"彼此谦让"的协调方式，就是迫使争执双方各自退让一步，达成彼此可以接受的协议。这是调停纠纷、解决冲突最常见的办法。这种解决办法，关键在于找准协调双方的适度点。无论调停政治纠纷，还是解决日常工作和生活上的冲突，要使双方团结起来，共同行动，就不能采取偏袒一方和压制另一方的做法，而应该运用"彼此谦让"的方式解决问题。

二、"接受时间"的协调方式

这是指解决冲突的条件还不成熟，需要维持现状，等待时机给予解决；或者经过一段时间的积累，由工作或生活本身逐渐地加以调整。采取"接受时间"的方式，让人们经过一段时间后，逐渐放弃旧有的成见，适应新观念和新事实。

这种解决冲突的方法是十分明智的。因为一个人的信仰、观念和立场的改变，往往需要一个体验的过程。如果采取强加于人的做法，常常会使矛盾激化，隔阂加深，损伤人们的感情，产生不良的后果。而"接受时间"，则

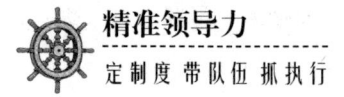

可以使冲突的解决比较自然和顺畅。

如当有人对组织的决议持不同意见时，组织上允许其"保留意见"，而不滥用组织手段强迫其改变观点。当然前提是在行动上必须执行决定。所谓"允许保留意见"，运用的就是"接受时间"的方式。

三、"迂回前进"的协调方式

在特定的条件下，对一些无原则的纠纷应采取含糊的处理方法，或者为了解决某些冲突，可作出一些必要的合作、折中或退让、妥协。

比如，鼓励冲突的双方把他们的利害关系结合起来，使双方的要求都得到充分的满足；或者在冲突双方的要求之间寻求一个折中的解决办法，让双方都得到部分满足；或者驱使一方放弃自己的观点、利益去满足另一方的要求；或者用暗示或不管的方式鼓励冲突双方自己去解决分歧，等等。假若双方都是搞派别斗争，为他们各自的小集团的私利而闹纠纷，完全违背整体利益，那么在解决这样的纠纷时，就不必去分清谁是谁非，事实上也无法分清谁是谁非，可采取各打五十大板的办法来处置。

又如，对某些闹事问题的处理，从闹事本身看并不正确，但为了有利于大局的安定，在说清事理之后，可对他们的要求作出一些不损害大原则的妥协，以缓和矛盾。虽然，这样处理纠纷的方式看来显得简单和有点不分是非，但仍不失为一种解决冲突的方法。

加强队伍中有效的沟通

众所周知，工作中有效的沟通与协作，是提高工作效率、员工积极性和企业创造价值的最基本的衡量标准，也是工作中最常用的方法之一。一个企业发展的关键，约有30%是可以通过文字形式描述的管理制度，而剩余的70%则是靠队伍协作互助完成的。

如果部门之间的协作只能靠制度来约束，员工为了生活和薪酬就只是埋头苦干，缺乏交流与合作，最后将导致缺乏工作的动力，意志消沉。只有有效的协作互助，才能促进同事间情感的交流、增进与客户的友谊，使员工在为企业创造价值和业绩的同时，每个人都是开心的、快乐的。

第四章 聚拢人心，带队伍就是带人心

在具体的工作中，管理者应从以下五个方面做好队伍部门之间的沟通与协作。

1. 明确彼此的工作职责

应该清楚各个部门的职责和相互的岗位职责，只有明确各自的任务和职责，分清属于自己职责范围内的事情，正确分辨需要通过部门之间相互协作才能完成的事情，才能在解决问题时具有针对性和可操作性，才会呈现出和谐的工作氛围，而非主观强调哪一个部门的重要性。

2. 加强部门之间对接业务知识的学习

例如，与财务部的配合是营业部整个工作流程中的关键，每一项工作都必须严格认真执行，不能有一丝一毫的懈怠。因为财务是一项非常严谨的工作，工作中许多重要的环节都必须围绕它才能开展，如果随心所欲、敷衍了事，势必会对各项工作造成不良的影响。因此要提高部门整体素质，加强财务知识学习，在队伍协作中学会用对接业务知识来提高工作质量和效率。

3. 采取工作化沟通、感情化沟通等多种方式，力求达到最佳效果

在队伍中，每个人的岗位不同，职能也会不同，加之每个人的工作经验、知识水平、性格习惯等也不尽相同，常会因此给工作带来一些矛盾和误会，管理者要建立良好的沟通渠道，让各部门之间有倾诉心声的机会。员工之间形成互补，不仅可以简化工作程序，节省时间和提高效率，还能实现队伍协作效能。

4. 讲原则和讲宽容

部门之间的协作，要辩证地看待讲原则和讲宽容：大事讲原则，小事讲宽容；严于律己，宽以待人。通过彼此的包容来增进友谊，在互谅互让中增添工作乐趣，从而提升工作兴趣，改善工作态度，呈现出一种宽松融洽的工作氛围。

5. 加强部门负责人之间的协作

部门负责人在工作中扮演着非常重要的角色，可以为下属员工起到榜样的作用，让大家分享队伍的默契，进一步建立良好的部门关系，克服本位主义的倾向，促使各部门发挥更大的力量，培养员工的队伍观念和合作精神。所以，部门之间有效的沟通与协作，不仅是一种队伍精神的追求，更是一种和谐共进的高尚境界。

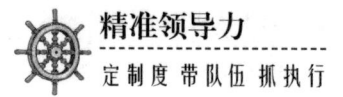

深入基层,到处走走

领导工作与一般工作相比,更是一种亲自实践的艺术。"深入基层,到处走走"就是实践与艺术的凝聚体。一个有效沟通的管理者在"深入基层,到处走走"中有许许多多的事情要做,但首要的是做好三件大事:倾听、教育、促进。

1. 深入基层去倾听

"倾听"是接触的基本要素,目的是从供应商那里、顾客那里、企业职工那里获得第一手的未被歪曲的真实情况。倾听意见最好到对方那里去,领导深入基层就是为了倾听。然而,即使到了基层,如何听取意见仍然有许多讲究。比较好的方式有以下几种:

(1)把职工召集到一起,用正式会议的形式请他们提出问题或意见,由你作出回答。美国丹纳公司负责人雷恩·麦克费森就常常这样做。他时常召集1 500多名员工在一个大厅开会,到会者都可以自由提问,每个人都可以亲自衡量一下"头头"的态度:他是不是在想哄骗我们?有没有对我们讲真话?

(2)临时召开小型会议。即开会前一分钟才决定有些什么人出席会议。因为精心组织和预先选出的一组职工代表可能会使你只能听到他们的直接上司认为你喜欢听的话。

(3)和职工坐在同一张桌子上。当今国外许多大公司的总裁、经理都养成了在职工餐厅吃午饭或晚饭的习惯。管理者在职工餐厅里和职工一起就餐,谈话以聊天的方式进行,无拘无束。他们谈些什么事情呢?可能海阔天空、漫无边际地无所不聊;也可能什么事情都没谈,但领导坐在职工餐厅本身就表明了他希望倾听群众呼声,同群众保持接触,他要让每一个职工明白自己是这个整体的一员。以餐桌作为每日交换意见的场所,气氛是生动、坦率和实事求是的。

(4)深入各基层单位并设法同销售及维修服务员一起去访问顾客。这样的访问非常有效果,一方面会让一线员工感受到管理层对一线工作的关注和尊重,他们会乐于和管理层沟通自己对工作的看法和建议。另一方面也会让顾客感受到公司对销售和维修工作的重视,从而树立起对公司产品和服务的信赖。

2. 深入基层做教育

教育是"深入基层，到处走走"的第二号目标，与"倾听"同等重要。当你深入基层时，你提问的方式以及其中的点滴变化都会受到人们的注意，并被分析、解释，这是毫无疑问的。你所做的每一件事——你的服装、你会见下属的先后顺序、你在提问时强调的重点以及没有强调的地方等，都会引起无穷无尽的猜测和议论。处在这种地位上的你只有两种选择：要么顺其自然，不予理睬；要么有意识地寻找机会因势利导。而后一种态度才是可取的。

通过这种方式，你可以教给人们你所想教的道理，宣传你的价值观念。因为教育绝不意味着要直截了当地、严肃地告诉大家应该做什么，不应该做什么。在"深入基层，到处走走"的过程中，你的信息常常可以通过各种非正式的方式传达给大家，所以你必须对你的言谈举止全面负责。万不可游戏玩笑。

3. 深入基层抓促进

"深入基层，到处走走"的第三个主要作用正是使管理者成为公仆与促进派，保护人们免受官僚主义之害。当你在下面关心地问大家遇到什么问题时，你会发现这些问题很少是大困难，通常只是一些小麻烦。如某个开发小组需要一台计算机，但是必须通过全部基建投资预算审批手续才能获准购买，而你在48小时以内就可以使他们得到。至于某个开发组需250平方米的工作场地制造样机，或某个推销部门需要增拨1 000元的交通费等，你都完全可以当场拍板解决。这对基层各部门工作的顺利展开无疑是有益的。

4. 深入基层的注意事项

"深入基层，到处走走"，倾听、教育、促进这三方面的作用往往是同时发挥的，即使你只是顺路到一个小组，一个科室或其他什么地方去上20分钟，也能达到这个目的。

"深入基层，到处走走"，不是一件容易的事，因为这里面至少有上千种因素在起作用。"深入基层"会暴露自己，你倾听意见的能力、你的眼界和抱负、你是否诚实或正直以及你是否表里如一、前后一贯，你完全暴露在大家面前，经受那些最严格、最挑剔的观察家们——员工的检验。你很容易

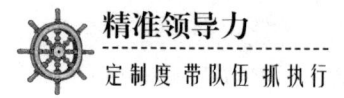

用胡说八道骗过一位副总裁,但要想骗过装卸平台上的工人们则几乎是不可能的。

和谐沟通,家和万事兴

中国人向来有"家和万事兴"的说法,兵法中除了"天时、地利"之外,也将"人和"放在了一个十分重要的位置上。而对于企业的管理者来说,企业就像是一个大家庭,管理者应当通过建立良性互动的从上到下的沟通风气,创造出和谐的管理模式,让在各个位置上的"家人"各司其职,团结合作。这样,达到了"人和"的企业才能在激烈的市场竞争中立于不败之地。

在惠普没有一间办公室是装有门的,包括首席执行官在内。在公司里,所有的人都以名字相称,而不是称呼头衔。公司鼓励员工用最简单和直接的方式进行沟通交流。员工在遇到任何问题时,都可以找到管理者进行沟通交流。公司的实验室备品库是不上锁的,工程师不仅可以在工作中随意使用这些备品,甚至可以把它们拿到家里去供个人使用,这样的充分信任使得公司成为大家共同的家。

在传统的观念中,企业和员工的利益是相对立的。管理者会把员工当作分享企业利润的敌人,在这种管理理念下,企业与员工是雇佣与被雇佣的关系,员工只是企业的一颗螺丝钉,管理者可以随意对员工发号施令,员工必须服从。当时代发展到了今天,管理者已经越来越认识到在这个以服务为主导、信息密集、竞争激烈的时代,企业和员工的利益是一致的,因为个人的创造力、竞争力以及主动精神,才是现代企业竞争中最重要的资源。和谐管理就是为了达到企业和员工双赢的目的,在这样的管理方式下,企业和员工的利益是一致的。

人是生产的第一要素,只有在和谐的环境中,员工才能激发出最大的责任心和工作动力,企业的竞争力才能得到提高,才能保证企业快速健康发展。劳动关系不和谐的企业是没有生命力的,没有广大员工的积极性和创造性,任何企业的发展都是不可想象的。

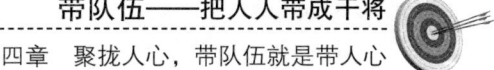

第四章 聚拢人心，带队伍就是带人心

优秀的企业管理者是用"待人如待己"的黄金法则去对待员工的，要怀着"己所不欲，勿施于人"的思想去人性化地管理企业，要知道员工才是企业真正宝贵的财富，没有了好的员工，再好的企业也会垮台。就像一位著名管理学家说的，"把我的员工带走，几年以后我的企业会是一片废墟；把我的企业带走，把我的员工留下，几年以后我会拥有一个更好的企业"。管理者在要求员工忠诚服务公司的同时，自己有没有反省过，如何去做一个最佳的雇主呢？有没有真正地去关心过员工，去满足员工的心理需求。人与人之间的任何交往都是双向互动的，当老板从员工身上得到越多的时候，相应地，员工也会得到更多的机会和待遇。

因此，正确处理好企业老板与员工之间的关系，真正建立起一种相互交流、相互依存、相互信任、相互忠诚的沟通氛围，带给企业的将是发展，带给员工的将是成功；它将有助于双方更好地走向未来、赢得明天；它将凝聚出一股冲天士气支撑企业大厦。

名人带队伍：迪特尼——"员工意见沟通"系统

迪特尼公司是一家拥有1.2万余名员工的大公司，早在30年前，公司创始人迪特尼·包威斯就认识到了员工意见沟通的重要性，并不断地加以实践。现在，公司的员工意见沟通系统已经相当成熟和完善。特别是在20世纪80年代，面临全球性的经济不景气时，这一系统对提高公司劳动生产率发挥了巨大的作用。

公司的"员工意见沟通"系统是建立在这样一个基本原则之上的：凡是个人或机构一旦购买了迪特尼公司的股票，他就有权知道公司的完整财务资料，并得到有关资料的定期报告。凡是本公司的员工，也有权知道并得到这些财务资料和一些更详细的管理资料。迪特尼公司的员工意见沟通系统主要分为两个部分：一是每月举行的员工协调会议；二是每年举办的主管汇报和员工大会。

1.员工协调会议

早在30年前，迪特尼公司就开始试行员工协调会议，员工协调会议是每

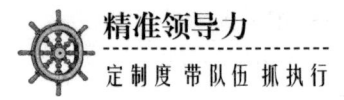

月举行一次的公开讨论会。在会议中,管理人员和员工共济一堂,商讨一些彼此关心的问题。无论在公司的总部、各部门、各基层组织都举行协调会议。这看起来有些像法院结构,从地方到中央,逐层反映上去,以公司总部的首席代表协调会议为最高机构。员工协调会议是标准的双向意见沟通系统。在开会之前,员工可事先将建议或怨言反映给参与会议的员工代表,代表们将在协调会议上把意见转达给管理部门,管理部门也可以利用这个机会,同时将公司政策和计划讲解给代表们听,相互之间进行广泛的讨论。

要将迪特尼超过1.2万名职工的意见充分沟通,就必须将协调会议分成若干层次。实际上,公司内共有90多个这类组织。如果有问题在基层协调会议上不能解决,将逐级反映上去,直到有满意的答复为止。事关公司的总政策,那一定要在首席代表会议上才能决定。总部高级管理人员认为意见可行,就立即采取行动。认为意见不可行,也要向大家解释不可行的理由。员工协调会议的开会时间没有硬性规定,一般都是一周前在布告牌上通知。为保证员工意见能迅速逐级反映上去,应先开基层员工协调会议。

同时,迪特尼公司也鼓励员工参与另一种形式的意见沟通。公司在四处安装了许多意见箱,员工可以随时将自己的问题或意见投到意见箱里;为了配合这一计划的实行,公司还特别制定了一项奖励规定。凡是员工意见经采纳后,产生了显著效果的,公司将给予优厚的奖励。令人鼓舞的是,公司从这些意见箱里获得了许多宝贵的建议。

如果员工对这种间接性的意见沟通方式不满意,还可以用更直接的方式来面对面和管理人员交换意见。

2. 主管汇报

对员工来说,迪特尼公司主管汇报、员工大会的性质,和每年的股东财务报告、股东大会都相类似。公司员工每人可以接到一份详细的公司年终报告。这份主管汇报有20多页,包括公司发展情况说明、财务报表分析、员工福利改善计划、公司面临的挑战以及对协调会议所提出的主要问题的解答等。公司各部门接到主管汇报后,就开始召开员工大会。

3. 员工大会

员工大会是利用上班时间召开的,每次人数不超过250人,时间约3小时,大多在规模比较大的部门里召开,由总公司委派代表主持会议,各部门

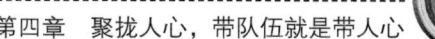

负责人参加。会议先由主席报告公司的财务状况和员工的薪金、福利、分红等与员工有切身关系的问题，然后便开始问答式的讨论。这里有关个人的问题是禁止提出的。员工大会不同于员工协调会议，提出来的问题一定要具有一般性、客观性，只要不是个人问题，总公司代表一律尽可能予以迅速解答。员工大会比较欢迎预先提出问题的这种方式，因为这样可以事先做好充分准备，不过大会也接受临时性的提议。

迪特尼公司每年在总部要先后举行10余次的员工大会，在各部门要举行100多次员工大会。那么，迪特尼公司员工意见沟通系统的效果究竟如何呢？

在20世纪80年代全球经济衰退中，迪特尼公司的生产率每年平均以10%以上的速度递增。公司员工的缺勤率低于3%，流动率低于12%，是同行业最低的。许多公司经常向迪特尼公司要一些有关意见沟通系统的资料，以作参考。或许有人会问：既然效果如此显著，为什么至今采用的公司不多？

答案很简单：这一计划对管理人员来讲是一件很费劲的工作，而且又不是短期内可以奏效的。一些眼光短浅的经理宁愿以较低的生产率，较高的员工缺勤率、流动率来勉强维护公司的运转，而不愿大刀阔斧地改革，解决公司的根本问题。

第五章
打造战无不胜的正能量团队

培养员工的队伍意识

随着社会分工越来越细化，个人单打独斗的时代已经结束，队伍合作提到了管理的前台。队伍，作为一种先进的组织形态，越来越引起企业的重视，许多企业已经从理念、方法等管理层面着手进行队伍建设。

三只老鼠一同去偷油喝，可是缸底的油只剩一点儿，而且缸比较深，它们单凭自己力量谁都不可能够到缸底的油。于是，三只老鼠想出了一个办法，就是一只咬着另一只的尾巴，吊着下去喝，等第一只喝饱，再交换位置让第二只下去喝，然后再让第三只下去喝。

商量好之后便开始行动，第一只先下去的老鼠边喝边想：缸里的油只有这么一点儿，我还算走运，第一个下来，一定要喝个饱再换它们。在中间的老鼠想：下面的油如果都让下面这小子喝完了，我不是白忙活了吗？还是不管它，我自己跳下去喝吧！最上面的老鼠想：油这么少啊！要是等它们喝完我再下去，还能剩什么呀！还是自己跳下去喝比较划算。结果可想而知，上面的两只老鼠都松口，自己跳下去喝，最后三只老鼠谁也出不来，只能在缸里被饿死。

上面的例子如果变换一下，完全可以成为关于队伍合作的案例。三只老鼠想到的不是队伍，只是自己。虽然有很好的计划，也试着按照计划去做了，但是却把本应该饱餐一顿的美事，演变成了被饿死的惨剧。

三只老鼠算得上聪明，也算得上灵活，它们想到了一只咬着另一只尾巴到缸底喝油的好方法，也能完成这个高难度的动作，可它们却缺乏队伍意

识。最下面先喝到油的觉得自己幸运，利用了其他两只老鼠；上面的两只老鼠觉得自己吃了亏，不能让下面那只占便宜。于是，之前用聪明的方法组成的临时队伍也就在三只老鼠只考虑自己的想法中瓦解了，而随着这个"队伍"消失的还有它们的生命。

队伍的概念最早是由沃尔沃公司和丰田公司引入生产过程的，当时可以算得上是新闻热点而轰动一时。如今，如果哪个公司还没有在工作中引入队伍的概念，那么，这个公司估计也可以成为新闻热点了。队伍的产生是为了完成需要多种技能、经验的工作，这些工作是一个人或者一群没有组织的人无法完成的。

要组建一支在竞争激烈的商场上有战斗力的队伍，光有人才和好的工作计划是不够的，最重要的是还需要一种无形的力量——队伍意识。

队伍意识，是队伍协作工作中非常重要的一部分，是队伍执行力的保障。如果一个队伍什么人才都具备，也有很完善的工作计划，但是队伍成员缺乏队伍意识，那么再简单的队伍协作也很难完成。

队伍是否有较高的运行效率，是否能在任何条件下稳定、灵活、反应迅速地完成各种难度较大的工作，取决于队伍的组成人员是否具有队伍意识。也就是说，他们是否能把自己融入队伍中，是否在队伍协同工作的任何时候都将队伍的利益放在首位，是否能在做好本职工作的同时将有效的配合放在重要位置。

要培养队伍成员的队伍意识，队伍的领导也是关键。管理者需要有意地、经常性地用各种方式来培养下属的队伍意识。

首先，引导队伍为共同的目标奋斗。队伍成员的追求目标要一致，这是队伍的方向和推动力，让队伍成员愿意为实现这个目标贡献力量。

其次，强化队伍成员承担责任的意识。队伍成员要敢于承担责任，即清楚地知道有些责任是需要所有队伍成员共同承担的。管理者要在平时的工作中让队伍中的每个成员明白："大家是一个整体，队伍成功也就代表着个人成功，队伍失败也就代表着个人失败。每个人都是队伍的一分子，都担负着不可推卸的责任，每一项工作都关系着整个队伍的工作是否能按照既定的轨道进行。"

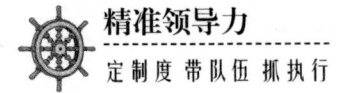

做队伍的梦想设计师

说到管理,几乎每个管理者都有自己的看法,有人觉得想要做好管理,就要有威严,要让员工敬畏自己。有的人觉得,想要做好管理,就要懂得使用利益,要让员工觉得跟着自己有钱赚。有的则认为,要想管好人,首先要会选人,找些忠诚者跟着自己,管理自然就好了。

而在万通董事长冯仑看来,一个真正成功的管理者,靠的不是外在的东西,而是内在的,要能够给手下的人提供一种价值观和归属感。如果做到了这点,那么就是成功的管理者。

在谈到这个观点的时候,冯仑提到了宗教,他认为,这个世界上最忠诚的情感就是教徒对宗教领袖的情感。那是一种掺杂着崇拜和人生归属的感情,是最容易引起狂热的,也是最能激发人斗志的。

宗教是一种虚幻的存在,它所以能够让人信服,靠的就是传递一种价值观,它为人们提供的是一种灵魂上的归属,它的功用就是让人找到了归属感。一个成功的企业,也应该是这样的,要向员工传递一种价值,让员工有一种强烈的归属感。

冯仑在构建万通的企业文化的时候,也是考虑到了这一点的。在万通,强调的不是产品,而是价值。在别人都循着卖产品的思路经营的时候,冯仑已经喊出了贩卖价值观的口号。一个企业,想要向客户贩卖价值观,首先自己要有价值观。万通的价值观是来自冯仑的,也就是冯仑的理想:改变人们的房居理念。

具体来说就是,冯仑给客户的,不仅是一个居住的地方,更是一种生活方式。一般的地产公司努力做的是在合适的地段给客户一个家。但万通做的是,给客户一个舒适的居住环境。万通的新式住宅小区里,有良好的绿化,有安静的环境,更是有方便的居室设计。他们的出发点不是为自己节省成本,也不是为用户创造最大的空间。而是让用户感觉到舒服,感觉到安心。这就是一种理念和价值观了。

在这样的公司里工作,员工不仅能赚到钱,更是能够有一种成就感。因为他们引领着居民的居住理念。这就是一种价值观的归属,这样的公司也必然是一个能够让员工产生强烈归属感的公司。构造出这种文化,让员工有了这种情感依附之后，自然就不用管理者再去费力想怎么管理公司了。这就是最高明的管理方法。

给人钱，不如给人发展空间，给人发展空间不如给人梦想。冯仑采用的就是给人梦想的管理方式，这也是绝大多数管理者应该努力的方向。当然，给员工梦想是好的，但也不是说只有梦想就足够了。在给员工心中种植梦想的同时，也要给他足够的发展空间，足够的薪水。几个并重，才能让管理者更加轻松，给人梦想之所以可贵，只不过是因为它是这几个指标里最重要的一个罢了。

管理者是队伍的领头人，也应该是队伍的梦想设计师。一个成功的管理者，必然是自己有梦，也能给别人梦想的人。

不求个个拔尖，只求整体优势

每位管理者总是希望自己雇佣的员工个个是精英。其实，这种完美的假设在现实中是不多见的。追求个人英雄与精英的一个严重后果是，人员缺乏很好的配合，整体的战斗力很弱。一个很鲜明的例子，在比赛中获胜的球队大都并非因某个明星的存在，而在于整体战术的配合与协调。对于企业，也是如此。企业需要聘用最好的员工，动用最好的专家工作，但同时也必须使自己手下的人马形成战斗力，要有一种整合的力量，这就是管理界所倡导的队伍精神。

作为管理者，你不能要求员工个个拔尖，只求队伍整体优势，不要奢望你的员工个个非凡，但求队伍整体压倒对手。

每个人有优势也有劣势，如果几个人的优劣恰好相互补充，可以取长补短，那么，这几个人组成的队伍将是一个完美的组合。

英国学者贝尔宾被称为"队伍角色理论之父"，他曾提出过"阿波罗综合征"现象：即一个千挑万选的优秀队伍，成员们的精力往往消耗在无聊的内耗，或对队伍目标没有帮助的争辩中，只为了说服其他成员接受自己的观点，或是攻击别人论点中的缺口，最后总体表现反而比不过一个"平庸"的队伍。

某汽车公司的老总手下有三个销售员，他们各有长处，但业绩都不理想。老总就让培训师为他们把了把脉，培训师逐一为老总分析：

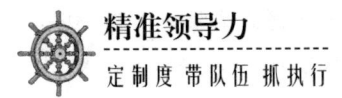

销售员A交际能力突出。吃饭的时候，一见培训师就热情地打招呼："老师你好你好，来，喝酒喝酒。"这样的人跟人打交道不错，但是他的毛病和漏洞很多，往往专注度不够，不是研究产品的料，要是一谈实质性的东西啊，差矣。

销售员B敬我酒时说："老师，敬您一杯，我先干了。"我还没回过神，他已经干了，然后就不说话了。

过一会儿我问他们："你们公司的汽车究竟怎么样啊？"A先说话，我们的汽车怎样好，适合你的风格，吹了半天我一点兴趣都没有。这时B开始接过话茬，他就把公司的汽车从发动机的性能、家庭的实用性，一直到它的装备、所有一系列设备，仔仔细细地说了一通，用专业术语使劲描述。最起码让我觉得，他那一系列新款车都跟宝马差不多。这个人介绍产品厉害，但不太会与人打交道。

销售员C一直话不多，给人的感觉是他很机械，但他的眼睛很犀利，虽然不怎么讲话，但他说出每一句都是关键，往往一语中的，极具杀伤力，基本让人没有回旋的余地。这是他的本事，放在销售上，他就知道什么时候该下手让客户掏钱。

"这三个人，真是绝佳的组合。"培训师向老总建议道，"很简单，千万不要让他们各自为战，单独销售，而是马上把销售分段化，不要去改他们的缺点，你不要批评A，你说话稳重点，把产品研究好；也不要批评B，你学学和人打交道；也不要批评C，你别老是那样子做销售，放开一点。你就让A做一件事情，就是铺天盖地交朋友，张总啊，李总啊，反正他愿意和人打交道。

头一次见面就是攀交情，下一次去的时候，把那个讲产品的B带过去，就说是公司的产品专家，负责介绍产品；还要把C也带上，关键时刻敲定成交，他有能力促成交易成交。这种组合优势互补，简直是完美组合。

好的队伍其实是一群平凡的人做不平凡的事，而所谓的精英队伍反倒很难成就大事，因为他们将陷入个人英雄主义的泥潭。队伍成员的优势可以相互补充，取长补短，这样人才标准降低了，成本降低了，效率却提高了。因此，让队伍成员成分复杂点，都有一技一长，优势能够互补，这样才能真正地形成合力，成就大事。

第五章 打造战无不胜的正能量团队

1+1>2，发挥队伍协同效应

彼得·圣吉在《第五项修炼》一书中说："未能搭配的队伍，许多个人力量一定会被抵消浪费掉……当一个团体能整体搭配时，就会汇聚出共同的方向，调和个别力量，而使力量的抵消或浪费减至最小，发展出一种共鸣，就像凝聚成一束激光，而非分散的灯泡光；它具有目的一致性及共同愿景，并且了解如何取长补短。"

作为队伍的管理者，你固然要让每位成员都能拥有自我发挥的空间，但更重要的是，你要培养大家破除个人主义，形成整体搭配、协调一致的队伍默契。如果做到了这一点，自然就能凝聚出高于个人力量的队伍智慧，随时都能造就出不可思议的队伍和成绩来。

近年来在国内十分盛行的拓展训练，主要是通过体验式训练和模拟场景训练来提升队伍合作精神，其中有一个项目十分经典，叫盲阵。在一块空地上，将一队人（人可多可少，越多越难）蒙上眼睛，交给他们一根长绳子，要他们在规定时间内把绳子拉成一个正方形。起初大家往往会乱成一团，每个人都有自己的主张，自由走动，你推我撞，你叫我喊，乱成一片。经过漫长而无用的争吵后大家才渐渐明白必须确定一名优秀者为领袖，还要有一名智者为助手，统一意志、统一目标、统一行动，大家都自觉地做到令行禁止，各负其责，才能完成这个简单的游戏。看似简单的游戏做好并不容易，这里就有一个队伍从组建、合作到完成任务的过程。

培养成员们整体搭配的队伍默契，是增进队伍精神的另一个不二法门。

管理者要建设一支高效的队伍，关键在于发挥队伍的协同效应，协调好队伍中部门与部门之间、员工与员工之间的良好合作。

海尔的队伍是优秀的。有一个平凡的故事令人感动：1999年4月5日下午两点钟，一个德国的经销商打来电话，要求"必须在两天内发货，否则订单自动失效"。而两天内发货意味着当天下午所有的货物必须装船，而此刻已是星期五下午两点钟，如果按海关、商检等有关部门下午五点钟下班来计算的话，时间只有3个小时，按照一般程序，做到这一切是没有可能的。如何将不可能变为可能，此时海尔人优良的队伍精神产生了巨大的能量，他们采取齐头并进的方式，调货的调货、报关的报关、联系船期的联系船期，全身心

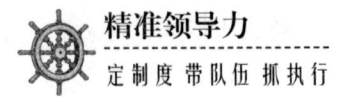

地投入到工作中，抓紧每一分钟，使每一个环节都顺利通过。当天下午五点半，这位经销商接到了来自海尔"货物发出"的消息，他非常吃惊，吃惊再转为感激，还破了"十几年"的例向海尔写了感谢信。

队伍协作好比是人的手，五指虽然有长有短，有粗有细，虽然各司其职，但它们只要紧密合作，挥出为掌，则能裹挟一股劲风；握紧为拳，则蕴蓄虎虎生气。队伍可以是拳头或手掌，它的威风来自每根手指的紧密合作。

人与人的合作不是人力的简单相加，而是一种优势互补，精诚协作的过程。在人与人的合作中，假定每个人的能力都为1，那么两个人的合作结果，有时比1要多得多，而有时又比1还要小。因为人不是静止的动物，具有方向各异的能量，相互推动时事半功倍，相互抵触时一事无成。

合作才能产生巨大的力量。因此，经常教导、灌输队伍成员了解只有相互依存、依赖、支援才能完成任务的观念，是管理者责无旁贷的重要职责。

提高队伍凝聚力的6大法宝

在一个企业组织里，队伍如果具有高度的凝聚力，那么，员工之间的隔阂就会消失，产量会提高，工作会有效率，而且会看重队伍的名声，如此一来，整个组织的目标就易于达到，企业也得以生生不息。

一个聪明的管理者要使他的员工具有对工作队伍的向心力，可以依照下列七个方法来提高队伍的凝聚力。

1. 给予员工全体合一的认同

不论是在会议的场合或指派命令的时刻，要在谈话中强调"我们"、"我们这个部门"或者"我们这个队伍"，如此，才能使员工觉得管理者与他们是同一战线。

2. 强调队伍工作的重要性

管理者应该以身作则地表示出"只要我们赢了，功劳属于谁都无所谓"的态度。换句话说，管理者要时时刻刻关心这个工作队伍是否能达到目标，而不必担心谁出风头谁居功的问题。如此，大家就都会全力以赴。

3. 设立清楚而容易达到的队伍目标

在规划公司的长期目标蓝图后，应该制定一些短期而明确的目标。这些短期的目标应该让人一目了然，而且具体可行。如果目标过于笼统而高不可攀，则员工的斗志容易丧失。

4. 对优秀的员工给予认可和褒奖

管理者必须揣摩员工的心理，观察员工的表现，随时给予其协助、认可、鼓励与赞扬，明确地向员工说明他对队伍的重要性。如果有哪一位员工赞美同仁的表现，那么也应该褒奖这位员工的建设性行为。久而久之，这个工作队伍的气氛就会显得和谐而融洽。

5. 实施队伍激励的措施

除了个人奖金的制度以外，还应该设定一套奖赏的办法，以配合队伍激励的政策；此外，公司得到特殊的奖励，也应该与员工共享成果。

6. 把员工放在第一位

在管理中必须坚持以人为本，处处把员工放在第一位，给予他们应有的地位与尊重，使他们有归属感、视企业为家，以主人翁的态度对待企业，对待工作。如果管理者养尊处优，置自己于员工之上，不把员工放在眼里，组织的凝聚力则无从谈起。

营造气氛，提升士气

气氛建设也就是氛围营造，与绩效共存于队伍活动之中。

有些管理者，在提高绩效方面舍得花大钱，采用外聘咨询机构、专家等方法，力图达到业界最佳水平。但他们却常常忽视在组织气氛方面的建设，认为自己的下属会一直工作热情高涨，甚至认为"如果谁不认真干就辞掉谁"。忽视了队伍的气氛建设，结果可想而知。在现代企业中，随着知识型员工所占比例不断加大，技术创新永无止境，竞争也白热化，队伍组织如何适应高速发展的世界，在竞争中不断取得优势，赶超竞争对手呢？

队伍的组织气氛对队伍的产出效率产生重要影响，世界范围内成功企业的具体实践以及与之相关的研究表明，组织气氛的质量，直接影响着每一位

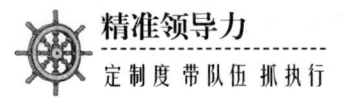

员工的业绩水平、发展定位、工作满意度。同时也影响着每一个组织的绩效。在良好的组织气氛下，目标明确、流程简洁高效、沟通顺畅、奖罚分明、积极进取，员工有良好的成就感、自信心，能及时认识自身的不足，并具有自我推动的能力；整个队伍富有高度的责任感、凝聚力与向心力，每一个人都能够充分发挥自己的潜能，都愿意为实现组织目标而加倍努力。这就是我们追求的高绩效的组织氛围。

融洽、和谐的工作环境可以使员工全身心地投入工作，并充分发挥潜能，同时这也是营造高效型队伍的必要条件。相反，如果员工工作士气低落，员工与员工之间、员工与主管之间存在隔阂，工作在剧烈摩擦阻碍下进行，其结果必然导致整个队伍处于消极状态，产出率大打折扣。

作为管理者，驾驭队伍运作必须关注组织气氛，从小事做起，从自己做起。抽出一些宝贵时间，开个民主生活会，促进彼此沟通；用典型事例激励一下员工；写一篇文章，勾画队伍美好的未来……队伍的威力在于每一人力量的尽数发挥，并叠加在一起形成"共振"效果。作为主管领导，要最大可能地引导这种"共振"效果的产出，假如管理者经常把好的建议抛在一边，久而久之员工的积极性就会衰减殆尽。

管理者是组织氛围的主要营造者，组织氛围建设在很大程度上取决于管理者的领导作风，管理者要高度重视组织氛围建设，把它纳入队伍的工作计划，营造一个良好的组织氛围，这不仅有利于提高员工的工作积极性和稳定性，促进部门工作绩效的提高，还能为推行各项工作提供保障。

全民动员——让队伍跑起来

一个优秀队伍的凝聚力和竞争力是不容忽视的，没有一个企业希望自己的员工是一盘散沙，个个都去单打独斗。

行为是人与环境的函数，团体是非正式队伍，是处于均衡状态的力量的"力场"，个人的活动和情绪构成了团体行为。

卡尔森是一位享誉国际的企业家。正是由于他的出色管理，蜚声世界的美国联合航空公司在几年之内由每年亏损4 600万美元到盈利上亿美元。卡尔森认为上面的权力是由下面的职工给予的，只有企业的所有员工成为一个有力的团体，才是对企业经营者的最有力支持——没有这种支持，企业家就等同于一个没有任何权力的光杆司令。卡尔森的名言是："一家企业的总经理同一位政治家差不多，都有选民。公司的选民——全体雇员也许不会真的到投票处去投票，但是每个雇员确实以兢兢业业或消极怠工的方式来参加选举。"

号称"经营之神"的松下幸之助更是在1945年就提出："公司要发挥全体职工的勤奋精神"，他不断地向职工灌输所谓"全员经营""群智经营"的思想。这种思想认为："松下的经营，是用全体职工的精神、肉体和资本结成一体的综合力量进行的。"为打造坚强队伍，直至20世纪60年代，松下公司还在每年正月的一天，由松下幸之助带领全体职员，戴头巾，挥舞着旗帜，把货物送出。在目送几百辆货车壮观地驶出厂区的过程中，每一个工人都会升腾出由衷的自豪感，为自己是这一团体的成员感到骄傲。

在给全体职员树立一种团体意识的同时，松下公司更是花大力气发挥每一个工人的力量和智慧。为达到这一目的，公司建立提案奖金制度，不惜花重金在全体职工中征集建设性意见。虽然现在公司每年颁发的奖金在百万以上，但正如公司劳工关系处处长所指出的："以现金来说，这种提案奖金制度每年所节省的钱超过所发奖金的13倍以上。"不过，松下公司建立这一制度的最重要目的，并不在节省成本上，而是希望每个职工都参加管理，每个职工在他的工作领域内都被认为是"总裁"。

正是因为松下公司充分认识到群体力量的重要，并在经营过程中处处体现这一思想，松下的每一个职工都把工厂视为自己的家，把自己看作工厂的主人。因此，纵使公司不公开提倡，各类提案仍会源源而来，职工随时随地——在家里、在火车上，甚至在厕所里，都会思索提案。试想，有了这样的"全民动员"，松下公司又怎能不成为称霸世界的超强企业呢？

古人云：人心齐，泰山移。队伍不仅强调个人的业务成果，更强调队伍的整体业绩。队伍强调通过队员奋斗得到胜利果实，这些果实超过个人业绩的总和。所以，管理者在队伍组建后，应当想方设法调动队伍中全体员工的工作热情，用"全民动员"的管理方式营造人人争先的工作气氛，最大化地发挥队伍精神，创造最大的效益。

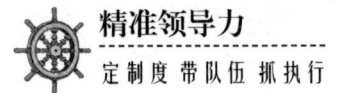

参与感——激发员工主人翁意识

队伍的建设不是某个管理者的事情,是队伍所有成员的事情,每个队伍成员都应该积极参与到队伍建设中来,才能使队伍顺利发展。

联想就是靠队伍的力量逐渐发展壮大起来的,让队伍成员积极参与到队伍工作中来是联想的一个传统。比如,联想成立总裁办公室,把在各方面都具有可塑性的人才集中到这里,凡是总裁要决策某个项目,都要先拿到这个总裁办讨论,待得到大家一致的肯定后,再去实行。同时联想还邀请各界专家为联想的发展注入新的活力。例如,当初,联想要研发汉卡。柳传志看中了倪光南在中文信息处理技术方面的特长,于是诚邀倪光南加入联想,帮助联想完成汉字系统向PC移植,并把汉字系统集成到一块芯片上的任务,不到半年,联想就研制出了第一块汉卡。后来他又邀请了很多专家带领的队伍来为联想的采购、生产、销售、培训和维修等工作环节效力,从而全面保证了汉卡顺利且迅速地推向市场,从而获得全面成功。

正是联想让队伍成员广泛参与的优良传统,使它健康顺利地发展壮大到今天。所以说,一个企业一个队伍要想发展,要想壮大,就需要队伍成员广泛地参与。

管理专家安德鲁·杰克逊曾说:"全员管理这种做法对员工来说无疑产生了强大的凝聚力,它使员工从内心感到公司的盈亏与自身利益息息相关,公司繁荣昌盛就是自己的荣誉,分享成功使他们士气更加旺盛,而且也会激起他们奋起直追的感情。"让员工参与企业的管理能树立他们主人翁意识,激发他们的工作热情,能使他们工作起来更加认真,使企业发展更加顺利。

让员工参与到企业的决策中来,能够充分调动每个队伍成员的大脑共同思考决策,用多个大脑思考代替以往的一个大脑思考的模式,这样能使企业变得越来越"聪明"。不仅如此,让员工参与到企业决策中来,还能减少企业犯错误的几率。

总之,让员工参与到企业建设的各个方面,使他们更多地了解企业的发展,就越能使员工产生归属感,激发他们的工作的积极性。

有的企业管理者心存顾虑,认为队伍成员广泛参与,会威胁到自己的地位,会给企业带来隐患,所以阻止员工的广泛参与行为,约束员工的举动。

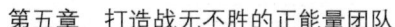

其实约束员工的行为,既影响到了员工的工作情绪,也给公司的发展带来了不良影响。如果让全体员工尽可能地发挥各自的才能,使他们真正地参与到队伍的建设中,这个队伍就会形成强大的战斗力。如果这家企业能够给队伍成员一定的权力和机会,那么不仅领导不必事事亲力亲为,劳心劳力。这种措施也会激发队伍成员的工作责任感和热情,使他们积极主动地完成队伍既定的任务。

从队伍成员的角度考虑,队伍的发展就是队伍成员的发展,队伍的进步,就是队伍成员的进步。所以说,作为队伍成员要积极主动地为队伍的发展出力,出主意,作出自己的贡献。

现代人力资源提倡的是:系统开发,协调发展,适才适能,扬长避短,群体共进。不同年龄,不同专业,不同个性的人,通过群策群力、共同参与来实现队伍的快速健康发展,已经逐步成为优秀队伍的核心思想。所以,要想建立优秀的队伍,获得更大的成功,就需要企业激励队伍成员参与到队伍建设中来。

打造一支所向披靡的狼队

与雄狮和猛虎相比,狼真算不上是猛兽,它的体力与形状都与狗差不了多少。但是,狼却以自己矢志不移的食肉信念、百折不挠的作战态度、众狼一心的队伍精神纵横自然界。如果地球上没有猎枪、陷阱、毒药,它们几乎可以和一切动物抗衡。

如果将狼的态度与意志移植到我们的大脑中,将狼群的法则用在我们的企业管理与队伍运作上,我们的企业是否也会像狼群一样焕发无尽的队伍活力?企业将产生怎样的成就?

在狼成功捕猎过程的众多因素中,严密有序的集体组织和高效的队伍协作是其中的最明显和最重要的因素。这种特征使得他们在捕杀猎物时总能无往不胜。独狼并不是强大的,但当狼以群体力量出现在攻击目标之前,却表现出强大的攻击力。

在狼族社会里,一匹成狼的死亡会严重危及整个族群,如何寻找安全的

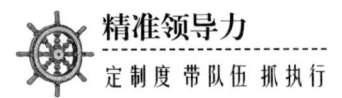

巢穴以抚育小狼，目标猎物的行踪或可靠的水源等知识，都可能随着一匹老狼的殒命而消逝，一匹成狼的死亡便意味着多年的经验、知识与领导能力也随之消逝。

幸运的是，狼族中的老者不断地教导与提醒年轻的幼狼，给予它们机会去经历失败，从中学习与成长，直到成为管理者。整个狼族的捕猎、游戏和互助行为，都促使小狼们团结在一起。所有的这些活动，都增强了族群的社会秩序与传统。从幼小狼只与成年狼只嬉戏的经验里，幼狼接触到了它们未来可能必须承担的领导工作，并且了解到了整个狼群的未来发展，届时都将是它们生命的重要职责。

狼群的凝聚力、队伍精神和训练，成为决定它们生死存亡的决定性因素。每位成员都应通过发挥特有的才智和力量来肩负起对团体应尽的义务，每一匹狼都要为群体的繁荣与发展承担一份责任。因此，一匹有智慧的狼如果死亡，并不会对狼的族群造成长久的致命伤害，因为，对于这些伤害，年轻的狼早已有万全的准备了。

狼群中每个成员都不希望成为光说不干的"老板"，他们中有些乐于成为技艺精湛的狩猎者，也有些擅长于作为族群看护者，还有一些喜欢充当群体的开心果等。比如，领导狼群的责任由阿尔法狼（狼群中最优秀的狼）担负，其他狼则共同承担整个狼群的其他事物。在母头狼产下一窝幼狼仔后，通常由一只成年的雄狼担当起"保姆"的作用，这样，母头狼就可以暂时摆脱当妈妈的责任，和公头狼去进行"蜜月狩猎"。

事实上，狼群在哺育期，它们的"集体主义意识"和"协作精神"远远胜过人类。每一只成年的狼都各司其职，担负着抚养后代的重任，在它们捕猎时总是通力合作，彼此照应。更令人感动的是，遇到危急时，狼群总是用自己尾巴的摆动、鼻子的相触来相互鼓劲。

在狼群中，并非每一匹狼都积极争取管理者的角色，所有的狼都满足于自身所扮演的至关重要的角色，并不断地努力，以达到最完善的境地。

在某些组织中，总会存在一些不合时宜的座右铭，例如："不想成为将军的士兵不是好士兵""不想当老板的员工不是好员工"等。

但事实上，这只是一种假象，一种管理者对面试者的期望，以及面试者套用这种期望而揣摩出的对话方式。可以想象，一个公司如果到处充满着这种急于爬升的员工，它必将造成整个组织或团体充斥着恶性竞争与个人主义至上的气氛，而非协调、合作与忠诚。

当然，这并不是说狼族不会挑战权威、地位或社会阶级——它们也会这么做。不过，每一匹狼的社会角色，从孩提时期的嬉戏之中，便已经逐渐发展成形，并在成长的过程中，不断地针对该角色进行学习与演练。

它们的态度是基于这样的问题："什么对团体是最有益的？"而并非与人类一样，常常因为无法满足个人的欲望，而恶意破坏其所属的组织团体、家庭或企业。

不论是队伍工作、公司业务、社会工作，或公民义务，个人对团体的尽心是让团体运行的原动力。"队伍精神"就像是天气一样，每个人都在谈论它，但如果没有人能身体力行，一个队伍就只能成为一个羊群，而并非是狼群。

如果一个企业始终抱着做强做大的目的而且不遗余力地进取，就是狼性十足的企业；一个人如果始终抱着不甘平庸的决心竭力拼搏，那就是狼性十足的人。一个队伍如果锐意进取，具备了充分合作的狼性特征，就是一支狼性队伍。

可以说："狼性"就是企业队伍必须具备的精神，没有"狼性"的队伍必然是孤立的队伍，面对残酷的市场竞争必将抱头鼠窜、落荒而逃。管理者应当有意识地在队伍中培育狼性基因，训练员工的战斗力，将队伍打造成一支能征惯战、所向披靡的"群狼之师"。

将企业文化融入队伍的血液

管理界有一句名言："人管人累死人，文化管人管住魂。"文化是一种软性的力量，一个王朝不能仅靠刀马治天下，一个队伍也一样，要想实现长久的发展，就必须使文化的统合力融入每个人的血液。

有人说，文化就好像弥漫着某种味道的屋子，只要你走进这间屋子，不论你愿意不愿意，都能闻得到。西方企业的管理者说，文化是一种"难以用物捕捉到它，却又无所不在"的东西。它像一根纽带，把员工和队伍的追求紧紧联系在一起，使每个员工都产生归属感和荣誉感。

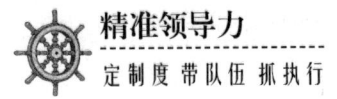

仁达方略企业管理咨询公司董事长王吉鹏先生认为:"企业文化像空气一样存在于企业之中。作为一种氛围,文化看似无形,却渗透到企业管理的每一个细节当中,它不是管理方法,而是形成管理方法的理念;不是行为活动,而是产生行为活动的原因;不是人际关系,而是人际关系反映的处世哲学;不是工作状态,而是这种状态所蕴含的对工作的感情;不是服务态度,而是服务态度中体现的精神境界。总之,文化虽然流溢于一切企业活动之外,却又渗透于企业的一切活动之中,员工的一切行为都可以在这里找到标准和方向。"

良好的队伍文化可以使队伍成员在轻松愉快的环境中工作,这样,队伍成员之间就会彼此信任,且有共同目标,队伍的创造性和潜力会得到极大的激发,业绩当然也会显著增长;相反,如果是不好的队伍文化,则成员之间就有可能出现关系冷漠,上下级之间缺乏沟通和信任,部门之间互相推卸责任等现象,很容易导致队伍的内耗,使队伍目标无法实现。

星巴克咖啡对自己的定位是"第三去处",即家与工作场所之间的栖息之地,因此让顾客感到放松舒适、满意快乐是公司的愿景之一。与大多数企业不同,星巴克从不强调投资回报,却强调"快乐回报"。他们的逻辑是:只有顾客开心了,才会成为回头客;只有员工开心了,才能让顾客成为回头客;当两者都开心了,公司也就成长了,持股者也会开心。而队伍文化则是他们获得"快乐回报"的最重要手段。星巴克是如何创造这种平等快乐工作的队伍合作文化的呢?

首先,是管理者将自己视为普通一员,他们并不认为自己与众不同,应该享受特殊的权利,不做普通员工做的工作。比如,该公司的国际部主任去国外的星巴克巡视时,也会与店员一起上班——做咖啡,清洗杯碗,打扫店铺甚至洗手间,完全没有架子。

其次,星巴克以商店为单位组成队伍,每位员工在工作上都有较明确的分工,有人专门负责接受顾客的点菜、收款,有人主管咖啡的制作,有人专门管理内部库存……但每个人对店里所有工种所要求的技能都受过培训,因此在分工负责的同时,又有很强的不分家概念。也就是说,当一个咖啡制作员忙不过来时,其他人如果不算太忙,会主动帮助其缓解紧张状态,完全没有"莫管他人瓦上霜"的态度。这种既分工又不分家的队伍文化是有针对性

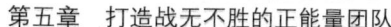

地进行强化训练的结果。

再次，鼓励并奖励合作，培训合作行为。所有在星巴克工作的员工，无论你来自哪个国家，在商店开张之前，都要集体到西雅图（星巴克总部）接受3个月培训。学习研磨制作咖啡的技巧当然用不着3个月，大部分时间用于磨合员工，让员工接受并实践平等快乐的队伍工作文化。由于各个国家间的文化差异，有时会遇到很大的阻碍。比如日本、韩国的文化讲求等级，很难打破等级让大家平等相待。最简单的例子就是彼此之间直呼其名，因为习惯了加上头衔的称呼，不加头衔称呼对方对上下级都是挑战。为了实践平等的公司文化，同时又尊重当地的民族文化习惯，结果就想出给每个员工起一个英文名字来解决这个矛盾。另外，公司还设计了各种各样有趣的小礼品来及时奖励员工的主动合作行为，让每个人都能时时体会到合作是公司文化的核心，是受到公司管理层高度认可和重视的。

队伍能否做大、做强，最重要的因素在于这个队伍是否有一种积极向上的、优秀的文化作支撑。有优秀文化支撑的队伍，就会培养出一支团结协作、精干高效的队伍，这个队伍必然拥有强大的生命力和战斗力。

名人带队伍：任正非——崇尚"狼性"队伍文化

有人把通信制造业的各类企业比作草原上的三种动物：跨国公司就像狮子，跨国公司在中国的合资企业就像豹子，而地道的中国本土企业就像土狼。

如果这个比喻贴切的话，那华为就是最杰出的土狼。

华为的企业文化被称为狼性企业文化，其中浸透着一股"狼性"。华为崇尚狼性文化，华为的老总任正非归纳出了狼的三大特性：一是敏锐的嗅觉；二是不屈不挠、奋不顾身的进攻精神；三是群体奋斗。

狼是一种让人畏惧、讨厌的动物，极少有人愿意与狼相提并论，但是华为却自诩为狼。

众所周知，任正非在华为内部提倡"狼性"文化。他认为狼是企业学习的榜样，"狼性"永远不会过时。任正非带领着华为狼群，与市场中的豹子、狮子拼杀，将企业的狼性表现得淋漓尽致，屡建奇功。以前华为是思科、朗讯等世界级大企业的客户，如今已成为他们的竞争对手。

华为的狼性文化，是它在市场中崛起的核心竞争力。

华为进军美国，就是一场经典的"虎口夺食"战。当年，华为的脚步一进入美国市场，在数据通信领域处于绝对领导地位的思科公司就开始阻击。2003年1月23日，思科正式起诉华为及华为美国分公司，理由是后者对公司的产品进行了仿制，侵犯其知识产权。

面对思科的打压，任正非一边在美国聘请律师应诉，一边着手结盟思科在美国的死对头3COM公司。2003年3月，华为和当时已进入衰退期的3COM公司宣布成立合资公司"华为三康"，3COM公司的CEO专门作证——华为没有侵犯思科的知识产权。

任正非在诉讼最关键时刻祭出的合纵连横奇招，瞬间令思科的围剿土崩瓦解。最终，双方达成和解，从此，华为在美国的扩张，没有了拦路虎。

"华为发展的历史，其实就是一部不断从虎口夺食的历史，它面对的是老虎，所以每时每刻不能懈怠。"一名华为内部员工说。

托马斯·彼得斯和小罗伯特·沃特曼研究美国43家优秀公司的成功因素，发现成功的背后总有各自的管理风格，而决定这些管理风格的恰恰是各自的企业文化。

企业文化并非直接在竞争中体现出竞争力，它是通过其他的因素表现，作用于企业的经营管理。

认识到它的实质功能，就不难理解为什么企业文化可以作为企业的核心竞争力，可以支持优秀的企业成功。

狼性企业文化是企业文化中非常独特的一个典例。华为正是以它的企业文化作为核心能力，开创自己的经营之道，在业界获得巨大成功，它的企业文化因此得到了社会的高度关注。

抓执行

——让管理卓有成效

第一章

抓源头，别让管理输在执行上

深挖执行不力的根源

有很多企业无论是战略上还是目标设定上都很有发展前景，但是之所以出现企业效益不好，发展不景气等情况很可能的问题就出在执行力上，一个企业缺乏执行力的原因可能有以下几方面。

一、下属缺乏贯彻执行的能力

例如，一个IT总裁想要开发新一种具有多种功能的全新软件，但是如果手下的人都不擅长软件的开发，那么总裁的命令在实施的过程中就会受到重重阻碍，即使可能勉强完成，也不会有太大的成效。还有如果下属是个优柔寡断的人，他在执行过程中犹豫不决，不知道怎样执行才能更好，那么这个人就可能在执行任务上拖拉低效，且还可能因为判断失误或难以决断而执行出错或错过执行的大好时机。

二、执行结构过于冗繁，不适合贯彻执行

执行一项命令，要等着上司批，然后再等着上上层的领导批示，再由董事会讨论决定，之后才能执行这项命令，而执行的时候每个环节还要相互协调。如果是这样的话，一项命令就可能错过了它执行的大好时机，一个任务就已经浪费了很多大好时光，所以，执行结构太冗繁，不利于企业或队伍贯彻执行。

三、下属执行的态度不端正

例如常常推卸自己的责任，把本该承担的过错责任推卸到他人身上，这样就会使员工之间出现矛盾，给企业制造了不稳定因素，同时这样的人就像

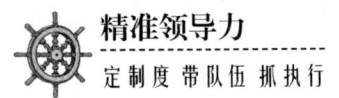

是企业中的一颗不定时炸弹，因为他没有责任心，做事情就不会太认真，敷衍塞责，上面下达的命令，也不能保质保量地完成，很可能出现问题，而出现问题他就溜之大吉，就可能给企业带来巨大的损失。还有一些人不专心努力做事，而是总喜欢把功劳往自己身上揽，这也会给队伍中，人际关系造成很大危害。有这些毛病的员工到哪个公司都不会受到青睐，这种不负责任的态度，是在应付差事。

四、没有明确的奋斗目标

目标是员工们前进的一大动力，如果企业连未来的发展目标都不明确，那么，就会使员工陷入没有希望的境地，稀里糊涂地工作，不知道为什么目标而工作，就像是盲人走路，定然是小心翼翼，速度超慢。

五、只重制度，忽视文化

增强员工对企业的感情也会提高领导的执行力。条条框框的制度即使再严密，如果员工内心没有实行的动力，他执行起来也是敷衍了事，达到标准就好，不会有动力和热情做到精益求精。而如果建设企业文化，培养一种人人争进的文化氛围，员工们你争我赶，谁都不甘落后的氛围，那么，他们会主动尽职尽责，并且精益求精。

六、缺乏对员工培训指导

每一个新员工在刚刚上岗时，都要有一个适应的过程，需要企业进行适当的培训，帮助员工尽快掌握现在的工作，但是一些企业为了降低成本，根本没有给员工作培训的环节，直接让他们上岗工作。新员工因为对工作不熟练，执行环节就会大打折扣。

七、考核制度不明确，赏罚不当

没有明确的考核制度，员工做好做坏一个样，做多做少一个样，久而久之定然会趋于松散，有句话这么说："员工只会做你衡量的事情，不会做你想要的事情"。管理者们常常困惑——为什么我的想法老是执行不下去呢？如何做到我在场和不在场一个样呢？我的压力这么大，而我的员工怎么感觉什么事情都没有似的呢？公布一项政策怎么没有几天就坚持不下去了呢？如何区分员工业绩的好坏呢？为什么这么多事情要我亲自盯着呢？……其实这些困惑都可以通过绩效考核来解决，让员工看到他们的努力后一定会有成果，那么，他们一定会努力去做。

八、只重指令，不懂沟通

作为领导只知道下达命令却不懂得和员工沟通，员工如果不理解公司的政策和领导的意图、要求，他就很难执行到位。即使被问到他们是否了解公司的战略意图时，绝大多数员工的回答都会是一个字：是！其实，他们所认知的公司战略意图并不一定是正确的。如果他们理解出错，那么做事情可能会出问题，这样就会给企业带来不必要的麻烦。沟通则能把公司的意图和目标渗透到他们工作中的每个环节。有效的沟通还能增进员工和领导之间的了解，这有利于员工更快更准确地理解领导的意图。大凡执行力好的企业或队伍都会非常努力地营造一个让管理者有效沟通的环境，使员工对组织目标有一个全面的了解。而一旦管理者之间的沟通非常有效、员工对目标都有一个明确的了解时，企业或队伍的执行力就会得到很大的改善。否则沟通不畅，员工理解出现偏差，那么员工劳而无功，领导执行效果也不佳。

九、事必躬亲，领导不懂授权

诸葛亮'鞠躬尽瘁，死而后已'的忠诚之心常使后人'泪满襟'。但是一生谨慎的诸葛亮在受到人们崇敬的同时，也引起一些人的非议，原因是诸葛亮不懂得授权，不信任任何人，事无巨细，事必躬亲，最后终于把自己累死，蜀国也因此后继无人，最终导致灭亡。一个国家的安危维系在一个人的身上是危险的，同样一个企业，一个队伍的成败系于一个人的身上对于企业而言也是危险的。强调执行力的现代企业管理中，授权更是关键环节。可以说不懂得授权，就谈不上执行力。

十、流程不畅，衔接不良

一件事情的完成需要每个人的配合，尤其是像企业要完成一项任务或目标，更需要员工之间的配合，部门和部门之间的默契合作，如果其中任何一个环节出现问题，那么就会影响到整个工作流程的进展。这样就会使执行力大打折扣。

因何"上有政策，下有对策"

在中国，执行力弱和执行难是一个通病，也是一个顽症。从政府部门到

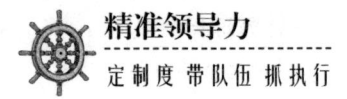

企业单位,有令不行、有禁不止的现象十分普遍。"执行难"在企业有各种表现形式:

(1)管理者常怀哗众取宠、邀功请赏之心,喜欢恭维和吹捧。

(2)管理者高高在上、自以为是,听不进不同意见。

(3)企业管理者不能以身作则,言行不一。

(4)企业的战略、目标、计划等脱离实际,"宏大而空洞",抽象不具体,缺乏可操作性。

(5)企业内部各部门各行其是,缺乏沟通与协作。

(6)把决策与执行割裂开来,"头""手"分离。

(7)作风漂浮,华而不实等。

企业发展的原动力来自市场,但企业目标能否实现,则要取决于内部管理的执行环节。企业提升执行力,维系着企业能否持续发展。执行难,缺乏执行力能够使一个企业从鼎盛滑向衰败。作为中国的企业管理者,一定要杜绝企业执行难的弊病,彻底改善执行能力,才能实现长足发展的可能。

提升企业执行力,是企业建立现代企业制度中需要努力把握的重点,在实现企业改革与未来发展战略上,强化企业执行力将是一项持续工程,需要在企业改革和管理创新中不断完善。决定企业成败的不是目标,而是措施。也就是说,执行力才是决定企业成败的最重要的因素。

制度是促进员工个人成长的平台。有些员工没有认识到制度的重要性,他们以为规章、制度等规范都只是企业为了约束、管理员工的需要,对此他们往往持排斥的态度,表面上遵守,内心深处则是一百个不愿意,在没有监督的情况下,则"上有政策,下有对策",作出一些违背公司规章制度的事情。这种情况,目前在各类企业中普遍存在,从而导致了企业制度执行难的问题。

没有执行力,哪有竞争力

21世纪,执行力成为企业竞争力的重要一环。一个企业执行力如何,将决定企业的兴衰。

阿里巴巴总裁马云与日本软银集团总裁孙正义曾探讨过一个问题：一流的点子加上三流的执行水平，与三流的点子加上一流的执行水平，哪一个更好？结果两人得出一致答案：三流的点子加一流的执行水平。再好的决策也必须要得到严格执行和组织实施。一个好的执行人能够弥补决策方案的不足，而一个再完美的决策方案，也会死在差劲的执行过程中。从这个意义上说，处于现今市场经济中的现代企业，没有执行力，就没有竞争力。

杰克·韦尔奇也说过："没有执行力，哪有竞争力。"彼得·德鲁克说："管理是一种实践，其本质不在于知，而在于行。"一个企业如果没有执行力，那么它就像是海市蜃楼，永远不可能有竞争力，更不可能实现企业的成功与辉煌。强有力的执行才是企业成功的关键。

上海的必胜客就是一个典型的例子，每当我们打4008—123—123的时候，就能得到必胜客的服务，这个号码是必胜客的唯一号码，当我们打电话到必胜客的时候，必胜客的工作人员立刻用电脑将电话分类，30分钟之内将比萨送到我们的家里。必胜客之所以有如此高的工作效率是和它注重执行力有关的。必胜客有严格的规定，如果员工在送比萨时忘记了带佐料要扣钱，顾客没有及时收到比萨，员工要扣钱。顾客进来时没有跟顾客问好的员工要扣钱，顾客走时没有说再见的员工要扣钱，等等，很多新员工进去还没有拿到薪水就已经被扣光了。正是必胜客的严格要求，使必胜客能够在快餐业遥遥领先。

反之，执行不力，企业也会遭遇险境。例如联想公司在1999年进行ERP改造时，业务部门不积极执行，使流程设计的优化根本无法深入。长此下去，联想必将瘫痪。最后柳传志不得不施以铁腕手段，才杀灭企业内部试图拖垮ERP以保全既得利益的阴暗心态。

在中国执行力不强的现象非常普遍，这和中国人的思维方式有很大的关系。有这样一个例子：

在南方的某个城市，一个跨国公司的中国区高管在一幢摩天大楼的60层举行一年一度的营销年会，在座的80多人中，美方高管有50多人，剩下的就是中方的高级雇员。在会议即将结束的时候，美国的总裁忽然站起来，对大家说：全体人员跟我一起跳下去，这个时候，空气一下子凝重了起来，只见那50多个人齐刷刷地站起身，眼睛紧盯着这个总裁。中方雇员们慌了起来，

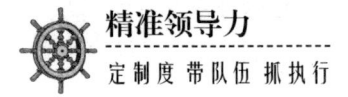

也匆忙站起来,惊恐地望着美方总裁,心想:"这老头是不是疯了!"

通过这个小故事我们可以看到,中国人在执行一项措施的时候往往是老板在考虑员工怎么想,员工在考虑老板想的对不对,这样就会使一项命令在执行的过程中因为主观因素的误导而出现偏差。例如老板按照公司规定给一个员工安排生产塑料花的任务,领导在安排人的时候会想哪个员工更适合做呢?哪个员工能做得好呢?员工也同样会考虑领导的想法,他会想:"怎样做才会被领导夸奖呢?""领导喜欢什么颜色的花呢?"等。其实制作塑料花本就是员工的职责,每个制造塑料花的员工都应该能完成任务,如果完不成就应该由惩罚规定去处理。

所以,管理者根本不用考虑哪个人能做得好,只要员工按照公司的要求完成了就可以,而员工也不必去想管理者的喜好,因为这不是在给管理者做塑料花,而是给买主做。总之,把工作更多地程序化就会避免管理者和员工因为主观上思维不同而导致的失误。每个职务已经设定了它该做的事情,管理者下达了命令,员工按照公司规定执行就可以了,这样就会减少很多麻烦。

强化执行,为管理开道

有效执行作为一种思考方法和操作技巧已经风靡全世界管理界。对于任何组织来说,有效执行不仅仅是管理者的事,也不仅仅是员工的事,而是整个组织的核心任务。

成功的人往往都具有两个品质:判断力和自信心。客观的判断力决定人生的发展方向,自信心则帮助你克服困难、实现目标。对于企业来说,企业的决策力就相当于判断力,而自信心则相当于企业的执行力。任何一个想要成功的企业,这两种能力都必不可少。从当前的经济形势来看,中国企业要提高管理能力,尤其需要加强执行力。

执行力,就个人而言,就是把想干的事干成功的能力;对于企业来说,则是将长期战略一步步落到实处的能力。执行力是企业成功的一个必要条件,企业的成功离不开优秀的执行能力,当企业的战略方向已经或基本确定,这时候执行力就变得尤为关键。

而在实践中，经常是企业高端的愿景往往非常美好，但是却大多缺乏层层解码的环境和机制，也就是缺乏执行力。戴尔公司总裁理查德·斯科德尔曾说过："对于一个组织来说，制定正确的战略是必要的，但更重要的是战略的执行，能否将制定的战略有力地执行到位非常重要，这是一个组织生存、发展及卓越的关键所在。"

汪中求先生的《细节决定成败》一书的前言中也曾写道："中国绝不缺少雄韬伟略的战略家，缺少的是精益求精的执行者；绝不缺少各类管理制度，缺少的是对规章条款不折不扣的执行。"

红蜻蜓公司的老总钱金波认为：要强化一个企业的执行力，必须从制度的制定者到制度本身都进行加强，还要充分考虑到环境对执行者意识、心态的影响，最终还要对执行者进行正确的引导，才能使一个规定得以顺利地贯彻执行。

靠制度约束可以让执行者做到60分，你也说不出什么来，但，假如注重了执行力的强化，同样的人、同样的条件、同样的方法，可能会取得80分、90分的效果。企业文化的力量体现在两个方面：一是监督力，二是止滑力。文化是一种认同，假如一个企业已经形成了良好的风气，假如有员工的行为和企业的文化不符，就会有人提醒他，告诉他应该怎么做，这种善意的提醒就是一种融入日常生活中的监督。

止滑力就像人，身体好的时候没有任何区别。但假如大家感冒了，有的人可能三天就好了，有的人可能要七天才好。在企业困难的时候，有良好企业文化的员工，绝对不会在企业下滑的时候说：老板，现在你有困难，我要走了。

像海尔，员工理解认同了企业"真诚到永远"的文化。所以，在为消费者提供服务的时候觉得很应该，会很自觉地去执行公司的规定。这从一个侧面反映出了企业文化对人的行为也就是执行力的影响。

作为一个管理者应当善于培养下属的执行力，从而不断地提高企业的综合实力，让执行力为企业的管理开道。

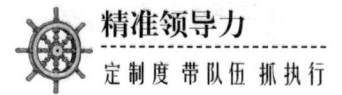

治标治本,狠抓执行

不少管理者经常有这样一种困惑:尽管企业的产品销售量一直在增长,但却始终感觉有点不对劲,觉得企业的一些政策和自己的一些想法在实际过程中并没有得到很好的贯彻执行。销售人员只顾着开发客户、接订单、发货等事务性的工作,而对于企业的市场基础建设和维护工作却没有起色,渠道缺乏精耕细作,产品在推广过程中也缺乏管理,整个公司的业绩好像只依靠媒体广告在支撑着。这其中必然隐藏着巨大的潜在危机,可是原因在哪里呢?

在追究其中原因时,管理者常常认为:导致企业执行力很弱的原因,很大程度上在于员工不能正确执行公司政策,一方面是因为员工缺乏正确的意识;另一方面则是员工缺乏足够的专业技能。其实,这种认识完全陷入了一种误区。管理者过于将注意的焦点集中在了员工身上,总认为是员工做得不到位,不能理解自己的意图。因此,他们总是希望让销售人员接受大量的培训,通过培训来改变认识,提高专业技能,从而强化执行力。这是一种"治标不治本"的手段,并不能有效解决企业执行力薄弱的问题。

企业管理者往往忽略了分析自己,忽略了从自己身上来发现问题根源。事实上,企业执行力薄弱的根源恰恰是企业管理者造成的。

有不少企业的管理者都存在一种认识上的误区,他们无意识地将目标与策略、步骤、方法、措施等同了起来,认为自己制定了企业的发展目标,就等于做好了实施策略、步骤、方法和措施保障,正是这种错误的认识造成了企业执行力的薄弱。目标只是企业的发展方向,是一种主观的愿望,而如何采取一些恰当的方式来达成这些目标,才是保障执行的策略、方法和措施。仅仅依靠目标是无法推动销售人员有效执行的,因为每个人对如何达成策略目标的理解是不同的,在采取执行的手段上还会因人而异,这种情况都使得目标在执行过程中存在非常大的不确定性,从而造成企业目标在执行过程中的巨大偏差。

所以,执行力的关键在于保证企业员工行为的一致性,而这种一致性并不是来自目标,而是来自正确的策略、方法和措施,这是作为企业管理者面临的又一个问题。很多企业的整体策略、方法和措施都在管理者一个人的大脑中,平常都是通过管理者与员工之间的沟通来推动执行的,这样就存在一

种状况,经常沟通的员工容易理解管理者的意图,而不常沟通的员工则只能依靠自己的理解来行事,其结果自然会造成很大的偏差。

问题在于,依靠口头沟通的方式无法将策略、方法和措施正确转化为一致的行动,企业必须要通过规范化的形式来完善执行体系,保证企业每一个员工都能够按照正确的策略、方法和措施来展开行动,不能按各自的理解来做事。

企业经营要想成功,正确的目标与有效的执行力缺一不可。许多企业虽有好的战略,却因缺少执行力,最终导致失败。市场竞争日益激烈,在大多数情况下,企业与竞争对手的差别就在于双方的执行能力。如果对手在执行方面比你做得更好,那么它就会在各方面领先。因此作为企业管理者亟待重新审视角色定位,改变过去"策略上的巨人,执行上的矮子"的角色定位。

三分战略,七分执行

执行力决定企业的生存力和发展力,决定企业的兴衰与成败。因为只有被执行的思路才有出路,被执行的战略决策才能结出果实。优秀的企业、成功的企业一定是执行型的企业。

拿破仑有一句名言:"一只狮子带领的一百只绵羊可以打败由一只绵羊带领的一百只狮子。"强调的就是执行力的重要性。

执行力概念最早由美国资深企业家保罗·托马斯和企业管理学家大卫·伯恩提出的,他们认为,执行力在企业竞争中具有举足轻重的地位。可以说"三分战略,七分执行"。如果没有牢固的执行理念和强劲的执行力,任何决策和计划都不可能贯彻落实到底。

怎样切实改进企业的执行力,如何把工作落到实处,任何管理者都认为是一件特别难的事情。

第一次海湾战争结束时,美国的一位将军写了一本书《坐在扶手椅上的战略家》,嘲笑那些纸上谈兵的人。其实内行关心的不是战略,因为战略是不言自明的。内行打仗真正靠的是后勤,即执行。战争中最难的不是制定战略,而是把武器、人员、弹药按照原定的计划在准确的时间运送到准确的地

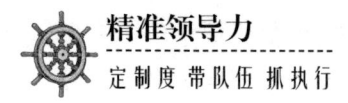

点。企业也是如此。企业成败的关键在战略设定的情况下的执行。

执行是什么？一句话，执行讲的是管理。企业从管人的角度可分两个层面：一个是领导，管的是定位、方向，但光有领导还不行；还要有另一个层面，即管理。管理的定位是执行，是战略目标设定后如何做好。执行力的好坏关系到企业的兴衰成败。

研究发现，卓越的公司，尤其是"世界最受推崇企业"，他们并不一定在战略规划上花费更多的时间或努力，但他们却表现出卓越的执行力。

满街的咖啡店，为什么星巴克一枝独秀；同是做PC，为什么戴尔独占鳌头；都是做超市，为什么沃尔玛雄居零售业榜首？造成这些不同的原因，是各个企业的执行力的差异，那些在激烈竞争中能够最终胜出的企业无疑都是具有很强的执行力的。像通用电气、IBM、微软、戴尔等就是如此，他们的成功皆与其杰出的执行能力有着直接的关系。

Cisco是全世界做网络设备的最大的公司，曾任Cisco全球副总裁林正刚来中国时，他竟然不认为Cisco的成功在于技术，而在于执行力。由此可见，"执行力"在世界级大公司被看得有多重。只有执行力才能使企业创造出实质的价值，失去执行力，就失去了企业长久生存和成功的必要条件。

企业经营要想成功，战略与执行力缺一不可。许多企业虽有好的战略，却因缺少执行力，最终失败。在企业的经营与管理中，建立企业的愿景、战略与计划，以及强调对人力资源、财务资源和实物资源的管理固然重要，但将这些管理的重要方面有效地连接和整合起来，才是企业真正在竞争中取胜的根本保证。这种整合的能力就是目前许多优秀企业家和学者所强调的"执行力"。市场竞争日益激烈，在大多数情况下，企业与竞争对手的差别就在于双方的执行力。如果对手在执行方面比你做得更好，那么它就会在各方面领先。有人说过，如果不能执行的话，管理者的所有其他工作都会变成一纸空文或一场空谈。

在现实中，每一个企业都会被种种导致执行力低下的问题所困扰。执行力不强是全球企业界乃至政府职能部门都必须面对的问题。因为战略的正确不能保证政府和企业的成功，成功的政府和企业一定是在战略方向和战术执行力上都到位的。就连微软总裁比尔·盖茨也坦言："微软在未来10年内，所面临的挑战就是执行力。"

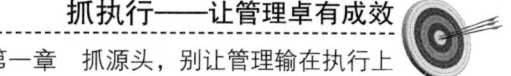

某大型国有企业因为经营不善导致破产,后来被日本一家财团收购。厂里的人都在翘首盼望日本方面能带来不错的先进技术和管理经验。可出乎意料的是,日本只派了几个人来,也只提出了一个要求:把先前制定的制度坚定不移地执行下去。结果不到1年,这家企业就扭亏为盈了。日本企业的绝招是什么?仍然是执行力。曾经有人断言,企业间过招,比拼的就是执行力,而中国企业缺的恰恰也是执行力。执行力缺乏,再好的战略也是空谈。

方向对了,执行就对了

企业目标明确了,执行力才有了前进的方向,而不是像盲人骑马,走到哪算哪;企业目标明确了,不同的职能部门、不同的员工在工作中才能形成一股合力,从而更好地发挥知识与技能的聚合作用,更好地促进目标的达成。

明确公司远景规划是制定战略的前提条件,如果公司前进的方向尚不明确,也不明确为在竞争中获得成功需要建立哪些能力,那么公司战略制定及经营决策便缺乏明确的指导,就像在黑暗的大海中航行的轮船缺乏灯塔一样,因而根本不可能取得成功。

公司的远景规划描述的往往是一段较长时间后公司的理想状态,要达到这种理想状态需要公司的管理者和员工付出持久、积极的努力。在这个过程中,需要不断地对公司的运营状况进行评估与监控,衡量公司的现实运营是否保持正确的方向,前进的速度是否足够快。建立目标体系就是要将公司的远景规划和业务使命转换成明确具体的业绩目标,从而使公司的发展过程有一个可以衡量的标准。明确一致的目标是高效率公司共同的特征之一。好的目标体系使公司的各级执行者在采取行动时方向更加明确,更加有成效。同时,好的目标体系具有一定的挑战性,具有挑战性的目标往往能使公司更具创造力,使员工的紧迫感和自豪感更强烈。也就是说,如果你想获得卓越的结果,就应该制定卓越的目标。

一个有成就的管理者,总是能够为他领导的组织选准前进方向,确立明确的目标。众所周知,人类的实践活动都是在自觉的目标指导下进行的,人

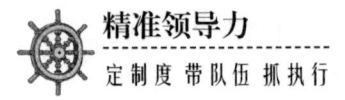

们在行动之前都要自觉地预先提出目标。所以,管理者对目标的决断至关重要。

一个管理者能不能作出英明决断,主要体现在他能不能为其组织找对前进的方向,特别体现在发展战略目标决断上是否正确。因此,成功的管理者不仅要有创造美好未来、争取做成盖世无双的大事业的雄心壮志,而且更要有远见卓识、把握趋势、洞察先机的过人能力。

诺基亚公司是名扬全世界的移动电话生产企业。但是在20世纪80年代以前,它还是北欧小国一个名不见经传的普通公司。诺基亚的成就在很大程度上取决于当年担任公司首席执行官的约玛·奥利拉这位传奇人物对公司发展战略目标作出的超群的决断。他预测了未来电信市场的广阔前景,高瞻远瞩地提出了"未来将属于通信时代,诺基亚要成为世界性电信公司"。从此,诺基亚就确立了发展移动电话的战略目标。奥利拉为实现这一目标,果断地砍掉了一些其他业务,集中主要资金和人力资源,进行通信器材和多媒体技术的研究开发。诺基亚在短短7年时间里飞速发展,由不知名的企业而成为世界500强之一。这一战略转折给我们的启示是:一个高明的管理者总会在关键的时刻对未来的目标作出明确的决断,并以顽强的毅力使当年不可思议的希望变成现实。

在成功的企业中,领导层必须设计一个明确的远景目标,这个目标明确了整个组织前进的方向,不论对客户、股东还是员工都有很强的吸引力。基于理性的分析和思考,再加上一部分梦想的成分,一个清晰、明确的远景蓝图就会产生,相应地,赖以实现这个远景的行动战略和执行精神都将水到渠成,使公司全体向着一个方向前进。在顺驰公司就是这样,他们制定的是一种追求第一的企业战略目标,他们称之为高目标。他们认为:只有第一,才具有在市场风险中最强大的抗击打能力;只有第一,才能在市场份额中最有效率地生存;只有第一,才是最能激发员工激情的企业远景;也只有第一,才能够十分清晰明确地指引公司的全体员工向着同一个方向努力,指导公司前进的方向。

如果一个企业的战略目标不明确,那么它的管理活动就会迷失方向。对那些目标不清晰的企业来说,展开管理也会一团糟,因为没有人知道前进的方向是否正确,没有人知道自己的目标是否能够达成,也没有人知道自己

的努力是在加速成功还是在加速失败,更没有人知道企业明天会怎样。所以,企业要想真正获得前进的方向和动力的前提,就是要有明确的企业战略目标。

文化是企业执行之魂

执行力说到底,其实质是一种企业文化——执行力文化,要想有效提高执行力水平,只有把执行力工作提升到企业文化建设的高度,要按照企业文化建设的特性、模式和方法去构建企业的执行力。众所周知,企业文化建设或者说执行力建设主要有以下特征:设立目标,建立系统;领导重视,从上到下推行;发动员工,全员参与;循序渐进,稳步推进;针对目标,定期督查。了解了执行力建设的特征,我们就可以按照这些特征展开工作:

第一,企业要成立以主要领导人为负责人的工作小组,对企业急需解决的执行力问题进行梳理,整理出企业执行力改善的近期、中期、远期目标,建立执行力规划体系。

第二,领导要高度重视,带头按照企业的执行力要求去做,带头进行广泛宣传,把这些要求传递到中层,再由中层传递到员工,一级带动一级,一级负责一级,从上到下,层层推进。

第三,树典型,创建"品牌队伍"。要充分认识抓典型的重要性,善于深入实际发现典型,把那些体现企业文化、反映企业精神、代表企业形象的先进个人和群体作为典型树立起来,作为学习的榜样。通过广泛开展"争先进,创一流"活动,树立一个蓬勃向上的良好风气。充分发挥典型的示范作用和带动效应。

第四,抓培训,提高执行能力。必须把培训工作当成兴企方略的重要举措来抓,要坚持从实际出发的原则,既要立足当前,又要考虑长远;既要看到一般员工的岗位需要,又要想到专业人员的知识更新。做到有计划,分层次进行。

第五,建制度,保证执行力的有效行使。搞好制度建设是做好一切工作的重要保证。要建立有效的考核评价体系,切实把执行率和执行结果作为对

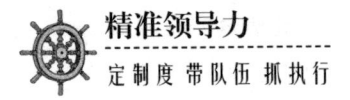

个人、集体的考核评价及奖惩的主要依据。同时,还要建立起有效的监督机制,通过稽核检查、宣传舆论等渠道的监督,确保政令畅通、执行无误。

总之,在大多数情况下,一家公司和它的竞争对手之间的差别就在于双方执行的能力。因此,我们要把提升执行能力看作是提升企业整体竞争力和构建企业竞争优势的一个突破口,从而慎重对待,并为之付出一定的时间、人力和资金投入,执行人对每一个阶段,每一个环节都要一丝不苟。

名企执行:联想——目标重要,执行更重要

联想最为人称道的就是它强大的执行力,这与柳传志所受的军事教育是密不可分的。联想最津津乐道的就是其每年都要举办的全国市场活动,这个活动每次都是几百个城市同时举行,足见其强大的运作和控制能力。这种以高效运作体系为基础的执行力,也正是联想在PC市场崛起乃至保持霸主地位至今的最重要的杀手锏。

2009年,45岁的杨元庆在担任联想集团CEO时曾说:"我对自己充满信心,我相信自己能比任何一个竞争对手的CEO都做得更好。"事实也是如此:从财报业绩的地域构成看,联想在2009年中国区第二季度的综合销售额为20亿美元,比上一年增长9%,占集团全球总销售额49%;联想在新兴市场的综合销售额为6.18亿美元,占集团全球总销售额15%;联想在成熟市场的综合销售额为15亿美元,占集团全球总销售额36%。这都表明,联想在重组过程中以中国为腹地恢复元气的策略大见成效,并进一步巩固了其在中国市场的领导地位。短短几个月的时间就能使联想在金融危机的影响中扭亏为盈,联想内部的高执行力居功至伟。

要知道当时联想在国外销量的增长,是在全球大部分新兴市场和成熟市场的电脑需求疲软背景下取得的。如拉丁美洲、俄罗斯和土耳其等新兴市场销量,整体行业下降8%,而联想销量却比往年上升10%;在西欧和北美、澳大利亚、日本和新西兰等成熟市场,联想也取得强劲增长。对于联想这一时期的出色表现,柳传志认为其原因是:"我认为这证明了既定战略是正确的,并且执行到位。"

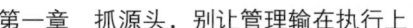

"从CEO到COO，联想有8个人的领导集体在决策，从虚到实把各个细节想透彻，特别是在执行能力方面值得称赞。"柳传志表示，"一个企业执行力强不强，关键在企业文化。联想曾经是一个管理基础扎实的公司，以后仍将是管理基础扎实的公司。"

柳传志始终认为，下属执行力的强弱取决于两个要素：第一是下属的能力，第二是下属的态度。首先，下属没有工作能力是不可能按照领导的要求完成工作任务的。其次，下属的态度是决定下属执行力的一个重要因素。这里重点说一下对于态度不佳的下属，管理者如何管理。要知道，一个人的工作态度跟个性息息相关，并不是上级领导大声呵斥几句就可以改变的。所以管理者千万不要心存幻想，认为每一个下属都能够通过苦口婆心的思想教育而改变工作态度。

要让态度不佳的员工也具备执行力，柳传志认为管理者应该从三个方面入手：一是明确下属的工作目标。管理者在布置任务时，一定要明确指标所期望达到的结果和所期望完成的时间，并与下属就此达成理解，只有做到这一点，执行力才有可能实现。二是督促下属制定工作计划。在工作计划中，员工需要明确地说明他在哪天需要完成什么工作，在什么时间会有阶段性或突破性的工作成果。三是学会检查下属的工作。

第二章
抓责任，执行没有任何借口

将执行的意识植入员工的大脑

　　导致企业执行力很弱的原因，很大程度上在于员工不能正确执行公司政策，这是因为员工的头脑中缺乏正确的执行观念和意识，比如不懂得什么是执行，为什么要这样做而不是那样做等，这种不正确的想法会让员工在执行过程中完全陷入误区。

　　1. 提高员工的执行意识，先从管理者自身做起

　　企业管理者往往忽略了分析自己，忽略了从自己身上来发现问题的根源。事实上，企业执行力薄弱的根源恰恰是企业管理者造成的。有不少企业的管理者都存在一种认识上的误区，他们无意识地将目标与策略、步骤、方法、措施等同了起来，认为自己制定了企业的发展目标，就等于做好了实施策略、步骤、方法和措施保障，正是这种错误的认识造成了企业执行力的薄弱。

　　2. 认识到每个人对执行目标的理解差异，而做到具体问题具体分析

　　目标只是企业的发展方向，是一种主观的愿望，而如何采取一些恰当的方式来达成这些目标，才是保障执行的策略、方法和措施。仅仅依靠目标是无法推动销售人员有效执行的，因为每个人对如何达成策略目标的理解是不同的，在采取执行的手段上还会因人而异，这种情况都使得目标在执行过程中存在非常大的不确定性，从而造成企业目标在执行过程中的巨大偏差。

　　3. 通过培训来强化对执行的认识，只是"治标不治本"

　　过于将注意的焦点集中在员工身上，总认为是员工做得不到位，不能理解自己的意图，而员工接受大量的培训，通过培训来改变认识，提高专业技

能,从而强化执行力。这并不能有效解决企业执行力薄弱的问题。

所以,执行力的关键在于保证企业员工行为的一致性,而这种一致性并不是来自目标,而是来自正确的策略、方法和措施。其中重要的一点是,领导要将执行的意识植入员工的大脑,培养员工的执行意识和观念。让员工从思想上认识到执行的重要性,自觉执行公司的制度决策和领导交办的任务。

让员工从"要我做"到"我要做"

管理者应当使员工明白这样一点:作为一个员工,你没有义务去做自己职责范围以外的事,但是你也可以选择自愿去做,以驱策自己快速前进。率先主动是一种极珍贵、备受看重的素养,它能使人变得更加敏捷,更加积极。积极的工作态度能使你从竞争中脱颖而出。

世界著名的成功学专家拿破仑·希尔曾经聘用了一位年轻的小姐当助手,替他拆阅、分类及回复他的大部分私人信件。当时,她的工作是听拿破仑·希尔口述,并记录信的内容。她的薪水和其他从事相类似工作的人大致相同。

有一天,拿破仑·希尔口述了下面这句格言,并要求她用打字机打印出来:"记住:你唯一的限制就是你自己脑海中所设立的那个限制。"

她把打好的纸张交还给拿破仑·希尔时说:"你的格言使我获得了一个想法,对你、对我都很有价值。"

这件事并未在拿破仑·希尔脑中留下特别深刻的印象,但从那天起,拿破仑·希尔可以看得出来,这件事在她脑中留下了极为深刻的印象。她开始在用完晚餐后回到办公室来,并且从事不是她分内的而且也没有报酬的工作。她开始把写好的回信送到拿破仑·希尔的办公桌来。她已经研究过拿破仑·希尔的风格。因此,这些信回复得跟拿破仑·希尔自己所写的一样好,有时甚至更好。她一直保持着这个习惯,直到拿破仑·希尔的私人秘书辞职为止。当拿破仑·希尔开始找人来补这位秘书的空缺时,他很自然地想到这位小姐。

但在拿破仑·希尔还未正式给她这项职位之前,她已经主动地接受了这

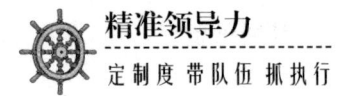

项职位。由于她在下班之后,以及没有支领加班费的情况下,对自己加以训练,终于使自己有资格出任拿破仑·希尔的秘书。

不仅如此,这位年轻小姐高效的办事效率引起了其他人的注意,有很多人为她提供更好的职位请她担任。她的薪水也多次得到提高,最后已是她当初时作为普通速记员薪水的好几倍。

一般人认为,忠实可靠、尽职尽责地完成分配的任务就可以了,但这还远远不够,尤其是对于那些刚刚踏入社会的年轻人来说更是如此。要想取得成功,必须做得更多更好。成功者除了做好本职工作以外,还需要做一些不同寻常的事情来培养自己的能力,引起人们的关注。

如果你是一名货运管理员,也许可以在发货清单上发现一个与自己的职责无关的未被发现的错误;如果你是一名过磅员,也许可以质疑并纠正磅秤的刻度错误,以免公司遭受损失;如果你是一名邮差,除了保证信件能及时准确到达,也许可以提供一些超出职责范围的服务……这些工作也许是专业技术人员的职责,但是如果你做了,就等于播下了成功的种子。

如果不是你的工作,而你做了,这就是机会。为什么当机会来临时人们总是无法确认,因为机会总是乔装成"问题"的样子。当顾客、同事或者老板交给你某个难题,也许正为你创造了一个珍贵的机会。

对于一个优秀的员工而言,公司的组织结构如何,谁该为此问题负责,谁应该具体完成这一任务,都不是最重要的,他心目中唯一的想法就是如何将问题解决。

个人的主动进取精神很重要,许多公司都努力把自己的员工培养成主动工作的人。所谓主动,就是没有人要求你、强迫你,你却能自觉而且出色地做好需要做的事情。一个做事主动的人,知道自己工作的意义和责任,并随时准备把握机会,展示超乎他人要求的工作表现。

"我要做"某件事情,初衷也许并非为了获得报酬,但往往获得的更多。

在工作中,管理者要消除员工抱有的"公司要我做些什么"的想法,让员工多想想"我要为公司做些什么"。某些时候,对领导来说,员工全心全意、尽职尽责是不够的,还应该比自己分内的工作多做一点,做得比领导期待的更多一点,如此才可以将执行做到位,给自我的提升创造更多的机会。

从"有令不行"到"令行禁止"

德国人有句名言:"让规则来统治世界。"

不管是谁,都不能凌驾于规则和制度之上。"服从第一"的理念如果不能渗透在每个员工的思想当中,企业是没有发展前途的,在市场竞争中一定会失败。

所有队伍运作的前提条件就是服从,甚至可以说。没有服从就没有一切。所谓的创造性、主观能动性等都必须建立在服从的基础上才能成立。否则,再好的创意也推广不开,也没有价值。

事实正是这样。一家企业的制度和战略的形成,都是无数商战和管理者的智慧、经验的结晶,但常常因为员工的不服从而宣告失败。这样的教训实在太多了。因此,一些长青企业严格规定,一旦制度和战略形成,任何人都必须百分之百地支持和无条件地服从,甚至管理者也不得寻找任何借口。

现在的企业中普遍存在着有令不行、拒不服从或者阳奉阴违的现象。一般来说,企业高层的主要责任是决策——做正确的事;企业中层的职责是执行——正确地做事;而基层人员的主要责任就是操作——迅速地完成任务。如果企业员工缺乏服从的习惯,就会造成执行力下降、效率低下,最终被竞争者淘汰出局。

当然,执行力度不够也可能是领导能力的问题,但是根本的原因可能就是服从的问题。如果管理者作出了决定,执行者打了折扣,甚至寻找借口不执行决定,最终就会造成有令不行的现象。这时,如果管理者推开下属,自己动手去完成任务,就会造成企业管理的层级消失,权力下放的通道堵塞。这样必然会引发恶性循环:下属愈加不负责任、不听指令;管理者去做下属做的事情,遗忘了自己的职责,耽搁了关乎企业存亡的大事。

如果员工总以为自己是企业的主人,随时要纠正老板的"错误决定",要发挥主人翁责任感,这样一来就会自以为是,迷失自己,弄不清楚自己到底是谁,从而使得企业的执行力度降低,最终受害的是整个企业。企业里面如果思想不统一,每个人都有自己的想法,这就像由很多匹马拉的马车,如果没有统一的指挥,每匹马都有自己的方向,车就会原地不动,或者在倒退。因此,还是要由赶车的人,统一群马的方向,并且群马也要服从指挥,

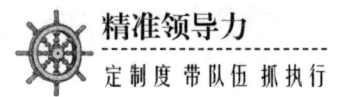

马车才能前进。在企业中，制度便是赶车人手中的马鞭，它为员工的行为与活动指出了方向与范围。只有服从制度，遵守制度，才能让企业这辆车朝着成功的方向飞驰。

管理者应强化员工的服从意识，让每一位员工明白：只有"服从"才能实现组织的目标，才能更好地完成上级交给自己的任务，才能造就一支高效率、富有战斗力和竞争力的队伍，才能使企业立于不败之地。只有企业获得了发展，个人才能够获得同步的提高，获得人生的成功。

企业的组织原则应该是："少数服从多数，下级服从上级"，"先服从，有意见和不同看法可以先保留"。只有"令行禁止"的企业才能全面实现制度化管理。只有严格落实每一项制度和计划，企业才有高效率，才有竞争力。

让员工明白：执行没有任何借口

寻找借口是执行乏力的表现。找借口可以说是最容易办到的事情了，一名员工如果不想执行纪律，总能找出各种各样的理由。作为管理者，要消除员工凡事爱找借口的习惯，首先要搞清楚员工找借口的内在原因。

其实，每一个借口的背后，都隐藏着丰富的潜台词，借口的主要表现形式无外乎以下几种。

（1）最近我很忙，我会尽快去做的。找借口的一个直接后果就是容易让人养成拖延的坏习惯。通过仔细观察，我们很容易就会发现在每个公司里都存在着这样的员工：他们每天看起来忙忙碌碌，似乎尽职尽责了，但是，他们把本应一个小时完成的工作变得需要半天的时间甚至更多时间。

（2）我以前没做过这种工作。寻找借口的人往往是那种因循守旧的人，他们缺乏一种创新精神和自动自发工作的能力，因此，期许他们在工作中做出创造性的成绩是徒劳的。借口会让他们躺在以前的经验、规则和思维惯性上舒服地睡大觉。

（3）这不是我的责任范围。许多人在寻找借口的时候总是把"不""不是""没有"等否定词与"我"紧密联系在一起，其潜在意思就是"这事与

我无关",不愿承担责任,把本应自己承担的责任推卸给别人。在一个团队中,是不应该把"我"与"别人"区分得太明显的。一个没有责任感的员工,也不可能获得同事的信任和支持,更不可能得到上司的信赖和尊重。

(4) 竞争对手太强了,我们赶不上他们。当一个人为不思进取寻找借口时,往往会这样来说。借口给人带来的不利后果是让人消极颓废,如果养成了寻找借口的习惯,当遇到困难和挫折时,不是积极地去想办法克服,而是去找各种各样的借口。其潜台词就是"我不行""我不可能",这种消极心态将剥夺个人成功的机会,最终让人一事无成。

(5) 我没有足够的经验和技能来完成这项工作。这种说法其实是在为自己的能力或经验不足而造成的失误寻找借口,这样做显然是非常不明智的。借口只能让人逃避一时,却不可能让人逃避一世。

借口解决不了问题。一个员工如果为自己没能按时完成任务作出各种自我安慰,寻找借口,就会给别人留下一种推卸责任的印象,更重要的是给队伍和企业带来危害,影响领导工作的开展,阻碍企业计划的实施。

管理者要让员工明白:执行任务时寻找借口,不仅是在危害企业,也是在危害自己,要让员工自觉地改变寻找借口的不良习惯,养成"不找借口找方法"的自动自发的工作习惯。

那么,管理者怎样做才能让员工做到拒绝一切借口、主动执行任务呢?

(1) 引导员工专注用心地工作。做好工作的前提条件是对所做的工作要专注用心,在具体实施工作任务时,先把心思集中到如何快速、高效地完成任务上来。

(2) 员工团队协作。在一个组织中,每一个人的工作都不是孤立进行的,要想出色地完成上司交代的工作,必然要依靠团队协作,协同团队成员共同前进。

(3) 培养员工注重速度的意识。执行效果的一个重要衡量标准是行动的速度,因为速度现在已经成为决定成败的关键因素之一。当然,快与慢是相对的,快速执行并不是要求你为了完成目标而不计后果,更不能只是为了追求速度就降低工作质量。员工的快速执行首先要建立在强大的思维能力基础之上。

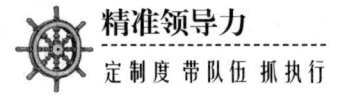

告诉员工：执行一次到位

执行的意义不仅表现在做的过程上，更多的还重在结果。很多例子表明，执行不只是去做，做到位才是最重要的。

一位法国农场主驾驶着一辆奔驰货车从农场出发去德国。一路上凉风习习，路况良好，法国农场主不由得哼起了小曲。可是，当车行驶到了一个荒村时，发动机出故障了。农场主又气又恼，他抱着试一试的心情，用车上的小型发报机向奔驰汽车的总部发出了求救信号。没想到，几个小时后，天空就传来了飞机声。原来，奔驰汽车修理厂的检修工人在工程师的带领下，乘飞机来为他提供维修服务。

一下飞机，维修人员的第一句话就说："对不起，让您久等了。但现在不需要很久了。"他们一边安慰农场主，一边开始了紧张的维修工作。不一会儿，车就修好了。

"多少钱？"看见车修好了，法国农场主问道。

"我们乐意为您提供免费服务！"工程师回答。

农场主本来以为他们会收取一笔不菲的维修金，听到工程师的回答简直大吃一惊，"可你们是乘飞机来维修的呀？"

"但是，这是因为我们的产品出了问题才这样的。"工程师一脸歉意，"是我们的质量检验没做好，才使您遇到了这些麻烦，我们理应给您提供免费服务的。"

法国农场主很受感动，连连夸赞他们，夸赞奔驰公司。后来，奔驰公司为这位农场主免费更换了一辆崭新的同类型货车。

要么不做，要做就要做好。100多年来，奔驰一直在购车人群中有着良好的口碑，使得他们销售产品成为一件水到渠成的事情。

做事做到位，才会让人印象深刻。一名员工只有不断地对自己提出要求，高质量地完成工作，才能让他自己不断得到提升，领导对这名员工自然也会刮目相看。

因此，领导要告诉员工：不要满足于身边的褒贬，你自己应该清楚你的能力怎样，能把事情做到什么样的程度，努力把事情做好。

一位叫丽莎的房地产推销员，她的工作十分出色，引人注目。顾客们都

愿意找她帮忙解决问题。丽莎就是以优质的服务征服顾客的。

比如：她注意了解供水是否正常。如果前房主拆走了水管，便马上退一部分定金。她也帮顾主安装电话。丽莎做工作很仔细，她知道当地某学校某年级学生与教师的比例，甚至叫得出老师的名字。她能说出郊区火车月票的价格——精确到美分。她还告诉顾客快车上只有20分钟开空调的时间，等等。

每当新住户搬进新居前，她都会准备一份礼物，并在到来的第一天与他们共享一顿美餐——她知道刚搬家时做饭还不方便，第一天晚上她会邀请他们到自己家共进晚餐。她还安排新来者加入当地的俱乐部；她了解住户的宗教信仰，与当地教堂联系："这里有新教友，见见面怎么样？"这些听起来不可思议，但丽莎做到了这些，她从各方面尽力帮助新住户迅速融入社区生活。

管理者在平时的工作中，要务必让员工清楚认识到：积极而有成效的行动不仅会让人收获一个完美的工作结果，还会让人自己感觉良好，更有自信，提升工作状态，让你产生继续工作的持久动力。

执行一次到位，这意味着对自己的工作负责，对自己的生命负责，也是企业对每一位员工的要求。

培养员工的执行责任心

多年来，我们一直在学习新的管理理念和经验，其最终目的还是为了提高执行力，实现高效管理，真正从管理上出效益。然而，有了这些理论经验，执行力就真的能提高吗？

说到底，理论经验是要变成实实在在的行动，才谈得上加强企业执行力；而加强执行力，就是加强人的执行力。如此一来，人的因素是最重要的。提高执行力不在于管理经验的新老，重要的是依靠每个人对制度措施不折不扣的贯彻执行，最终还是得靠每个人的责任心。

某县有位干部因业绩突出，上级想把他调往省城，而他却自愿留守县城，虽干得有声有色，却也辛苦至极。别人问他这样做值得吗？他答道：

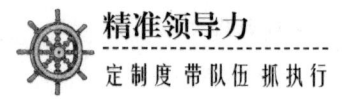
精准领导力
定制度 带队伍 抓执行

"既然留下来,就有责任干好。"这是责任的力量。各部门工作中,因职位高下、利益不均,有人就推三阻四、拖沓怠工;可也有人照样无利而往、披星戴月地工作,单位兴旺发达了,他们仍默默无闻,只是一个幕后英雄而已。可他们的出发点很简单,"干这份事,就得为此负责"。由此可见,在企业的发展阶段,企业员工的责任心更能影响企业的生存和发展。有了责任心,才会凡事严格要求,制度执行中不打折扣,措施实施中不玩虚招,做到令行禁止。

令人遗憾的是,现实生活中的情形并不乐观。有一个人给一位企业老板发送电子邀请函,连发几次都被退回,向那位老板的秘书查询时,秘书说邮箱满了。可四天过去了,还是发不过去,再去问,那位秘书还是说邮箱是满的。试想,不知这四天之内该有多少邮件遭到了被退回的厄运?而这众多被退回的邮件当中谁敢说没有重要的内容?如果那位秘书能考虑这一点,恐怕就不会让邮箱一直满着。作为秘书,每日查看、清理邮箱,是最起码的职责,而这位秘书显然责任心不够。

人们还经常见到这样的员工:电话铃声持续响起,他(她)仍慢条斯理地处理着自己的事,根本充耳不闻。一屋子人在聊天,投诉的电话铃声此起彼伏,可就是不接听。问之,则曰:"还没到上班时间。"其实,离上班时间仅差一两分钟,就看着表不接。有些客户服务部门的员工讲述自己部门的秘密:"五点下班得赶紧跑,不然慢了,遇到顾客投诉就麻烦了——耽误回家。即使有电话也不要轻易接,接了就很可能成了烫手的山芋。"

这些问题看起来是小事,但恰恰反映了员工的责任心。而正是这些体现员工责任心的细小之事,却关系着企业的信誉、信用、效益、发展,甚至生存。那么,员工为什么会缺乏责任心呢?

首先,是管理者不知道该如何体现和增强员工的责任心。这是经验少、智慧不够、思维能力不足的表现。

其次,是企业的管理者思想懈怠或疏于管理监督,员工自然跟着懈怠。领导懈怠一,员工能松懈十。

最后,是源于人的懒惰天性。企业原本规章制度执行得很好,可时间一长自然懈怠,思想上一放松,责任心就减弱,行为上自然就松懈,体现在日常的工作中就是执行力下降,很多问题均由此而生。责任心体现在三个阶段：一是执行之前，二是执行的过程中，三是执行后出了问题时。

作为管理者，提升员工的责任心可以采取以下措施：第一阶段，执行之前要想到后果。第二阶段要尽可能引导员工向好的方向发展，防止坏的结果出现。第三阶段告诉员工，出了问题要敢于承担责任。勇于承担责任和积极承担责任不仅是一个人的勇气问题，而且也标志着一个人是否有自信。

员工勇于承担责任是一种美德，一种勇气，是无私无畏的表现，更容易赢得领导的尊重，成为同事行为的楷模和样板。员工如有能力以一种负责的、职业的、考虑周全的方式行事，对公司来说是一种竞争优势，对于个人而言是一笔财富，是提高执行能力的最佳途径。

要让员工明白，勇于承担责任并非要员工付出多大的代价。在公司里主动承担责任只会给自己带来好处，虽然有时候会牺牲自己的眼前利益。从另一个方面来讲，勇于承担责任是每一名员工的职责所在，是义不容辞的事。

执行，不仅仅是员工的事

一家权威公司曾做过一项调查：在整整1年时间里，许多公司仅有15%的时间在为顾客提供服务，剩余85%的时间都在做对顾客来说根本没有意义的事情。换句话说，就是公司把大量的时间和精力花在了处理协调企业内部关系、开会、解决人事等问题上，以此来维护组织自身平衡和稳定，而顾客却需要用100%的货币，换取15%的价值。这样的组织是没有执行力的，更是没有竞争力的。

在当今社会，所有企业间的竞争，事实上绝大多数都是执行力的竞争，队伍执行力强与弱直接关系着企业的成与败。队伍的执行力在企业中有着重要作用，而要增强队伍的执行力，管理者就要率先执行各项制度和决策，以自己的表率来促进员工、队伍的执行力。

1. 作为管理者要有解决问题的勇气和决心

当发现队伍存在问题时，能不怕阻挠和困难，能及时地勇敢地解决问题。而不是害怕困难，一拖再拖，等到问题严重到一定程度了再去解决，就可能问题大得根本没有办法解决或者错过了很多大好机会。

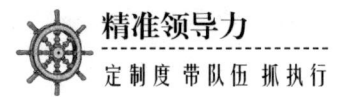

2. 要和队伍成员进行有效的沟通

有这样一则小故事，有一老板让一名员工去买点复印纸。员工去了，不一会儿，买回三张复印纸。老板有些生气地说："你也不想一想，三张复印纸怎么够，我至少要三摞。"员工第二天又去买回三摞复印纸。老板一看，大叫说："你怎么买的是B5的，我要的是A4的。"过了几天，员工又买回三摞A4的复印纸，老板骂道："一点复印纸，竟然能买一个星期。"员工抱怨说："你又没有说什么时候要。"

为了三摞复印纸，员工跑了三趟，老板气了三次。为什么呢？老板没有交代清楚责任，而员工也缺乏主动性，没有及时询问一些详细内容，因为沟通不到位，结果白费了很多功夫。

3. 要提升属下的能力

没有工作能力的员工是不可能按照领导的要求保质保量地完成工作任务的。而队伍的竞争力的强弱往往取决于队伍中最弱的人的能力，因为一个队伍的发展需要每个人付出能力，但是如果其中有一个环节的成员能力不足，那么就会影响到整个队伍前进。这就像是一个用参差不齐的木板做成的大桶，往往桶上最短的那块木板决定了水的高度。同样，队伍中最弱的那个环节决定了队伍的整体实力。

伊利集团为了鼓励员工不断发展，实行技术和管理双轨晋升制度，为专业技术人员和管理人员分别建立了各自的晋升制度，使每一位员工都能根据自己的专长、个性、兴趣和经验选择职业生涯和发展方向，并通过培训和个人努力不断找到新的机会。2001年，伊利集团发布实施《集团公司培训制度》为员工不断提升个人知识和技能，进而获得终身职业竞争能力提供了制度保障。2002年，伊利集团又与南开大学、清华大学等合作，为中层管理人员和后备人员进行为期1年的在职MBA培训，使管理人员的个人职业生涯规划和公司的发展需求实现有机结合。

4. 使用激励政策

恰当的激励是促进队伍凝聚力的最好方法。但是激励机制也要使用恰当，如果激励机制不能使队伍成员的行动和队伍目标吻合，那么，这种激励就是无效的。虽然胡萝卜加大棒式的管理方式在中国非常普遍。但是如果把员工的需要和队伍的目标有机地结合在一起，会更有效地激励队伍成员。例

如给队员更大自主权,使任务富有挑战性等。把员工的成绩与队伍的业绩结合起来,制定薪酬制度,促进队伍整体执行力的提高。

5.管理者要起到执行表率作用

"领导"的职责无非两条,一个是"领",就是要率先垂范,以身作则,不搞特权,充分发挥领导的模范和带头作用。一个是"导",就是要把握方向和大局,及时解决遇到的各种矛盾和问题,纠正出现的偏差和错误,积极引导广大员工朝着正确的方向前进,促进企业的发展。作为一个队伍的领导,一定要以身作则,对所负责的事情一定要坚定不移地执行到底,不能因为遇到困难就止步不前。

名企执行:通用电气——赢在执行力

没有哪一个企业不希望自己的公司永葆青春,充满激情。让我们回首历史,看看一些有名的企业,是如何做到这些的。通用电气(GE)是我们耳熟能详的超级企业,一百多年前它曾和十几家公司一起作为道琼斯指数股。然而一百多年后的今天,那十几家公司中也只有GE仍然是道琼斯指数股,是什么使得GE能基业长青?原因很多,但无疑,卓越的企业执行力在其中起到了举足轻重的作用。

GE执行的有力推动者之一就是韦尔奇。韦尔奇有过一个著名的管理者4E公式:有很强的精力;能够激励别人实现共同目标;有决断力,能够对是与非的问题作出坚决的回答和处理;最后,能坚持不懈地实施并实现他们的承诺,也就是执行。

韦尔奇在《赢》中这样写道:

其他三个"E"我们总是能轻易地明白,第四个"E"也好像是水到渠成,但是好些年以来,其实我们在GE只关注到了前三个"E"。很多人以为,能具有前三个"E"的品质的人就已经相当好了。也因此,我们选拔出了很多,有数百名员工,并把他们归结为前三个类型。然后,很多人走上了管理岗位。

想想那个时候,我经常去参加一些业务会议和一些管理论坛,同行的还

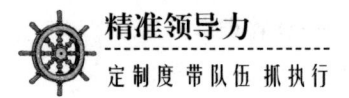

有GE负责人力资源管理的老板比尔·康纳狄。在评议会上，我们经常会查看一些管理者的资料，那上面有每一位经理人的照片，以及他的老板所做的业绩评定，另外，每个人的名字上都画有三个圆圈。这些圆圈会被涂上一定面积的颜色，以代表该员工在相应的指标上所展示出来的实力。例如，有的人在"活力"上面可能得到半个圈，在"激励"上面得了一个圈，在"决断力"上面得到1/4个圈。

在对上面这些人进行考察之后，我们从中西部地区乘坐飞机出发，飞回总部。比尔·康纳狄一页页翻看那些厚厚的"很有潜力"的员工的资料，发现它们大都有三个被涂满的圆圈。于是，比尔·康纳狄转向我："你知道，杰克，他们都是这样的出色，但我能肯定，我们肯定遗漏了某些重要的指标。"他说，"实际上，通过调查，他们中的一些人的成绩却很是不好。"

被我们遗漏的东西正是执行力。

结果显而易见。你能拥有奋斗的激情，懂得如何去感染每一个人，能够不断地进步，有出色的分析能力，还能够作出坚决的判断，但你可能依旧不能跨越终点。执行力是一种专门的、独特的技能，它意味着你要明白如何去做，要有决然的毅力去付诸行动，而且不能退步。在这其中，你可能要受到很多的非议，阻力，迷茫，模糊，甚至是上级的阻挠。有执行力的人非常明白，"赢"才是结果。

这就是韦尔奇，当年，他从GE的最基层的一个普普通通的员工，一步步地走到成为GE的首席执行官。他完美地展示自己特立独行却又行之有效的管理理论，矢志打破GE这个多元帝国的官僚主义，以强硬作风、追求卓越的理念推动GE业务重组，构筑"数一数二和三环"战略（核心、技术、服务），实现通用电气公司"60管理、全球化、E化、听证会"的四大创举。

韦尔奇曾经立下宏志，要用自己的管理方式，让通用电气成为"世界上最有竞争力的公司"的战略目标，他明确地向所有GE的员工发出了号召，并且作为一种人生的准则：

直截了当：明确、坦诚地传达需要完成的任务。

不出人意料：始终如一；不要隐瞒重要问题。

用事实说话：应该提供作出战略选择的依据，包括数据。

信守诺言：要言行一致，否则将失去信任。

从韦尔奇的故事，以及他向员工传达的指导思想中我们可以肯定，优秀的"执行力"对于成就GE可谓是居功至伟。

正是这种对执行的执着成为他出任CEO后一切改革的原动力。他历经旧体制的层层曲折，深知哪里是最阴暗的深处，哪里有无所事事的敷衍，哪里是最殷切的盼望，所以，大刀阔斧所到之处，必斩而后快，且绝不手软。为此，他曾有"中子弹杰克""美国最强硬的老板"之称。

第三章 抓标准,执行到位不打折扣

无标准的执行就是无效的执行

《执行力》一书的作者托马斯和伯恩,曾经讲过执行力标准与效果的故事。他们在其中叙述了施乐公司因缺乏执行标准、缺乏果敢而有效的执行力而使得公司陷入困境。

提起施乐公司,大家就自然而然地想到复印机,但是令人意想不到的是,这家历史悠久的企业曾经差点被日本企业淘汰,因为日本复印机制造商推出的复印机的销售价格仅相当于施乐公司的生产成本。正所谓祸不单行,在世纪之交,施乐又遇到了更大的麻烦,长时间收入停止在原来的水平上,效益出现亏损。而且其上市的股票价格一度从63美元下跌到7美元。"世界头号复印机生产企业濒临破产"的传言风声四起。

为了扭转局面,公司提出一个新的改革方案,即大幅度削减生产成本的开支,减少日常管理费用,同时减少市场供给以及业务的规模。除部分销售人员外,不再招收新的员工,减少薪金的开支。

此外,公司还主动出售部分资产,其中包括一些公司的核心资产,以积极地缓解在外界看来要覆灭公司的困难。虽然这样,这些措施仍无法使施乐彻底摆脱所面临的困境。因此公司决心采取一项根本性的措施,那就是仿效IBM20世纪90年代在郭士纳的带动下进行的改造。为了获得他曾经的改造计划,公司在1997年聘请了曾经长期跟随郭士纳的助手里克·托曼出任公司的首席营运官。1999年4月,托曼升任首席执行官之后,开始进行一些大刀阔斧的重组计划,目标是将施乐公司彻底改造成一家像IBM的企业,出售"解决方案"——软件、咨询及文件的制作和储存，而不仅仅是像现在这样保守而又呆板地生产和销售利润日趋降低的复印机。

这是一个看起来不错的改变，但公司不仅仅是为了这些才请他过来的，施乐公司更需要的是如何在运行过程中具体实施与执行，也就是说，施乐公司应如何将战略、人力与企业运作协调和整合起来。在托曼的指导下，一些优秀的推销员被调离了他们熟悉的业务地区，并被放在了集中化关注工业企业的推销模式小组中去，很多推销员失去有利可图的地域，失去了与老客户的联系，而这些推销模式小组为企业所提出的建议显然是不切合实际的。托曼还试图将36个开票中心合并为3个，以此来减少机构的臃肿，以便降低经营成本。急剧减少的开票中心，给推销员带来很大的压力，他们要花费大量精力确认这些订单已经开出了发票并且是否按时交货。更加失败的是，在产品销售旺季的时候，托曼却下令大幅降低许多产品的价格，这使公司的情况变得更糟，因为这样做虽然暂时增加了营业收入，但同时存在着巨大的隐患，赚回的利润还常常不够成本。总之，这些执行措施使得整个公司状况不但没有好转，反而连公司的周转资金都捉襟见肘了。面对竞争对手毫不留情的进攻，施乐公司继续滑坡。

在万分紧迫的情况下，公司又下了很大决心，决定解雇托曼，重新启用阿莱尔（施乐公司董事长，既是托曼的前任又是他的继任者）。半生心血都花在施乐公司身上的阿莱尔是从该公司一个不起眼的小员工提升到公司顶层的。在他的感人至深的号召下，公司的各个阶层的经理们表现出了强烈的忠诚。但是，事实上他也并不是一位特别有执行力的管理者，而且与托曼一样，他缺乏实际经营经验，执行经营方案过程中缺少力度，执行达不到公司所要求的标准。很明显的，他也没能制止公司的颓势。结果公司失去了大片的市场，而且，托曼遗留下来的问题也没有得到很好的解决，其他的问题却都浮出水面，呈现兵败如山倒的局面。可想而知，阿莱尔也受到了批评。这种在执行力方面表现出来的软弱现象一直延伸到施乐公司的董事会。董事会里充斥着大量的政界要人或者在彼此公司中担任董事的人。施乐公司缺少的是懂得如何在一个混乱的技术变革时代对一家企业改造的管理人才。

其实很多情况下，面临像施乐公司一样的问题时，很多领导人也会束手无策，不能够制定一个有效的可赖以执行的标准，而只是习惯于借鉴和运用别人的经验、理论，然后生搬硬套地运用到自己的身上来，并希冀由此而带领公司走出困境。然而，期望的结果往往难以实现。因为在此过程中，中途接手的管理者经常会理不清头绪，以至于导致执行力不足的问题，从而引起改革的失败。

可以说，如果没有明确的执行标准，就没有足够的执行力，再好的战略、员工或者管理工具都难以发挥应有的作用。对于此时的施乐公司来说，真正需要的是制定一个科学的执行标准，让公司上下明确执行方向和结果，一致达成执行力。而要做到这一点，管理者就必须亲自参与到企业中，从中汲取失败的教训，总结出合适的理论，制定出严格的执行标准，并将之坚决地落实决策于企业的具体行动中。

一个公司的效率不在它的大楼，也不在它的人员，更不在它的会议，而在它的贯彻力度。韦尔奇所说的执行力，指的是无论企业的管理者还是职员，在对待大大小小的决策和文件中，都要坚持贯彻。正如我们常说的，"光说不练假把式"。执行力的重点在于执行，也就是行动起来。无论你年纪多大，命运怎样，生活怎样，立即行动，做自己喜欢做的事，实现目标，永远都为时不晚。

强化标准，执行更完美

《孙子兵法》有一句话：求其上，得其中；求其中，得其下；求其下，必败。这句话让人联想到目标牵引——被马拉动的车只能跑在马的屁股后面，要使"车"到达预定位置，就必须给"马"设定更高的目标。这就是我们常常强调的做事要高标准严要求。

企业经营管理除了要有使命、愿景这样的激动人心的目标，还要制定战略明确实现目标的途径。但这些仍然停留在规划层面，都还属于纸上谈兵，最终都需要在执行层面落实，这也是企业经营成败最关键的一步。因此我们看到，从全面质量、精益制造、六西格玛，到流程再造，几乎所有的管理变革其核心都是打造企业执行力。因为执行力是把事情做好的能力，而不仅仅是一种意愿。仅有意愿而缺乏能力，就会感到力不从心。

事实证明，人的能力取决于掌握的知识和技巧，企业的能力取决于做事的方式，包括流程与方法。管理变革就是要改变做事的习惯，建立更加高效的流程和有效的方法，而困扰我们管理变革深化的最大因素就是根深蒂固于传统习惯中的粗放管理、得过且过。

高标准是执行力的源头。见贤思齐乃是人类追求文明进步的天性，但首先应该有"贤"的标准，通过树立标杆明确进步的方向。为此自控所提出了"精准细严"的精细化管理目标，并把它具体化到各项业务中，上升为一种全局性的管理文化，引领管理变革的持续深化。

提到高标准的执行，人们就想到丰田。自从他们的生产方式被冠以"改变世界的机器"，几十年来，到丰田的朝圣者始终没有间断过。从管理学者到企业家，大家从各种角度解读丰田，按照自己的理解学习、照搬丰田，虽然都有着不同程度的收获，但时至今日，真正读懂丰田的人并不多。

一套体系完整、方法清晰的理论，几十年来没有能够培养出第二个丰田，因为没有人能下得了丰田的"笨功夫"。一套管理方法坚持了半个世纪仍然在不断改进，正是这种近乎"愚公移山"神话式的笨功夫成就了丰田今日的地位。在汽车工业竞争如此激烈的红海市场中，丰田能够扎扎实实地把产量做到世界第一，把利润做到超过美国三大汽车工业巨头的总和，而资产报酬率也高出行业平均值的八倍。

丰田的经验告诉我们，基于定位的差异化优势是短暂的，真正难以模仿的是基于独特文化的做事方式。用高标准做事，在红海市场中同样能够找到"蓝海"。

人生的至理其实并不多，而最大的至理应该是知行合一。全世界的股民都知道股神巴菲特的秘籍是以不变的"价值投资"理念应对诡谲多变的市场，然而自己一旦入市总是抱着投机心理，处处应变，因而处处被动。

产品质量是市场竞争力的根本，这应该是最具广泛性的共识。"质量是企业的生命"，"第一是质量，第二是质量，第三还是质量"，这些话的绝对意义已经使质量意识的高度无以复加，但是说这些话的人未必完全出自真心，因而差距就在于五十步对百步，信得多做得多就成功得快一些，仅此而已。

管理的高标准、高要求也是同样的道理，就是以高度的责任心，用高标

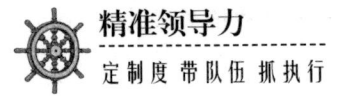

准去衡量，区分"把工作做了"与"把工作做好"。具体到管理变革，就是在推进过程中要扎扎实实按照要求去做，如果以管理基础薄弱为借口随意变通，迁就自己，则"求其下，必败"。为山九仞，功亏一篑，这一篑之差，就可能无法够到成功的果实。

百分之百地执行

  执行能力是企业的生存能力。一旦计划、制度已经出台，就要百分之百地执行到底。在执行制度完成工作时，除了追求速度以外，还要追求质量。速度和质量，是衡量员工执行能力的两大标准。管理者要严抓执行，确保员工在实施策略和任务过程中做到百分之百地执行。只有每个员工都能百分之百地执行既定计划和制度，都能高效高质地完成工作，企业才能更快速地前进，每个员工也会因此受益匪浅。

  巴西海顺远洋运输公司"环大西洋"号海轮是条性能先进的船，但在一次海难中沉没了，21名船员全部遇难。当救援船到达出事地点时，望着平静的大海，救援人员谁也想不明白，在这个海况极好的地方到底发生了什么。这时有人发现救生台下面绑着一个密封的瓶子，里面有一张纸条，21种笔迹，上面记载着水手、大副、二副、管轮、电工、厨师、医生、船长的留言：有的是私自买了一个台灯用来照明；有的是发现消防探头误报警，拆掉后却没有及时更换；有的是发现救生筏施放器有问题，把救生筏绑了起来；有的是例行检查不到位；有的是值班时跑进了餐厅……

  最后是船长麦凯姆写的话：发现火灾时，一切糟糕透了，我们没有办法控制火情，而且火越来越大，直到整条船上都是火。我们每个人都犯了一点点错误，但酿成了船毁人亡的大错。

  在现实中，我们常常可以看到，尽管制度制定得非常全面，每个人的工作也安排得非常合理，但是由于每个人一点点的执行不力，最终可以毁掉一个本来运转良好的公司！

  一位房地产企业曾经向我讲过他的一次经历：

  "一个与我们合作的外资公司的工程师，为了拍合作项目的全景，本来在楼上就可以拍到，但他硬是徒步走了两公里爬到一座山上，连周围的景观都拍得很到位。

"当时我问他为什么要这么做，他只回答了一句：'回去董事会成员会向我提问，我要把这整个项目的情况告诉他们才算完成任务，不然就是工作没做到位。'"

这位工程师的个人信条就是：我要做的事情，不会让任何人操心。任何事情，只有做到100%才是合格，99%都是不合格。

执行过程一点点的不到位，都可能导致整个执行活动的失败，执行必须不折不扣，百分之百地贯彻实施。

执行"质量第一"的标准

日月经天，江河行地，企业若想在竞争中生生不息，发展不殆，就必须使全体职工增强质量意识，加强生产现场管理，进行质量攻关，才能够促进企业的更大发展。

质量是企业的生命。美国现代质量管理协会主席哈林顿这样描写过：现在世界上进行着一场第三次世界大战，这不是一场使用枪炮的流血战争，而是一场商业战，这场战争的主要武器就是质量。谁的质量好，谁就能赢得这场战争。

一个企业要在竞争中乘风破浪，立于不败之地，靠什么呢？靠的就是优良的产品质量。2007年世界质量大会的主题是："质量第一、永远第一。"社会发展到今天，质量成了热点，成了追求，是衡量和鉴定一切的总标准。

产品质量是企业的生命力，众多商家在推销其产品的时候，想尽了各种办法，用尽了各种手段，上门推销、召开订货会、借助明星代言、耗资不菲的资金在媒体广告上大肆宣传，如此等等，时间久了，经得起市场考验的，仍旧是用户的口碑——那就是产品的质量。

产品质量，说起来很简单，但真正要把产品做好，做成一流的产品，把企业做成一个品牌，一个在市场上响当当的金字招牌，一定是渗透着企业管理者和企业员工的无数心血。

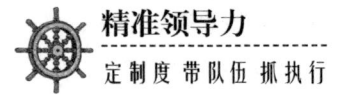

　　如果你的公司是这样的情况：运行正常，工资和奖金按时发到你手中；客户不断前来要求增加订货；没有人退货或撤销订单；负责顾客投诉的部门工作愉快而轻松；管理层和工人友好相处；利润不会比上一年少，今年的市场份额预计会提高5%。

　　如果你的公司又是另外一番情况：这里，凡是可能出问题的地方都出了问题。加薪遭拒绝，顾客对公司产品质量屡屡投诉，生产效率在行业中地位每况愈下，管理人员忙于救火并相互推诿、指责。

　　以上两种情况，要使质量发生翻天覆地的变化都是十分困难而艰辛的。在前者，你必须唤醒那些不愿承认自己已"沉睡"的人们；在后者，你则需要摆脱"梦魇"的困扰。

　　很多企业在市场竞争中被迫倒闭停产，其中最为主要的因素就是产品质量差，不能满足用户需求，在激烈的市场竞争中惨遭淘汰。而怎样才能保证产品质量，怎样才能在市场竞争中立于不败之地，这就需要企业上下团结一心，共同进取，按部就班地完成好每一项工作，消除每一个环节的隐患，时刻切记产品质量就是企业的生命，在心中有数的情况下把产品生产下线，再利用科学技术进行有效的鉴定，首先做到在企业内部把好质量关。而在一些企业中，部分员工总误认为产品质量是质量保证部的事情，是销售部门的事，是企业管理者的事，而正是这一错误观念在侵害着企业，在葬送企业的明天。企业内部导入市场化是提高和控制质量的手段之一。在企业内部供应链之间、部门协作之间、内部上下序之间实现完全市场化运作，一个员工就是一个市场，就是一个用户，上序质量有问题，下序可以拒绝接收，每个员工都有权对不合格产品说"不"。不接收不良品，不发出不良品。树立市场意识，按市场规则办事，生产优质产品，才能使企业永远保持旺盛的生命力。

　　顾客、竞争对手、成本和危机，是威胁企业生存发展的四个因素。企业必须时刻准备应付各种逆境。产品就是我们需要打出的头一张牌，如何出好第一张牌——除了全面的质量管理与持续的质量改进，别无他法。

　　如果说水是生命之源，那么质量又何尝不是企业的生命呢？企业以质量谋生存。任何企业，若想在星罗棋布的同行中立足，若不讲求质量，注重信誉，那么后果将不堪设想。千里之堤，溃于蚁穴，试想，如果企业里质量把

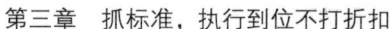

关不严格,那么,就会生产出不合格的产品,投放到市场中,损害了消费者的利益,那么,企业的形象将会一落千丈,产品滞销在所难免。

机不可失,时不再来,企业要发展,就是要抓住机遇,而能够抓住机遇的那一只强有力的手——就是质量。

总之,质量是企业生存的奠基石,质量是企业发展的"金钥匙",换句话说,质量就是企业的生命。

从产品标准化做起

企业执行追求高标准,就要做到生产质量等方面的系列标准化。

当前,标准正引领行业和企业的发展并逐步成为企业发展的重要技术基础,在推动企业自主创新、保持企业效益快速增长、提高企业竞争力方面发挥着重要作用。一个企业的标准水平,已成为评估其产品质量的重要依据。

实施产品标准化的结果是使企业产品的生产变得简单、规范。就拿餐饮业来说,一个中餐店的复杂性要比麦当劳的复杂性大得多,因此管理也复杂得多。中餐对于产品特性的描述是模糊的,比如加盐少许、适当加温,同样一道菜的样子、味道在不同的餐馆千差万别。麦当劳就不一样,水多少克,油多少克,几种选择,都是非常明确的,因此,你在全世界找不到不一样的麦当劳食品,不一样的味道。麦当劳技术、产品标准化了,管理也就简单,也容易出效率和效益,并形成一个庞大的产业。

一个想冲击国际化的企业,首先应当让自己的产品标准化。企业标准化是企业实现科学管理的基础,企业通过标准化活动,来制定和实施标准,从而使企业进行高效率的经营管理。近几年,随着标准化事业的发展,其重要意义已被企业所逐渐认识,已由原来单一的技术标准发展到由管理标准、工作标准和技术标准三方构成的标准体系。标准化贯穿于产品生产的全过程,完整的、科学的管理体系是提高产品质量的重要保障。

在"三年一换大王旗"的中国餐饮业,创立于1999年、来自内蒙古大草原的小肥羊是个奇迹。截至2007年,小肥羊连续4年跻身中国餐饮百强企业的第二名,仅次于拥有肯德基、必胜客等著名品牌的百胜(中国)投资有限公

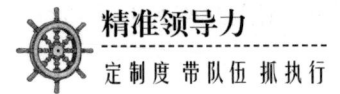

司,成为真正意义上的餐饮行业的中国冠军。

小肥羊的品牌战略以"不蘸小料涮肥羊"入世,以"标准化"闻名,以连锁形式壮大。从标准化到国际化,小肥羊一直被认为是中国餐饮的排头兵和探路者。持续的标准化为刚刚起步的国际化打下了坚实的基础。

小肥羊肉业公司以整洁、流畅的生产线,科学、规范的管理模式,专业、严谨的工作作风著称。单单从洗手这一环节来说,就让人对此产生了百分之百的放心,例如,加工人员的手的清洗消毒步骤如下:清水冲洗→皂液清洗→清水冲洗→50ppm次氯酸钠消毒浸泡30秒→清水冲洗……

在速冻库、冷藏库里,库的容量与生产相适宜,库内整洁,码垛整齐,离墙30厘米,离地10厘米,离顶棚50厘米;按照各种库的不同要求准确调整温度,速冻库温-28℃以下;冷藏库的温度为-18℃;排酸库的温度在0℃~4℃之间。加工车间有供给常温水40℃和82℃热水的设施,并采取了防止虹吸和倒流的措施。

目前,小肥羊调味品公司已经通过了HACCP食品安全管理体系的认证和ISO9000质量管理体系的认证、出口企业的认证,被国家标准化管理局、卫生局等部门授予"标准化管理优秀企业""量化分级管理A级企业""质量诚信单位""质量管理先进企业""内蒙古名牌产品"等多项荣誉和称号。

在产品的生产过程中,标准是企业生产的依据,是企业实现专业化生产,不断提高技术水平的重要前提,也是加快新产品研发,缩短生产周期,节约原料和能源的重要途径,更是稳定提高产品质量的重要保证。高水平的标准,必将促进产品质量的提高;相反,没有高水平的标准,就不可能有高质量的产品。

因此,企业加强产品标准的执行和质量监督,对保证产品质量,提高企业信誉,使企业在激烈的市场竞争中立于不败之地起着至关重要的作用。

标准化虽然是企业在产业化、国际化中遇到的问题,它显然是一个更基础、更本质的问题,它不仅是规模化生产、商业化运作的需要,更是产业成长、国际贸易的通行证。不管愿意不愿意,有没有意识到,企业要实现现代化,标准化都是无法绕过的。

总之,随着科学技术的进步,标准化事业的发展,标准化已经进入各个行业的各个领域。企业标准化会促进企业生产技术的进步和管理水平的提高,为实现专业化生产创造条件,进而保证产品质量的稳定和提高,使企业获得良好的经济效益。

执行就是要"零缺陷"

如果给质量下个定义,可能十个人会有十个答案。长期以来,人们都认为质量就意味着好,是奢侈的东西、闪光的东西或者身份的象征;因此,它是无形的、难以衡量的东西,只能仁者见仁、智者见智;人们也因此认为的确存在一种"经济"质量,即一分钱一分货;而且还认为,所有的质量问题都是由一线的职工造成的,质量管理部门必须要为质量问题负责。但是,"零缺陷"的创始人克劳士比曾给质量简明有效地定义为:"符合要求"。

所谓"零缺陷"就是要把在质量管理工作中可能出现的质量缺陷或错误降低到零。这种管理方法最早是由美国人克劳士比在1961年提出的。

克劳士比曾任马丁·马丽埃塔公司质管经理、美国ITT公司副总裁,现为克劳士比公司总裁,有《品管免费》《质量不花钱》《零缺点的质量管理》等著作,并在这些著作中详细阐述了"零缺陷"的观念。他认为"零缺陷"关键在于观念的改变,"人们在生活上,自小接受的观念便是'人非圣贤,孰能无过?'当他们踏入社会生活时,这样的观念已经根深蒂固,于是人们流行说:'凡人必为人类,凡人类必会犯错。所以凡有人参与的事,就永远不可能完美。'"但克劳士比认为"酿成错误的原因有两种:缺乏知识和漫不经心。知识是能估量的,也能经由经验和学习而充实改进;但是,漫不经心却是一个态度问题,唯有经由个人彻底的反省觉悟,才有可能改进。任何一个人只要小心谨慎、避免错误,便已向'零缺陷'的目标迈进了一大步。"

20世纪60年代初,克劳士比率先在马丁·马丽埃塔公司实行"零缺陷的质量管理",1年后,这家公司的不良产品减少了54%,第2年再减少25%,共节约165万美元。1963年,美国通用电器公司在各生产部门也推行了"零缺陷质量管理"。1964年,美国国防部把"零缺陷质量管理"计划正式列入防御制度,并建议全国军需企业都采用这种管理方法。很快地,这种管理方法

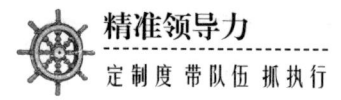

便在美国企业风行。从1965年开始，日本管理协会与"日本电器"合作，全面推行"零缺陷的质量管理"，并在日本得到了广泛运用。

工作标准是零缺陷，"差不多"的质量态度在克劳士比方法中是不可容忍的。错误的代价实在太高，让我们无法忽视。管理者必须通过对所有员工的培训、提供时间和工具等方面的资源，帮助他们达到符合要求的目标。工作标准必须是零缺陷，而零缺陷的工作标准，则意味着我们任何时候都要满足工作过程的全部要求。它是一种认真地符合我们所同意的要求的个人承诺。如果我们要让工作具有质量，那么，就绝不能向不符合要求的情形妥协。

市场不相信眼泪，根据"零缺陷"管理的理论，企业要在执行过程中推行"零缺陷"管理，必须首先建立约束机制，也就是建立质量问题追究机制。

首先，问责制的建立，应该从完善激励机制入手。为什么这么说？多劳多得，才能有错必罚。约束与激励是一驾马车的两个轮子。

其次，问责制不是孤立的，更不是万能的。如果把问责制仅仅理解成为一罚了之，那我们的质量管理也太简单了。无论干什么，目的与手段都不能混淆。"零缺陷"是目标，问责制是手段。不能为问责而问责。

再次，问责制推行的原则，应该是坚持"由浅入深、由点到面，逐渐完善、逐步推开"的原则。其实，谁都希望安于现状，不想改变周围的一切，但是企业面对激烈的市场竞争，面对客户和社会要求的不断提高，实际上作为企业来讲已经别无选择了，你必须比别人更好，否则你就没有市场，你也就无法生存，道理就是这么简单。

最后，顶住压力、贵在坚持。科学的管理理论与方法的实效性，不在于它的技术有多少含金量，而在于执行的长久坚持。

企业中的质量概念包括工作质量、服务质量、产品质量，质量决定一个企业的品牌与信誉，决定一个企业的生存与发展。在现阶段，企业应当将"零缺陷"管理作为指导思想，以质量问责制为约束手段，在生产过程中严格执行"零缺陷"管理，才能维护企业、社会的和谐发展。

第三章 抓标准，执行到位不打折扣

杜绝1%的执行失误

《细节决定成败》这本书的作者曾写道：在学校的考试中，100分的题如果你错了一点点，那么你可以得到99分，其计算公式为：100－1=99（分）；在实践中，所做的事情如果你错了一点，那么你只能得到零分，其计算公式为：100－1=0。又如在购销业务中，你在填写增值税发票时，无意将其中一项填错了，那么，这张发票就作废，在财务上核销了。这种事例在现实中时有发生，应该说这还是比较幸运的，因为损失的只是一张发票。如果是涉及生命安全的差错，那么1%的错误会导致100%的失败。

用生命和鲜血写成的案例无不警示着每个人，安全生产无小事。不经意间一个小小的疏忽、一次小小的违章就是1%，可能导致100%的重大事故的发生。这个小小的失误对我们不是一次考试，也不是填写一张增值税发票，小的过失或许会给本人、家庭和企业造成不可弥补的损失。

分析事故发生的原因，大多是由于安全生产措施没有落到实处造成的。有很多的安全生产措施和保障措施只是停留在会议、文件和口头上，没有得到认真执行，有些是由于生产企业安全生产责任落实不到位造成的。一些企业的基础管理工作薄弱，多数职工缺乏安全生产培训，缺少自救互救知识的培训。还有一些企业安全意识、责任意识淡薄，把利润放在第一位，忽视对员工以及对消费者的人身责任。部分企业生产经营观念落后，仍然走高耗能低效率、高污染低环保的道路，没有把企业的发展转移到依靠科技进步上来，而是一味地增强劳动者的劳动强度，缺乏对社会、对环境的责任感。

安全生产责任重于泰山，社会的发展不能以牺牲精神文明为代价，不能以牺牲生态环境为代价，更不能以牺牲人的生命为代价。企业是独立承担民事责任的法人实体，也是安全生产的责任主体。企业管理者必须自觉遵守安全生产法律法规，落实责任制，加强安全管理，注重职工培训，从而实现安全生产稳定好转，承担起安全生产责任主体的职责。

落实安全责任关键在于建立安全的责任执行体系。企业做好安全生产工作，应当从以下几个方面执行：

一是企业要做到有法必依。目前，由国家法律、行政法规、部门规章以及地方性法规规章所组成的安全生产法律体系正在形成，关键在于贯彻

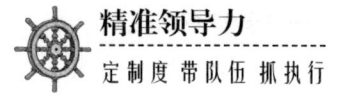

执行。

二是要强化企业安全生产管理。大量的责任事故都是"三违"（违章指挥、违章作业、违反劳动纪律）造成的，都是管理混乱造成的。因此，要加强安全生产工作，必须加强生产管理和安全管理，打牢安全生产基础，严格执行各项规章制度，杜绝违章指挥、违章作业和违反劳动纪律现象。加强安全技术人才培养和职工安全技能培训。依法实行强制性全员安全培训制度，煤矿等高危行业主要工种必须持证上岗。企业负责人要依法取得任职资格证书，严格执行任前培训制度。

三是要强化企业自律约束。强化企业自律约束就是企业从内部承担社会责任的角度，对自己的经营理念、经营行为进行自我规范、约束和控制。企业自律约束是企业一种内在的、自觉的行为。具体来说，首先要提高企业道德标准。企业自主地制定高标准、高水平的道德目标，制定相应的产品质量检验标准、安全标准和环境保护标准。高标准、高水平的企业道德目标，可以提高企业道德建设的层次，塑造良好的企业形象。其次要实行企业道德建设的内部制度化。在企业内部组织和行为中，导入正确的道德判断基准，作为规范员工行为的管理制度，使之形成良好的道德行为规范。

总之，安全生产教育和管理工作要求我们不能存有一丝一毫的麻痹心态和侥幸心理，在追求产品质量和企业利润的同时，万不可忽视质量安全的保障，企业管理者一定要牢记1%的错误会导致100%的失败，在执行过程中杜绝1%的错误。

细节决定执行成败

据说海尔集团出名后，每天都要接待众多参观学习者。大家认为海尔的管理制度相当出色，既细致又有创意，很多人边参观边写笔记，把所见到的各种制度宣传牌拼命摘抄。张瑞敏知道后，叫人给每位参观者一本海尔制度手册。

张瑞敏是明智的。成文和制度本来就必须公开，想防抄袭太难了，不如大度些，反而更有利于企业美誉度的提升。有完善制度的企业屡见不鲜。日益精密的制度体系，意味着企业管理层认识到了细节的重要性。但认识到细节的重要性就能使企业兴旺发达了吗？张瑞敏说，制度可以抄袭，但执行力不可以抄袭。所以很多人拿了这套制度回去，成功运用的却没有几个。

注意到细节后，还要有坚定的执行力。不可抄袭的细节执行力就是核心竞争力，它使一个企业在竞争中立于不败之地。这是一个并不缺乏雄心的年代，但缺乏对细节的注重，更缺乏对细节的执行。

利澳·克鲁尼橱柜作为一个源自意大利的知名品牌，拥有悠久而光荣的历史。这段历史就是一个细节执行的历史。借用中国一句老话，"不积跬步，无以至千里"。利澳·克鲁尼之路，就是坚实地踏出每一小步积累出来的。

利澳·克鲁尼认为，细节执行力的决定因素有以下三个方面：

一是细节执行的意愿。利澳橱柜有一位烤漆大师傅，技术很好，但却有个不良习惯——爱穿拖鞋进烤漆房。主管知晓此事后，虽然珍视人才，却也在原则上毫不退让，最终彻底地改正了他的坏毛病。诸如此类的小细节，在利澳·克鲁尼的管理实践中从不妥协地执行着。细节执行的时候会有个得失问题，敢不敢于失去是一个问题。意愿越强烈，决心越大，越敢于失去旧的、错的、次要的，才能拥有新的、对的，收获主要的。

二是细节执行的能力。这是一个人才和方法的问题。利澳·克鲁尼橱柜始终重视管理人才的选拔和培养。选拔有细节执行力的人才，并不断培养提高他们这方面的能力；同时制定适应的制度，提炼可行的方法，交给有细节执行能力的人。比如利澳·克鲁尼的业务精英队伍，经常进行体验式学习，老业务员也不例外。通过角色转换扮演，发现细节上的成功和失误，锻炼驾驭细节的能力。

三是细节执行的环境。天大的意愿和能力，在一个不正确的环境中运用，都将促成可怕的错误。在怎样的一个环境中，对什么样的人执行哪些细节？这就是管理的艺术。当然改造和创造某些必要的细节执行的良好环境，本身就是高层管理人员的重要工作。

锤炼企业的细节执行力，应该成为每个企业获取核心竞争力的必由之路。企业的核心竞争力就是细节执行力。

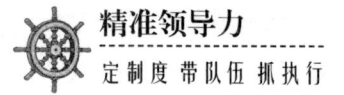

名企执行：海尔——执行"日事日清"

"日事日毕，日清日高"是海尔的口号。海尔的全面质量管理当中，最重要的一个原则就是"三全"的原则，即全面的、全方位的、全过程的。全面质量管理主要是全员参与的管理。在整个质量管理过程中，海尔采取了日清管理法，就是全面地对每人、每天所做的每件事进行控制和清理——日事日毕，日清日高。今天的工作今天必须完成，今天完成的事情必须比昨天有质的提高，明天的目标必须比今天更高才行。

其实，"日事日毕，日清日高"不仅对于企业管理很重要，对于员工个人来说也非常重要，坚持这个原则，可以保证我们的工作整齐有序且保质保量地完成。

工作就像滚雪球，如果你不及时清理，就一定会越堆越多。提高工作效率的诀窍在于尽量每天都完成当天的工作，这样在第二天你就不会背上过多的包袱。

下面我们来看看海尔以"日事日毕，日清日高"为核心的OEC管理法。OEC管理法，即英文"Overall. Every and Clear"，O-Overall（全方位）、E-Everyone（每人）、Everything（每件事）、Everyday（每天）、C-Control（控制）、Clear（清理）。"OEC"管理法也可表示为：每天的工作每天完成，每天的工作要清理并要有所提高。即"日事日毕，日清日高"。

这个OEC管理法由三个体系构成：目标体系—日清体系—激励机制。首先是确立目标，而"日清"是完成任务的基础工作，"日清"的结果又必须与正负激励挂钩才有效。它的实施需借助于一个"3E"卡，将每个员工每天工作的七个要素（质量、产量、物耗、安全、文明生产、工艺操作、劳动纪律）量化为价值，员工收入就跟这张卡直接挂钩，每天由员工自我清理计算日薪并填写记账，检查确认后交给班长。不管几点钟下班，不管多晚，班长都要把签完字的卡拿回来，再签上自己的名字交给车间主任。这样的工作要求天天写月月填，所以这个管理法的执行过程是非常枯燥的。但海尔一直到目前为止还丝毫没有准备放弃的迹象。

在海尔，案头文件，急办的、缓办的、一般性材料的摆放，都是有条有理、井然有序，临下班的时候，椅子都要放得整整齐齐的。

它们的"日清"系统包括两个方面：一是"日事日毕"，即对当天发生的各种问题（异常现象），在当天就弄清原因，分清责任，及时采取措施进行处理，防止问题积累，保证目标得以实现；二是"日清日高"，即对工作中的薄弱环节不断改善、不断提高，要求职工的工作效率"坚持每天提高1%"，70天后工作水平就可以提高一倍。

对海尔的客服人员来说，客户对任何员工提出的任何要求，无论是大事还是鸡毛蒜皮的小事，工作责任人必须在客户提出的当天给予答复，与客户就工作细节磋商，达成一致，然后毫不走样地按照经商的具体要求办理，办好后必须及时反馈给客户。如果遇到客户抱怨、投诉的情况时，需要在第一时间加以解决，自己不能解决时要及时汇报。

从上面的介绍中我们可以看到，在众多的企业中，海尔是"当日事当日毕"的一个典型代表。我们并不是要建议你照搬或者模仿海尔的做法，而是想让你成为"日事日毕，日清日高"的高素质、高效率人才。

无论是"日事日毕"还是"日清日高"，其主要的核心还是在于提高工作效率，切实有效地搞好工作的落实。要想达到这个要求，首先就要形成一种不拖拉的工作作风，今天能完成的事绝不拖到明天，该完成的工作尽可能提早完成；其次还要保证工作能够有序地进行，做到"日清日高"。

"日事日毕"至少包含了两点关键因素：合理的计划和良好的执行力。

合理的计划要求你充分掌握自己的情况，并对工作进行正确认识，并充分预测可能的风险；合理的计划还是执行的前提，不要把计划制订得连超人都完成不了。

现在的工作，往往计划性十足，按照一个规范的管理流程，在项目初始就执行了N多种计划，首先从工期和质量去考虑，然后划分版本、大的里程碑安排、沟通、培训、开发、部署、测试等。在第一次把计划做完之后，所有人都会认为，看我们这个计划多么合理啊，看来我们能够在指定的时间内完成我们的目标了。

事实真的如此吗？当然不是，总是有多种因素的影响，让我们的各种计划，特别是每天的进度，总是不能尽如人意。诸多的会议总是频繁召开着，因为我们大家都知道，沟通是多么重要，但谁也不知道这种会议是做什么的。有些人在努力地工作着，也有些人会丢失了每天的工作方向，不知道自

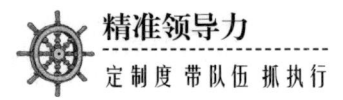

己的目标在哪里。在拥有了诸多规范和计划措施以及原则之后,我们把"日事日毕"丢了。

如果工作没有时间限定,就如同开了一张空头支票。只有懂得用时间给自己施加压力,才能及时地完成任务。所以最好制定出每日的工作进度表,记下事情,定下期限。每天都有目标,也都有结果,"日清日新"。知道自己每天要去做什么,才能谈得上关注目标,才能发现各种复杂的因素到底是如何影响我们每个人每个时刻的工作的。

所以,从现在起就下定决心、洗心革面。拿支笔来,将底下对你最有用的建议画条线,并且把这些建议写到另一张纸上,再将它放在你触目可及的地方,如此可有助你完成改革行动。

(1) 列出你立即可做的事。从最简单、用很少的时间就可完成的事开始。

(2) 持续5分钟的热度。要求自己针对已经拖延的事项不间断地做5分钟,把闹钟设定每5分钟响一次;然后,着手利用这5分钟;时间到时,停下来休息一下,这时,可以做个深呼吸,喝口咖啡,之后,欣赏一下自己这5分钟的成绩。接下来重复这个过程,直到你不需要闹钟为止。

(3) 运用"切香肠"的技巧。所谓"切香肠"的技巧,就是不要一次吃完整条香肠,最好是把它切成小片,小口小口地慢慢品尝。同样的道理也可以适用在你的工作上:先把工作分成几个小部分,分别详列在纸上,然后把每一部分再细分为几个步骤,使每一个步骤都可在一个工作日之内完成。每次开始一个新的步骤时,不到完成,绝不离开工作区域。如果一定要中断的话,最好是在工作告一个段落时,使得工作容易衔接。不论你是完成一个步骤,或暂时中断工作,记住要对已完成的工作给自己一些奖励。

(4) 把工作的情况告诉别人。让关心这份工作的人知道你的进度和预定完成的期限。注意"预定"这个词汇,你要避免用类似"打算""希望"或"应该"等字眼来说明你的进度。因为这些字眼表示,就算你失败了,也不要别人为你沮丧。告诉别人的同时,除了会让你更能感受到期限的压力外,还能让你有听听别人看法的机会。

(5) 在行事历上记下所有的工作日期。把开始日期、预定完成日期以及其间各阶段的完成期限记下来。不要忘了切香肠的原则:分成小步骤来完成。一方面能减轻压力，另一方面还能保留推动你前进的适当压力。

（6）保持清醒。你以为闲着没事会很轻松吗？其实，这是相当累人的一种折磨。不论他们每天多么努力地决定重新开始，也不管他们用多少方法来逃避责任，该做的事，还是得做，压力不会无故消失。事实上，随着完成期限的迫近，压力反而与日俱增。所以，你千万不要拖拉，把今天的事留给明天去做，那样只会让你有更大的压力。

第四章
抓效率，速度决定执行力度

企业的活力决定于执行的效率

以前，"管理"这个词还不为人所重视。欧洲与北美的纺织、机械及钢铁厂里，让企业家们头疼的不是市场竞争，不是人才的选拔和开发，也不是跨国经营带来的组织和文化等一系列问题，困扰他们的问题是工人们在工作中偷懒、消极怠工，导致劳动效率低下，产量难以提升。为此，企业主不得不耗费大量成本来雇用监工，向工人支付很低的报酬。

对此，曾做过工人、监工、技师，并最终被提升为工长、总工程师的现代管理之父泰勒深有体会。他意识到，要改变现有状态，就需要运用科学的方法找到正确的工作方式和方法，对工人进行专业技术的培训，训练工人按照标准化的、正确的方式工作，并对那些完成定额的工人付给较高的报酬，未完成定额的工人则只能拿到较低的报酬。

进入21世纪以后，沃尔玛和戴尔的迅速崛起以及通用电气的持续活力使人们再次把目光放到提升工作效率上。

沃尔玛和戴尔的增长速度让人眼红，但是他们的战略构想却平淡无奇，在两个被认为已经不再具有吸引力的行业：零售业和计算机制造销售业，他们所做的仅仅是比竞争对手更有效率，因而成本也能够控制得更低。与之相对应，凯玛特和康柏这些昔日的巨人却纷纷败下阵来，无论是从原有的基础、拥有的资源和公司战略等各个方面来揭示沃尔玛和戴尔的成功都很难具有信服力，其实他们的成功是源自各个经营操作环节一点一滴的积累和进步，无怪乎有人惊叹，"无它，唯执行力耳"。

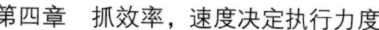

而像通用电气这样的老字号能够青春常驻同样引人瞩目,通用电气前任首席执行官杰克·韦尔奇谈及这个话题曾经骄傲地说:"任何新的战略都能够迅速地在通用电气按部就班,不折不扣地得到实施,在通用电气,战略分析、战略决策和战略实施已经融为一体,这是GE区别于很多一般公司的地方,没有强大的执行力,没有一个自上而下、贯穿各个层级的执行经理队伍,通用电气是很难做到这一点的。"

由此我们得出一个深刻的结论:在未来极具不确定性的情况下,企业战略变更将异常频繁,这就是所谓的计划赶不上变化,同时信息的获取却相对容易,并且在同业之间很难有秘密可以保守,在这种情形下,各个企业战略趋同现象非常普遍,决定成败的关键因素越来越从战略的制定转向战略的实施,即公司在复杂的内外环境下,高效执行战略的能力。速度和创新成为新时代的关键词,当你比别人早一天推出新产品,当你比别人多推出一项新产品都可能带来胜机,而速度和创新都在极大程度上取决于企业内部运作过程中的效率,尤其在管理智慧已经高度发达且被广泛地掌握的情况下。

但是,执行效率或者说执行能力的提升并不是那样简单,它受到各种因素的制约。主要体现在两个层面——组织层面和个人层面。在组织层面,组织的制度、机制和流程以及文化、组织结构等都蕴含着执行要素,这需要上至企业高层经理,下至初级主管,各层级的经理按照效率目标不断加以充实和改进,使完成任务的活动能够在顺畅的组织环境下进行。

而在个人层面上,每一执行者都应当具备积极的心态,以任务为导向,并具备高效完成任务的知识和技能。归根结底,两个层面的执行能力都要归结于企业的经理群,当这个经理群能够被称作执行经理群时,企业的执行能力才能够真正得到保证,而如何培养执行经理也必然成为企业和管理培训机构需要携手解决的问题。

我们看到,勇于变革的公司成为百年老店,也不乏那些固执己见,对新的管理机遇熟视无睹的公司,即使它们曾经非常成功,却仍然难以摆脱陷入困境的命运。因此说"效率决定命运,执行成就未来"。

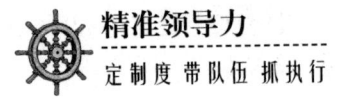

执行必须追求高效率

比尔·盖茨说过:"过去,只有适者能够生存;今天只有最快处理完事务的人能够生存。"

只有效率高的人才能挤出时间来完成更多的事,这也是帕金森定律所揭示的内容之一。帕金森定律认为,低效的工作会占满所有的时间。一位闲来无事的老太太为了给远方的外甥女寄一张明信片,可以足足花上一整天的功夫。找明信片要一个钟头,查地址半个钟头,写信一个钟头零一刻钟,然后,去邮局究竟要不要带把雨伞出门,这一考虑又花了20分钟。一个效率高的人在3分钟内可以办完的事,另一个人却要操劳整整一天,最后还免不了被折磨得疲惫不堪。

避免帕金森定律产生作用的办法似乎很明显:为某一工作定出较短的时间,也就是说,不要把工作战线拉得太长,而是尽快完成某项任务,当然,必须保证工作完成的质量。如果不这样做,你对待那些困难的或者轻松的工作就会产生惰性,因为没有期限或者由于期限较长,你认为可以以后再做。如果你只是从工作而不是从可用的时间上去着想,你就会陷入一种过度追求完美的危险境地之中。你会巨细不分,且又安慰自己已经把某项(实际上是次要的)工作做得很完美,这样做的结果只能是主要的目标落空了。

发展是企业经营的根本目的,在当今社会中,企业间的竞争在日益加剧,这就要求现代企业不但要发展,而且要快速发展,发展速度要快于竞争对手,只有这样企业才能生存下来,才能谈企业发展的问题。

那么怎么能让企业快速发展呢?就要不断提高企业的执行效率。

唯有执行效率高的企业才能在相同的时间,作出更多的业绩。而高的执行效率又得依赖员工来完成。那么此时,按时地执行工作任务不但是企业的要求,更是社会的要求。现在的社会已经不是"适者生存",而是"快者生存"的时代,所以企业的任务职责就更不能推卸,更不能贻误,要积极准确地落实,这样在企业立于不败之地的时候,自己的价值也能得以体现。

当我们对中国古代的《孙子兵法》津津乐道的时候,往往忽略了一个基本的事实:那就是《孙子兵法》的作者并没能统一天下。在我们对三国故事中的诸葛亮佩服得五体投地的时候,也忽略了这样一个事实:最后一统天下

的并不是诸葛亮以及他所扶助的蜀国。做企业和打天下都是一样的道理，纸上谈兵解决不了任何问题。所以，我们提出了"执行讲效率"这样一个重要的执行理念。

那么，我们该如何理解"执行讲效率"？

现代人都已经认识到了"时间就是金钱"。高效率的工作就是对时间最好的尊重。在面对既定的工作和任务的时候，任何人都必须坚定不移地执行。而不应当在执行中或是寻找借口，或是推诿扯皮，影响执行的效率和执行的进展。作为企业的员工，要明确企业既定的工作和任务是管理层集体智慧的结晶。我们对待每一项工作，对待每一个具体的任务，第一反应都应该是我们将如何一步一步地去完成它。而不应该在接到工作和任务的时候，先是考虑这样的工作和任务有没有意义，或者认为这不是自己分内的工作。要明白，在企业内部，每一个人都是企业的组成部分，工作并无分内分外之说。

作为企业的员工，我们不但要把每一项工作认真地完成，更应当在每一个环节，每一个细节上都以最快的速度，按时、保质、保量完成任务。企业就像一台高速运转的机器，每一位员工都是这台机器的重要一环，环环相扣。机器的任何一个环节出了问题，都会影响机器的正常运转。所以，也就要求我们每一位员工在自己的岗位上要做好自己的本职工作。

市场经济条件下，企业与企业之间的竞争，实质就是执行效率的竞争。企业只有保持快速、高效的运转，才能在市场竞争中立于不败之地。

先执行什么，后执行什么

做好时间管理，是执行做到位的一个重要方法。

每天有许许多多的事情等着我们去做，如果我们不分主次地进行工作，那么到头来不仅"丢了西瓜"，很有可能连"芝麻"也没有捡到。使一些本来可以"生出效益的时间"白白地浪费掉。

聪明的管理者应该知道如何提高自己做事的效率。

但很多时候，人们总是被习惯束缚着自己的手脚，在处理问题时总是根据事情的紧迫感，而不是事情的优先程度来安排先后顺序，这样的做法是被

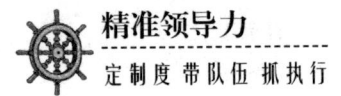

动而非主动的，成功人士不可这样工作。

时间管理的精髓在于：有主次之分，设定优先顺序。

比尔·盖茨认为：那些高效率的人，不管做什么事情时，首先都会先分清主次。

对于如何分清主次、大幅度提高自己的做事效率，比尔·盖茨归纳了三个判断标准。

1. 明白我们必须做什么

这有两层意思：是否必须做，是否必须由我做。非做不可，但并非一定要我亲自做的事情，可以委派别人去做，自己只负责督促。

2. 明白如何去做才能给我最高的回报

应该用80%的精力做能带来最高回报的事情，而用20%的精力做其他事情。

所谓"最高回报"的事情，即是符合"目标要求"或自己会比别人做得更高效的事情。

最高回报的地方，也就是最有生产力的地方。这要求我们必须辩证地看待"勤奋"。勤奋，在不同的时代有其不同的内容和要求。过去人们将"三更灯火五更鸡"的孜孜不倦视为勤奋的标准，但在快节奏高效率的信息时代，勤奋需要新的定义了。勤要勤在点子上（最有生产力的地方），这就是当今时代"勤奋"的特点。

前些年，日本大多数企业家还把下班后加班加点的人视为最好的员工，如今观点却有所变化了。他们认为一个员工靠加班加点来完成工作，说明他很可能不具备在规定时间内完成任务的能力，工作效率低下。社会只承认有效劳动。

3. 清楚如何去做才能给我们带来最大的满足感

最高回报的事情，并非都能给自己最大的满足感，均衡才有满足。因此，无论你地位如何，总需要分配时间于令人满足和快乐的事情，唯有如此，工作才是有趣的，并易保持工作的热情。

通过以上"三层过滤"，事情的轻重缓急就很清楚了，然后，以重要性优先排序。坚持按这个原则去做，你将会发现，再没有其他办法比按重要性办事更能有效利用时间了。

当然,除了要强调优先重要,还要强调长远重要。这是"时间管理学"的突破性理念,也是其精髓。强调长远重要,即强调做"不急迫却重要而长久的事"。

在人们的日常生活中会遇到很多这样或那样的事情,虽然有些都不是眼前最急迫的事情,但是对于长远、大局来说却有着重大的意义。有些人舍不得在这类事上花费时间,与长远计算的总账相比很不划算。

在效率的管理上,要兼顾长远性与急迫性,要高度重视对眼前虽不紧急但有深远影响事务的处理。这一法则,把效率管理上升到了战略高度。

要成为效率管理高手,不仅要掌握这样那样的效率管理的法则、技巧,还需要苦练治心治惰的功夫。效率管理与情绪治理是彼此制约、相辅相成、同步发展的关系。

如果没有积极、兴奋的情绪,哪怕掌握了很多效率管理的法则、技巧也无济于事。那些对工作、对生活充满了消极、厌倦情绪的人,那些懒于奋斗、不求上进的人,又怎么能够提高效率,成功地做好每一件事情呢?

简化是高效执行的起点

在管理者中,有这样两种类型的人:一种是善于把复杂的事物简单化,办事又快又好;另一种是善于把简单的事物复杂化,使事情越办越糟。当我们让事情保持简单的时候,工作显然会轻松很多。把复杂的事情简单化,是实现有效执行的一个巧妙的诀窍。

把事情化繁为简的一个关键是善于排除工作中的主要障碍。主要障碍就像瓶颈堵塞一样,必须打通,否则工作就会"卡壳",耗费许多不必要的时间和精力。

无论是在工作中,还是在生活中,从根本上看都要求必须具备善于将复杂问题简单化的能力。

1. 把复杂问题简单化是一种宏观战略能力

世间之道,本就简单。执行之道,同样如此。尽管铺天盖地的执行理论、执行模型席卷而来,然而,执行应当把握的几件事情,本质还是一样的。

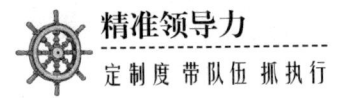

把复杂问题简单化是一种宏观的战略能力。把复杂问题简单化并不是否定问题的复杂性，而是要探寻其基本规律和核心价值，抓住决策的本质。

2. 把简单问题复杂化是一种微观执行能力

决定方向对于个人来说是至关重要的，因此要迅速，要简单化，要大胆。但是美好的愿景必须靠严谨理性的执行体系来支撑，这就需要在把复杂问题简单化之后，把简单问题再复杂化，体现微观的执行能力。

计划的实施是微观的。你可以说我们的计划目标是多少，在某个领域要如何竞争，但在操作时你还需要明确如何进行任务分解，时间如何安排，等等，不然就难以实施。

执行之道，其本质就在于如何化繁为简和化简为繁，这两者如何平衡，就是我们所说的"度"。将复杂问题简单化，简单问题复杂化，看似自相矛盾，实际上是协调统一的。宏观问题简单化，微观问题体系化，这是一种高效能的工作方式。

宝洁公司的制度具有人员精减、结构简单的特点，并且该制度与其雷厉风行的风格相吻合。管理者制定了"深刻明了的人事规则"，它得到顺利的推行并获得良好的评价。而最能体现这种简洁明了的效率就集中体现在该公司"一页备忘录"原则上。所谓"一页备忘录"是指尽量精简公司所有的报告文件，以尽可能简练的语言来描述公司的现状和未来的发展趋势。其内容会随着具体情况的变动而增加或减少。这一风格可以追溯到该公司的前总裁理查德·德普雷。理查德·德普雷强烈地厌恶将简单问题复杂化的做法，所以，他十分反感那些超过一页的备忘录。他通常会在退回一个冗长的备忘录时加上一条命令："把它简化成我所需要的东西！"如果该备忘录过于复杂，他会加上一句："我不理解复杂的问题，我只理解简单明了的东西！"他认为，管理者的工作任务之一就是教会别人如何把一个复杂的问题转化为一系列相对简单的问题。只有这样，才能既提高管理者自身的工作效率，又能更好地指导下属着手后面的工作。MIS（管理信息系统）的扩散和预测模型及大量员工之间无休止的较量，导致了解决问题过程中的"政治化"，这些进一步增加了管理与实施中的不稳定性因素。而"一页备忘录"解决了很多问题。首先，只有少量的问题有待讨论，那么复核和使其生效的能力将大大加强。其次，建议条目按序展开，简洁、易懂。总之，"一页备忘录"使企

业的管理远离了模糊和凌乱,并因简洁明了这种积极的作风为公司带来了令人欣慰的高效率。

将执行的问题简单化,剔除不必要的环节,精简执行的步骤,优化执行的流程,合理地分配利用周围的资源与条件,才能使得正在解决的问题能尽快解决。

拖延是执行的大敌

今天该做的事拖到明天完成,现在该打的电话等到一两个小时后才打,这个月该完成的报表拖到下一月,这个季度该达到的进度要等到下一个季度……在竞争激烈的职场上,如果你总是不能坚定及时地执行计划,完成上司布置的任务,或者虽然完成了,但时间上却慢半拍,你又凭什么指望获得上司的赏识,获得加薪晋升呢?这对于企业而言,拖延必然会影响制度的有效落实和战略目标的达成。

绝不拖延,今天该做的事一定要在今天完成,这才是真正有效的执行!

如果你有遇事拖延的习惯,不妨做一个自我分析。具体步骤如下:

第一步,写下你拖延的一件事情。既然有拖延的习惯,那你拖延的事情肯定不止一件,你不妨先写下自己认为最重要的那件事情。

第二步,自己反问一下,假如继续拖延下去,不采取行动,会对你造成什么样的后果。如果你拖延的是上司布置的任务,拖延的后果是显而易见的:给上司留下了坏印象,降职,甚至被辞退。

第三步,想一下,假如你现在采取行动,完成这件事情,会对你有什么好处。这和第二步正好相反,这些好处会给你采取行动增加动力。

第四步,马上行动!你千万别认为这样做没有什么效果。事实上并不是所有人在拖延时都认真考虑过这样做的后果到底有多严重。我们从很多被降职或被辞退的人那里看到的后悔神情就可以知道这一点:早知道会被降职或辞退,就绝不会拖延执行了。

总之,最重要的一件事情是:你必须采取行动,不要把事情留到明天。

绝不拖延,是沃尔玛、通用汽车、德国电信、苏黎世金融服务、英特尔

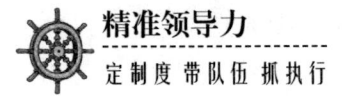

等知名大公司严格执行员工行为准则，管理者应当对员工进行克服拖延的不良习惯，养成立即行动、快速执行的良好工作风格。

执行三字诀：快、准、狠

执行力在世界级大公司里被看得有多重。凡是发展快且好的世界级企业，都是执行力强的企业。企业竞争者的差距就在于执行力的强弱。

在工作中，只要企业管理者真正地掌握了执行的"快、准、狠"，那么执行力的核心价值也就找到了。

1. 执行速度——快

企业竞争，速度是前提。经过深思熟虑后就应迅速行动，把握稍纵即逝的机遇。谁先抢得了市场先机，就有可能一举赢得竞争优势。执行力强的人，会将时间进度当作核心标杆来看待，一旦晚于预定时间，就会感到有压力，有紧张感。

在现实中，很多人在执行过程中也缺乏紧迫感，经常延误、拖沓，总是慢于进度和计划；即使最终完成了，但已经晚于预定时间了。例如两家公司争先发布新产品，谁先发布，谁就抢得了市场先机，就有可能一举赢得竞争优势；而另外一家公司将失去一次机会，可能带来的不是失败就是破产。商场如战场，商机稍纵即逝。执行力强的人，投入更多的资源或者采用其他的补救措施完成任务。相反，执行力弱的人，缺乏时间意识，结果常常不能在规定时间内完成任务。

2. 执行尺度——准

执行需要密切贴合组织的战略目标、部门的重点方向、组织的流程制度等。与组织战略目标不相符的事没有必要去做。因此，企业管理者需要时时刻刻评估每个部门、每个员工的工作是否与组织战略目标相符。

3. 执行力度——狠

执行要追求卓越，追求最好，追求更好。如果执行力度越来越小，会被对手轻易地反攻，许多工作做得虎头蛇尾，没有成效，缺乏后劲与持续力。

抓执行——让管理卓有成效

第四章 抓效率,速度决定执行力度

没有好的流程就没有执行

无论干什么事,无论在生活、休闲还是工作中,都有一个"先做什么、接着做什么、最后做什么"的先后顺序,这就是我们生活中的流程,只是我们没有用"流程"这个词汇来表达而已。除了"先做什么、接着做什么、最后做什么"的先后顺序外,还经常说某某人能办事,某某企业善于做事,能办事、善于做事是说他们做事情有方法,比别人的更有效果,到底有哪些不同呢?可能是先后顺序不同,也可能是做事的内容不同。因此,流程就是做事方法,它不仅包括先后顺序,还包括做事的内容。同时,我们做任何事情都需要资源投入,都需要借助资源的效用,包括资金、信息、精力、人员、技术等等,因此对投入的资源也要善加管理,否则也难以成事。

任何组织或者个人,要想执行到位,就必须重视流程的作用。如果没有制定出可行的流程,执行工作就无法到位。很多工作执行不到位,就是因为不按照流程办事造成的。

中西方企业管理方式和管理文化上的一大差别是:西方企业习惯于按流程办事,我们的不少企业则喜欢临时决策。

微软中国研究开发中心一位部门经理与笔者交谈时举了个例子。有一次,他乘坐的飞机在深圳机场出了故障,乘客被告知这个航班将换一架正从外地赶来的飞机,可此时乘务员已经超时飞行了。怎么处理这个"超时"?深圳方面做不了主,便频频请示北京航空总局,时间被一拖再拖,机场一片混乱。这位在美国工作了10年的经理评价说,"这明显是缺乏办事流程",乘务员超时飞行是个老问题,在国外,这类事早写到规章制度里了,"一二三四五,照着条文上写的办就是了,不管谁当班都能处理"。我们这里却是"乘客和航空公司都急得团团转"。

其实,用不着在美国待10年,只要与西方企业打几次交道,对他们那种"按流程办事"的做法就会有所体验。这种体验有时还相当强烈,因为对方的某些做法所表现出来的"流程意识",几乎到了刻板的程度。一个会议日程表,能把从起床到就寝的所有时间段安排得滴水不漏,连早上有"电话叫醒"、10分钟休息在哪儿活动这样的细节都打印在表格上,而且执行起来绝不走样。曾有记者团采访Sun公司总部,时间表上写着9点钟开会,当时不少

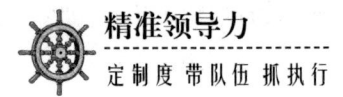

记者还在吃饭，人家已宣布"现在开会"了，一看表，1分钟也没等。有人把这种现象叫作"文本文化"，即把要做的事情一律形成文字，而且写下来就要照着做。

有人会不以为然，认为按照流程的条条框框做，是自找麻烦，把一件简单的事情做复杂了。那么大家有没有想过，这些条条框框是如何来的呢？难道制定流程的人，是为了给大家制造麻烦才这样要求的吗？举一个交通上的例子，交通法规有两个非常明确的规定：严禁超载和疲劳驾驶。这两条规定从何而来？事实上这是从历年的重大交通事故调查数据中总结出来的。即使这两条规定已经执行了多年，现在打开电视和报纸，仍然经常看到由此原因导致的交通事故，且不说造成的经济损失，就是人员伤亡，让亲友如何承受？交通法规是因为它事关人命，所以需要人人严格遵守；而工作流程事关工作开展，这是组织的灵魂，所以也需要人人遵守。如果编制的流程在某些地方确实不合理，它也不是一成不变的，而是可以按照适当的程序进行改进的。但是在改进的版本未发布之前，就要按照原有的要求执行，而不能以其需要改进为由不操作，否则不就是有法不依了吗？这叫作尊重流程。

还有人说，流程是把人僵化了，但是实际上不是流程僵化了人，而是人在理解流程时把自己僵化了。理解了流程产生的背景，还要理解流程要求的每一步为什么要这样做，而不是那样做，这就要充分了解流程的目的。

优化流程，为执行提速

随着市场环境的变化，很多企业的业务出现停滞或下滑，企业已经不是昔日忙忙碌碌的繁荣景象，经济效益迅速下滑。如何才能提高利润，是摆在每个企业面前的问题。有些企业为了集中力量抓市场，抢占空白市场。但是市场的空白点已经越来越少。其实，作为一个优秀的企业应该懂得要内外兼顾，内外兼修。我们不仅要提高市场占有率，同时也要将加强企业内部管理，减少成本和资源浪费，实现企业利润的提升。在内部管理中，企业执行流程不畅造成的资源浪费、效率低下等问题都是关系企业发展的重大问题。因此，优化执行流程，构建企业的竞争力非常重要。

第四章 抓效率，速度决定执行力度

怎样优化流程呢？有以下几种方法可供参考。

1. 要制定一个统一的标准

标准是伴随着流程的必不可少的模板，没有了标准，流程的可执行力将会很差。因为同一岗位的不同人对于工作流程有不一样的理解。例如，编辑要编一本书，标题和大纲都已经给了，但是如果不确定内容的语言风格和特色，那么有的编辑会把它写成一本理论性极强的教材；有的人会把它编写成一本生动诙谐的科普读物；还有的人会把它写成一本小说。但公司只要求有一种，如果员工不清楚公司的标准，就很容易做错事情，进行返工，这大大降低了工作效率，减弱了执行力度。

只有制定详细、明晰的岗位工作标准，才能有力保证执行流程畅通，执行顺利发展。流程规定了做什么，而标准规定了怎么去做，两者缺一不可。

2. 统一价值取向

现在的企业一般都是按照职能不同划分部门，这样方便以部门进行管理，不过划分部门也导致了部门间缺乏沟通，给跨部门的流程执行造成了困难。

一些部门负责人认为自己内部怎么实施流程、怎么进行流程运转是内部事情，与其他部门或公司无关，并认为流程运转到自己部门时自己做好自己的事情，按照自己的理解来执行就行了。一旦出了问题要么埋怨上游做得不好要么说下游没有责任心，总之，自己一点责任都没有。这种想法其实是不可取的，这种想法是只为流程而流程，却没有细究流程的最终目的，没有从整个流程高度把握自己那部分流程工作目的。

各部门的流程执行时的目的各不相同，这样就不可能形成跨部门流程工作的统一价值观。其实，对于客户来说，公司就是一个整体，所以，各部门在处理同一个事件的不同流程阶段时应该保持相同的理念和价值。

3. 流程要以客户为中心

对于外部客户来说，公司希望有更多的客户来购买我们的产品接受我们的服务，以便维持公司的正常运营和发展。如果产品不好或者服务不到位，少有客户光临，那么公司运营就会受到阻碍，就是在砸自己的牌子。所以说，公司所有的流程运转的目的就是为客户服务。

在企业内部中，流程的上游就是下游的客户，下游就该以上游为中心，

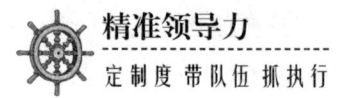

尽量满意上游的需求。因为上游是外部客户的代表，代表外部客户的利益，最终也代表了公司的利益所在。

因而当我们负责流程运转某个阶段时，要想着怎样让顾客满意，要树立让客户满意的服务意识。

4. 把岗位职责制定得越详细越好

流程中会涉及很多岗位，所以在流程执行过程中，可以根据流程对岗位的要求，进一步把岗位职责具体化，并且考虑到职责的协调和安排问题，以便达到流程的目的。

我们要考虑到流程运转中的突发事情，做好预防措施和解决问题的心理准备。

作为管理者，在做好防御措施和解决完这些突发意外后，就应该归纳总结，把这些意外事件的防御措施和解决方法流程化，以便以后使用，这样就会大大提高以后的生产效率。

5. 流程运行起来后，要对流程的运行状况进行监控

尤其是在流程的关键阶段，一定要对其时间、成本、质量、服务等要素进行详细的记录和分析，以方便发现问题和解决问题。

公司流程优化和发展要逐步进行，不要指望一夜之间解决所有问题，一口吃不成胖子，否则会给企业内部造成混乱。

抓住时机，高效执行

一个企业面临无数次的危机和转折，随之有无数的决策出台。无论决策如何，在这样一个瞬息万变的时代里，找寻一个恰当的突破口至关重要，而寻找突破口最重要的就是选择恰当的时机和对象。

执行有一个时机问题，在这个问题上强调一点果断是必要的，凡是看中了的，就要果断行动，快速执行。

拿破仑也有类似的说法："无论从事何事，2/3应预先计划，1/3由机会决定，加重前者是懦怯，过于依靠后者属鲁莽。"以上是军事上的说法，我们讨论经营，举一个经营者的话作说明。土光敏夫是日本经营大师，他也讲

第四章 抓效率，速度决定执行力度

了与上述的同样意思的话："一味追求完善，那就会坐失良机。""即使只能得60分，也要速办速决，决断就是要不失时机。该决定时不决定是最大的失策"。

企业的管理者在工作中要担起重要决策的职能，而成功的决策往往与时机紧密联系在一起。管理者要善于在实践中发现机遇、寻找机遇、把握机遇，同时，也要善于发挥聪明才智当机立断，果断拍板，确保决策的及时、有效和准确。只有大胆抓住时机，及时予以决断，才能使决策赢得优势，取得成功。掌握不好时机，当断不断，徘徊观望，犹豫不决，或不当断时匆忙去断，都会造成决策失误。可以说，掌握良好时机，有助于管理者运筹帷幄、决胜千里。

提高领导决断能力，要运用把握决策时机的领导艺术。时机是在领导活动中随时间而变化的机遇、机会、契机、转机等。时机的特点在于变，但这种变是有规律可循的。高明的管理者把握时机的艺术是能审时度势，发现时机，分析时机，寻找可乘之机，敏捷地抓住时机，快人半拍地把事情干成，形成先发优势，占得发展的先机。高明的管理者的时机艺术还表现为善于抓住时机的变化，以变制变。能够观察到竞争对手错失的机会，乘虚而入，使形势朝着有利于自己的方向转化，虽不是先发优势，但由于能够寻找出超越的时机，往往能够形成后发优势。决策的时机不可失，紧紧抓住决策时机当断则断，是管理者的职务责任。

能够多谋善断就是管理者必须善于和勇于不失时机地选定决策方案，迅速实施。谋而不断是决策之大忌。即使是最好的方案，如果久拖不决，时过境迁，也会失去可行性和可靠性。因此，管理者必须具备当机立断的魄力。一个管理者如果具有干脆利落的作风，还可以激励下属充满信心和热情去实施决策。

既然成功决策的时机选择如此重要，那么，作为管理者该如何捕捉决策时机呢？以下几点是需要注意的：

第一，要看大气候环境。这里指的是国际、国内、本地的政治、经济、科技、文化等形势动态。重大事件影响、新的政策出台、法规制度公布是这种气候的具体表现，这个大气候是我们决策的客观依据。充分利用大气候这个良好的环境条件，积极发展自己，就能获得成功。

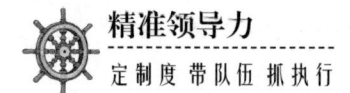

第二,要看自身条件优势。大气候有利,还要从自身的实际出发,抓住本地的优势。这个优势主要是指地理环境、物质特产、土地资源,以及人们的精神状态、社会秩序、人才技术、水电交通、资金等。管理者要抓住自己的优势特点,果断决策。否则,也会坐失良机。优势也是在不断变化的,现在的优势不抓住,将来就会变成劣势。

第三,看对方弱点。人类社会是在竞争中发展的。在战争中,避其锋芒,抓住弱点,可克敌制胜。在经济竞争中,要取得胜利,不仅要充分发挥自己的优势,还要抓住对方的薄弱环节,突然袭击,取得主动权,夺得胜利。美国克莱斯勒公司是美国三大汽车公司之一,在1979年世界石油危机时处于绝境,但新任董事长亚科卡抓住市场缺油弱点,大胆进行产品换型决策,生产节油的K型车,大受消费者欢迎。亏损3年后便转为盈利,仅1982年就获利1.7亿美元,1983年就还清315亿美元贷款。

第四,要看苗头趋势。事物发展往往由萌芽到弱小,由弱小到强大。我们应在新生事物刚刚出现苗头的时候,当机立断、下力气抓。号称股票之王的沃伦·巴菲特靠证券交易而逐渐发展积累了44亿美元财产,成了美国第八大富翁。他的经验归纳为:寻求被市场低估了价值的股票,毫不犹豫地买下它,再等待股价上升。被"低估了的股票"是一种假象,势必要上升,在处于萌芽苗头,巴菲特慧眼识货,抓住了它,发了大财。高明的管理者,在别人狂热时,他却寻找冷门,当别人醒悟时,他已把事情干成了。

第五,则是看风险程度。捕捉决策时机时,要充分估计到风险程度,要把效益值同损失值综合起来考虑,既不要单纯看效益值盲目蛮干,也不要单纯看损失值而畏缩不前,两者要最佳地结合在一起。在决策时要留有余地,保留一定的弹性,把风险降到最低。

名企执行:阿里巴巴——立刻、马上执行

在当今动态的社会经济环境中,打造一支具有高效执行力的队伍是至关重要的。以前,我们认为纯粹高智商的队伍一定是最聪明的,然而,现在有个现象经常发生:你把一群真正聪明的人组成的队伍放在一间屋子里,告诉

他们去解决一个问题,最后会观察到他们陷入喋喋不休的白痴状态。其实,对一个队伍、一个企业来说,它只需要一个思想家,其他的人都应该是高效执行者。

宗庆后培养了一支既有干劲又十分听话的队伍,那这种做法是否仅适用于传统制造业企业呢?阿里巴巴的马云就曾和软银集团总裁孙正义讨论过这样一个问题:"一流的点子加上三流的执行水平,与三流的点子加上一流的执行水平,哪一个更重要?"两位大佬最后给出了一样的答案:三流的点子加上一流的执行水平。

高效的执行力也是阿里巴巴等大型互联网企业成功的重要法宝之一。马云曾将阿里巴巴称为"一支执行队伍而非想法队伍",他多次强调,有时迅速地去执行一个错误的决定要好过优柔寡断或者没有决定。因为他知道,在执行的过程中有足够的时间和机会去发现并改正错误。

一次,马云在长城看到涂鸦式留言"某某到此一游""某某到此留念"……受到启发,他认为阿里巴巴的网上论坛BBS应该按行业进行细致的分类。因此,他要求技术人员将BBS上的每一个帖子检测并分类。技术人员认为这样的人工分类有违互联网自由的传统习惯,但马云认为只有这样才能让用户方便、快捷地利用阿里巴巴,所以他坚持己见。当时,很多人不同意,拍着桌子同马云吵。后来,马云出差到了外地,他通过电子邮件要求技术人员立即完成这一程序,结果他们还是不同意。于是,马云在电话里大声咆哮道:"你们立刻去做!立刻!马上!"后来,马云回忆说,当时自己真想立刻飞回去,猛拍那些技术人员的脑袋。

马云的愤怒让技术人员不得不作出让步,也正是因为他的强硬要求,阿里巴巴的发展方向最终确定下来,获得有效的执行。他的这种作风也使得企业在网络泡沫时期不仅坚持下来,而且实现了盈利。工业时代的发展是人工的,而网络时代一切都是信息化的。信息瞬息万变,是难以预测的,因此马云认为成功不是计划出来的,而是"立刻、马上"干出来的。

第五章 抓落实，将执行进行到底

执行重在落实

　　没有执行力就没有一切，执行对于企业来讲至关重要。执行力是企业竞争力的核心灵魂，是企业战略、规划转化为成果、效益的关键。

　　执行力是推动工作、落实制度的前提。制度制定以后关键是执行，再好的制度如果没有人去执行或执行不到位也是没有用的。执行的一切努力，必须着眼在有效的执行结果上。

　　工作中切忌只喊口号不做事。虽然有许多公司将制度制定得比较完善，并把制度编制成册，或经常把制度性的标语贴在外面，但是在制度的执行过程中往往就变了样。管理者应以制度为准绳，强化员工和队伍的执行力，以保质、保量地完成工作指标。

　　美国总统麦金莱要求安德鲁·罗文将信送给加西亚，安德鲁·罗文克服了种种难以想象的困难终于圆满地完成了这项神圣使命。安德鲁·罗文因此而被世人所称颂。但是，如果安德鲁·罗文不能执行这个任务，这个任务的价值就等于零。

　　企业制度的制定同样如此，如果不去执行，同样分文不值。制度本身要不折不扣地被执行，是公司正常运作的前提。制度是用来规范约束公司员工行为的工具，只有制度得到有效执行才能保证公司的正常运行。

　　千里之行，始于足下。无论多么美好的愿望和周密细致的组织计划，归根到底都要落实到行动上。

执行做到"八反对、八提倡"

制度和决策要得到实实在在的执行，管理者应当身体力行，狠抓严管，这是抓好落实工作的关键。在执行的落实上，管理者应明确坚持"八反对、八提倡"。

1. 反对虚于应付，提倡认真工作

实行任何一项方针政策，完成任何一项工作任务，都需要认真负责的态度和作风。但有一些管理者，缺乏事业心，没有责任感，工作起来或者浮躁潦草，马虎从事；或者敷衍塞责，虚与委蛇；或者遇事推诿，不负责任。有的甚至把"难得糊涂"奉为信条，在原则问题上模棱两可，含糊其词。像这样，是断难抓好执行的落实的。认真执行每一项工作，抓好每一项工作的落实，是管理者义不容辞的责任。

2. 反对浮在表面，提倡深入实际

不少管理者只是浮在表面，到具体执行工作交代下去就不管了，不深入工作现场，不到员工中间调查了解执行的具体情况，这种情况必须坚决革除。各级领导只有率先垂范，身体力行，在狠抓落实上作出表率，作出榜样，才能取信于下属，推进执行的落实。

3. 反对弄虚作假，提倡实事求是

近些年来，管理者弄虚作假的现象时有发生。弄虚作假是与执行的宗旨根本对立的一种不正之风，需要彻底抛除。为保证各项工作的落实，管理者要严格遵守。我们要大力提倡"说老实话，做老实事，当老实人"，努力在企业内树立起不说假话说真话，不搞浮夸干实事的好风气。

4. 反对职责不清，提倡分工负责

人浮于事、职责不清、遇事推诿、互相扯皮的现象，在一些企业机关和职能部门中普遍存在，严重影响了工作的落实。因此，必须进一步实行严格的岗位责任制、领导责任制。凡部署了的工作，要层层有人抓，件件有着落。

5. 反对只发号召，提倡具体指导

要把各项工作落到实处，各级管理者一定要注意不能把领导工作停留在一般号召上，而要实行一般号召与个别指导相结合，解剖"麻雀"，以点带

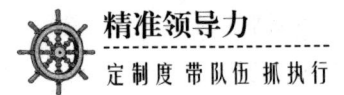

面。要重视解决落实过程中出现的各种矛盾和问题,按轻重、难易、缓急,抓住重点,攻克难点,统筹安排,逐一去办。

6. 反对空作安排,提倡督促检查

一些管理者,抓工作的执行落实仅仅停留于召开会议,作出决议,制发文件,却很少监督检查,甚至只布置工作任务,不检查落实情况。这是执行工作不能很好落实的一个重要原因。管理者要注意充分发挥督查机构的作用。在提出任务之后,就要及时督促检查,及时通报和交流各部门和员工贯彻的情况。对落实工作搞得好的,要表扬;对落实工作搞得不好的,要批评;对不抓落实的,要处理。

7. 反对办事拖拉,提倡雷厉风行

有一些管理者办事节奏不快,工作效率不高,再急再大的事也是你推来,我推去,久拖不决。有些管理者精神不振、松松垮垮,干起工作来慢慢腾腾,拖拖拉拉,没有一点利索劲。这样的工作作风,要坚决反对。

8. 反对言行不一,提倡身体力行

目前,有一些管理者,尽管对许多事情的必要性说得头头是道,对搞好很多工作的重要性讲得十分动听,但就是不下功夫真抓实干,有的甚至只说不干。这种只说空话,不办实事的坏风气,必须痛加革除。

监管到位,为执行把关

战略制定与决策之后,就要付诸执行实施,而实施的进度、效果、结果,都必须有人来跟踪与监督。谁来监督才最合适呢?答案是:管理层。企业管理层代表一个组织,必须对这个组织的战略实施承担责任,而一旦战略付诸实施之后,企业管理者唯一能做的也是必须要做的就是监督。

所谓监管到位,就是对交到自己手上的工作,要检查再检查,细致再细致,考虑再考虑,以确保执行的万无一失。

为执行把关,不仅意味着执行前的再三检查,也来自执行中对多种可能性的了解和考虑,以随时作出调整。

美国著名演说家格里·富斯特讲过一个发生在自己身边的故事,通过这个故事,我们可以更好地理解"一流把关"的含义。

作为公众演说家,富斯特意识到自己成功的最重要一点,就是让客户及时见到他本人和有关他的材料。为此,公司还专门为他配了一名助手负责。

前后两任助手——琳达和艾米的不同表现给富斯特留下了很深的印象。

8年前,富斯特去多伦多参加一个会议。在芝加哥机场换机时,他给琳达打了一个电话,以确认是否一切都已安排妥当:

"琳达,演讲的材料送到多伦多了吗?"

"6天前我就已经将材料寄出去了。"

"他们收到了吗?"

"快递公司说他们保证两天后送到。"

尽管如此,富斯特还是有点放心不下。从表面上看,琳达已经将该做的都做了,甚至还提前几天将材料交给了快递公司,为意外情况留下了时间。

但似乎还是有疏漏,那就是她没有确认结果——材料到底是否已经送达。

结果,当富斯特赶到会场时,他的材料还没有送过来,为此,他不得不将重要的话题挪后,直到材料送来。

8年后,富斯特又一次前往多伦多参加会议,同样是在芝加哥机场,转机时,想到8年前的经历,他心中有些忐忑不安,于是他拨通了后任助手艾米的电话:

"我的材料到多伦多了吗?"

"会议负责人丽西亚说材料3天前就到了。"

接着,艾米又说:"另外,丽西亚告诉我听众人数可能比原来预计的多400人,为此我又多寄了600份材料,这些材料也已经到了。还有,她问我您是否希望在演讲开始前让听众手上都拿到资料。我告诉她您通常是这样做的,但这是一个新的演讲,我也不能确定。所以,她决定在演讲开始前才发资料,如果您不同意这样做,可以提前告诉她。我这里有她的电话号码,您可以记下来,随时跟她联系。"

艾米的一番话,让富斯特彻底放下心来。

富斯特的这个故事,充分说明了一流执行力必有一流把关的道理。

企业管理者此时就像一个检察官,要紧紧盯住关键环节、关键部门和关键人物。如果企业管理者这个检察官的角色扮演得不好,关键环节、关键部

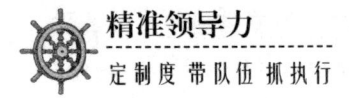

门和关键人物就容易出问题,而一旦这些地方出了问题,就会影响战略的实施,就会使落实大打折扣。

无数经验表明,监督不力会使公司的好举措付诸东流。为了防止这种现象的发生,三星在企业内部健全规章制度、严肃监督机制。公司从上到下形成了一个质量保证监督网,不合格的零部件坚决不用,不合格的成品坚决不出厂。各厂、车间、班组层层设立质量保证机构,派有专人检验质量。

没有监督就没有落实,监督到位才能落实到位,落实到位才能执行到位。合理的监督机制、适时总结经验、查漏补缺,能够让落实工作更加完善、更加高效。

没有监督就没有落实

战略是组织运作与发展的总的计划与谋略,战略制定与决策之后,就要付诸实施,而实施的进度、效果、结果,都必须有人来跟踪与监督。谁来监督才最合适呢?管理层。

企业管理层代表一个组织,必须对这个组织的战略实施承担责任,而一旦战略付诸实施之后,企业管理者唯一能做的也是必须要做的就是监督。企业管理者此时就像一个检察官,要紧紧盯住关键环节、关键部门和关键人物。如果企业管理者这个检察官的角色扮演得不好,关键环节、关键部门和关键人物就容易出问题,而一旦这些地方出问题,就会影响战略的实施,就会使落实大打折扣。

2001年,世界经济衰退波及各国,三星受创颇为严重,营业额急剧下滑。为了提高公司的营业额,李健熙亲自检视旗下一个重要事业部经过修正后的运营计划。首先他赞扬事业部经理带领属下为了降低公司成本而做的努力,随后他又指出事业部未达到应有的投资回报率。根据事业部的工作现状,他紧接着提出了一个值得一试的解决方案——建议这个事业部和供货商共同研拟提高存货周转率的方法,以期获得实质成效。

"你认为你该怎么做?"他询问事业部的经理,这位经理回答:"如果有工程师协助,应当能大幅提升绩效,我需要20位工程师。"

执行长转向工程部门经理:"你是否能抽调出工程师来协助完成这个计划?"

工程部门经理迟疑半分钟之久,以冷漠的语气表示:"工程师们不会愿意来替事业部门做事。"

李健熙注视他良久,开口道:"我确信下礼拜一你会指派20位工程师到事业部门。"说完后便起身离开。走向门口时,他停下脚步转身对事业部经理说道:"我要你每个月固定召开视讯会议,成员包括你本人、工程人员、财务长,还有我和生产部经理,必须确保推动这项计划的进展。"

管理层在监督过程中还要注意分寸,切忌工作职责的分工使工作关系恶化。过度监督及插手,只会使员工下不了决定,无法使员工在工作中进步。喜欢打击与蔑视员工成就的老板,很难遇上愿意劳心劳力、全力付出的员工,久而久之,只能拥有一批工作不自觉、私底下充满抱怨的员工。

检查是执行中不可少的一环

检查工作是管理者的一项日常工作,通过检查可以发现员工在执行过程中所发生的问题,进而解决问题,把事业推向前进。

有布置而无检查,是管理者失职的表现;虽有检查,但不得其法,缺乏这方面的管理艺术,也收不到良好的效果。根据许多管理者的经验,要做好检查工作,必须从以下几个方面去努力。

1. 事先要有准备

检查工作是一件严肃而细致的事情,如果毫无准备,就不要下去,而应准备好了再说。对于检查项目,事先要有一个较详尽的计划,人力如何配备、时间如何安排、达到什么要求、采取哪些方法步骤,都应事先讨论明确,然后按照要求分工,各负其责。对检查的重点在哪里,哪个是关键部位,何处是薄弱环节,也要基本掌握,不然就会收效甚微。

2. 不要为检查而检查

检查下属的工作,主要是检查对路线、方针、政策的执行和落实情况,看下属是否准确迅速、积极主动、卓有成效地完成应该完成的各项任务,这是检查工作的主要目的和内容。但检查工作不是一件单一的、孤立的事情,

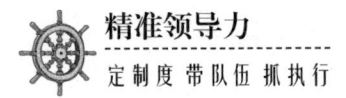

如前所述，它也是搜集信息、考察培养干部、推进工作、提高自身管理素质的重要渠道。既然检查工作这件事有着如此丰富的内涵和重要的意义，它也就理所当然地成为管理者的一个重要职能，就应当把它放到应有的突出位置上，下大力气抓好。如果能意识到这一点，就不会为检查而检查，或把检查工作看得过于简单，在行动上，就不会粗枝大叶、草率从事，而是自觉地把上述要求作为努力实现的目标，坚持标准，达到高质量、高效益。

3. 检查要有标准

检查工作没有标准，大家就会无所遵循。一般来说，要以原来制定的目标和计划为标准，但是又不能把这个标准看死了。它既是确定的，又是不确定的。所谓确定的，是说必须拿目标、计划作为尺度来衡量实际工作情况，非此不成为检查工作。所谓不确定的，就是不能削足适履，硬要客观事实符合主观认识。

在现代化大生产条件下，没有一个管理者可以对错综复杂的情况洞察一切，即使是有才干的管理者，也无法靠自己来检查一切工作、掌握一切信息。所以，在检查工作中，应当充分发挥反馈系统、监督系统等职能机构的作用，或者组成临时性的专门班子，吸收各种职能机构的专家参与工作。

4. 防止主观性、片面性和表面性

不从实际出发，而是戴着有色眼镜看问题，先入为主，自以为是，就是主观性。片面性就是不能全面地客观地看问题，只知其一，不知其二，只见树木，不见森林，就是走马观花，蜻蜓点水，知其然不知其所以然。这些都是检查工作的大忌，一定要注意防止和克服。

不要抱成见，而要一切尊重客观事实，具体问题具体分析；好话坏话都要听，缺点成绩都要看；要扎扎实实，了解真实情况，获取真实知识，不要浅尝辄止。

执行要用纪律说话

执行要得到彻底的落实，就需要依据一些原则，也就是说，需要依据一些被接受、被论证过的道理。纪律代表了某个时期的这些道理的总和。

第五章 抓落实，将执行进行到底

纪律是组织制度和战略成功执行的保障。没有强制性的执行手段，管理就会说话不灵，做事无效。纪律是确保组织中全体成员行为一致的前提和基础。所以，要想让组织有统一的行为，管理者首先需要做的工作就是制定纪律，确定游戏规则。

纪律对任何组织来说都是胜利的保证。每个企业都不可避免地会有一些棘手的问题，例如，员工抗命、联合起来对抗总裁或要挟领导、不愿与某同事协调合作、醉心于工作外的事项、纷纷请调或离职，等等。这些问题都是和人有关的，往往发生一两件，就使人感到头痛和焦虑。因此，在企业的经营管理过程中一定要有严明的纪律。

纪律可以有效约束员工的行为，推进企业的执行力。员工们的许多不良表现都会成为进行纪律惩罚的原因。对于一般的违纪行为，它们的形式和性质都不会有太多的不同，不同的只是它们的程度。

人们常常会忍受一些轻微违反标准或规定的行为，但当严重违反了纪律或屡教不改时就需要立刻采取明确的纪律惩戒。

员工违反纪律会有很多原因，大多数是因为不能很好地调整适应：导致这些后果的个人性格特点包括马虎大意、缺乏合作的精神、懒惰、不诚实、灰心丧气，等等。

所以，管理者的工作是帮助员工做好自我调整，让员工明白违反纪律对企业的危害，使员工在工作中自觉约束自己的行为，逐渐减少自己的违纪行为，从而有意识地配合组织的制度和上级的意愿，圆满地执行工作任务。

纪律的英文单词discipline还有一个意思是训练。可以这么说，好的纪律可以训练员工良好的工作习惯和个人修养，而当一名员工已经具有过人的自制力和明辨是非的判断能力的时候，纪律对于他个人来说，可以被视为是不存在的。纪律的真正目的正是鼓励员工达到既定的工作标准。

"国有国法，家有家规"。一句话道出了纪律对于组织、单位的重要性。管理者应该把纪律视为一种培训形式。

那些遵守纪律的人理应受到表扬、提升；而那些违反了纪律或达不到工作标准的人理应受到惩罚。要让他们清楚自己的行为是错误的，并且认识到正确的表现和行为应该是怎样的。

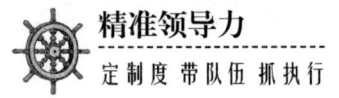

执行要以结果为导向

以结果为导向的管理是一种反向思考，强调一个人的能力、知识必须体现在其业绩上，衡量一个人的能力和业绩主要是看执行结果，以执行结果论成败是其根本体现。

无论做什么，到最后都只能拿成绩说话，这是衡量执行力水平的最直接的证明。评价每个人工作好坏的标准是拿"结果"说话，要实现自我发展就必须出业绩，其他的一切都没有说服力。

企业考核员工的标准只有一个，那就是——业绩。唯有业绩才能体现一个员工的价值。业绩是最能说明一切的，一直以来，许多企业都遵循"论功行赏"原则，员工有机会通过不断提高业绩水平及对公司的贡献而获得加薪。

日本的某企业，有一个著名的"烧档案运动"。就是员工过了试用期，公司当众把此员工的档案全都烧了，让大家忘记你来了多长时间。你是硕士、博士后、还是中专生都没有关系，大家都在一个起跑线上，按照今年的目标往前冲，看谁达到最终的结果，目标完成得最好，谁就是第一。而你前面的资历，你干活的态度，不是评价你业绩的重要因素。

当然在中国还没有哪个老板实行"烧档案运动"。但我们应该清楚的是中国的老板也一样看重业绩，在他们心中最高分数的员工，一定是那些能让公司最赚钱的员工。

很多世界级企业，每到年终就会进行以业绩为主的员工排位，排在前列的员工不用说是春风满面，而排在后面的不但脸面无光，还随时会有被解雇的可能。这当然怪不得管理者，面对严峻的生存形势，管理者只能如此。

工作的时间越长，越能显示自己的勤奋，有些人这样认为。其实，工作效率和工作业绩才是最重要的，整天忙忙碌碌地"苦劳"但不见"功劳"，并不是有效的工作者。

"用结果说话"，不仅是公司对员工的要求，更是市场对企业的条件。企业固然需要员工具备奉献不已的黄牛精神，可是如果员工误以为这就是公司的最终要求，并进而以此自居为功臣，那等待他的将是很不乐观的下场。道理很简单，如果员工取得的业绩微乎其微，给企业创造的利润少之又少，那么整天在公司里忙得团团转，又有何实在意义？

员工业绩不佳,就失去了继续工作的资格;公司利润淡薄,就丧失了立足市场的理由。所以说,假设让公司对员工只提一条工作要求,那绝对是——用结果说话!反过来,如果员工想得到加薪、升职等诸多优待,那最有说服力的武器也必将是——用结果说话!没有业绩,一切无从谈起。

更进一步讲,受利润的驱使,再有耐心的老板,也绝难容忍一个长期无业绩的员工。所以,抱有"我尽忠职守,不浪费公司资源"观念的员工,是最愚蠢不过的了。届时,即使你忠贞不贰,永不变心,老板也会变心,甘愿舍弃有忠诚无业绩的你,留下忠心且业绩突出的员工。

一个企业要想长期发展,仅仅依靠员工的忠诚是不够的。一个成功的管理者背后,必须有一群能力卓越、忠心耿耿且业绩突出的员工。没有这些成功的员工,管理者的辉煌事业将无法继续下去。

作为管理者,为了公平合理对待员工,为了让执行得到落实,你就得首先给出一个量化的执行目标,以结果为导向,考核员工的工作成果,检查工作任务的执行程度,否则,执行就会流于形式,空费精力,没有结果。

狠抓结果,让执行落地有声

执行的一个重要内涵就是:结果决定一切。即使你在工作中付出了很多努力,但是最终没有完成任务,还是等于没有执行。你必须明白,自己需要做的事情不是向别人说明自己有多累,而是要认真反思,看是不是有什么更好的方法可以完成任务。以结果来评判执行力,是对一个人执行力的最佳评价方法。

在世界著名企业中,百事可乐就是这样一个以"结果决定员工成就"的公司。

百事可乐推崇一种深入持久的"执行力"文化,强调员工"主动执行"公司的任务,百分之百地去完成它。而那些业绩优秀的员工总是能得到公司的嘉奖,而那些业绩不佳的员工则会被淘汰。这种以"结果论成败"的企业文化塑造了一支有着坚强战斗力的员工队伍。在激烈的竞争中,百事可乐逐渐从市场中脱颖而出,并且成为唯一可以和可口可乐抗衡的对手。

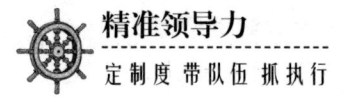

执行只是过程，关键还是要看结果。在执行的过程中，有的企业尽管速度很快，也迈出了实质性的步伐，甚至整个执行的过程可以说看起来是完美无缺的。

但是，真正追求的不是执行的过程，而是执行之后的结果如何。执行之后的结果是不是达到了预期的目标是判定执行力强弱的重要依据。简而言之，就是对于工作和任务，不但要去做，而且要做好。

之所以强调"执行结果"，是因为企业经营不是纸上谈兵，更不是搞辩论会。不是你说服我或者我说服你的问题，也不是说你的计划书写得有多好，有多么完美，就能够赢得市场，赢得客户。没有达到好的结果，执行的过程看起来再完美，也没有任何意义。

执行力是企业成功的一个必要条件，企业的成功离不开好的执行力。为了企业的长久发展，为了顺利地实现企业的战略规划，每个员工都要提升执行能力，不折不扣、一丝不苟地执行，按时、保质、保量完成工作任务。只有这样，企业才能发展得更好，个人才能得到更多的机会，实现更多的梦想。

"用结果说话"，是企业考察员工执行力和业绩的重要标准。管理者可从以下三个方面向员工进行"执行结果"的思想教育，让员工以结果为导向执行工作任务：

首先，让员工明确自己的使命。

很多人之所以不能做到百分之百执行，一个很重要的原因就在于他常常忘记了自己肩负的任务。就像那艘沉船上的海员，如果他们都能够记住自己的使命，也就不会发生那样的悲剧了。

其次，引导员工严格要求自己。

启发员工在工作中以最高的标准要求自己，能做到最好，就必须做到最好。

最后，激励员工尽力而为。

在很多时候，员工之所以没有做到百分之百的执行，原因不在于他的专业能力不够，而是你没有竭尽全力。

名企执行：巨人网络——执行不打折扣

史玉柱说过："第一条就是说到做到，做不到就不要说。这个话很土，但是很实用，这个就是柳传志挑起来的，他跟我说了这个标准。因为我过去也经常发生这个情况，我的部下向我拍胸脯，我下个月销售额一定做到多少，然后到下个月没有完成，没完成好像也没啥，然后他又再往下个月再拍胸脯，这样一搞就等于下面骗上面，上面再一放炮又骗下面，队伍的气氛就非常不好，没有战斗力。"

有时，史玉柱对于员工执行能力的要求近于苛刻。

巨人网络公测第一天，网络游戏的负责人纪学锋因为粗心在细节上出了问题，把数值填错了。如果不是因为服务器出问题，一定会闹出大事来。

史玉柱是个急性子，经常骂人，发脾气。2007年，史玉柱突然开始对纪学锋的工作极端不满。

"史总指着我的鼻子骂，骂得非常激烈，差点拿烟灰缸砸人，说我没有能力，想法很垃圾，带队伍不行等，各种难听的话让我心里非常不爽，虽然不爽，但当时没有反驳他，只是默默地站了几分钟，然后掉头回家。"当时纪学锋情绪低落，打算干脆不干了。

开会的时候，史玉柱特意问："听说你生气了？"纪学锋说："对啊，还哭鼻子了呢。"一句玩笑话让两人之间的不快烟消云散了。后来，纪学锋成了巨人网络的副总裁，更有意思的是，他并不在史玉柱老队伍的大名单中，却在上市中分到一杯羹。他比史玉柱幸运，不到30岁就成为亿万富翁。

在史玉柱看来，他在执行上苛责细节，宁可错判，也绝对不允许遗漏。这一点是史玉柱一项极高的管理追求。

2009年，巨人网络集团业绩下滑，业界解释为受金融危机影响，巨人队伍从执行的结果检查中意识到，事情并非如此。队伍负责人很坦率地表示："金融危机不是遮羞布，业绩下滑是我们自身的原因，主要是《巨人》游戏不是特别成功。"

此时，连史玉柱也发现，经历了上市的成功，短期内，不少企业的高管和员工开始滋生享乐主义，不思进取的情绪。

巨人的研发队伍显得有些慵懒：握着股权的老员工行权之后，住上了别墅；新员工没有股权，工作也并不那么热情。此时的史玉柱开始意识到，让员工们签署"任务承诺书"都是无效的。

在他看来，只有让员工为自己干活，项目才能真正取得进展。产品做得好，研发人员能得到高额分红，将来公司甚至可能独立上市；做得不好，自己的投资也全部落空。为此，史玉柱在执行上再次提高声调，要求队伍成员不忘本，并且在队伍的管理制度上恢复了从前简单化和严格化的传统。